邪馬台国は
上総《かずさ》にあった!

伊藤邦之
Ito Kuniyuki

たま出版

はじめに

邪馬台国ブームから半世紀程経つが、その邪馬台国は未《いま》だに発掘されていない。何故であろうか。

当然である。そもそも邪馬台国なる国は存在しない。「魏志《ぎし》」倭人伝《わじんでん》(二八四~二八九年頃成立)は「邪馬壹国」(以下、本文同書)と明記している。「邪馬臺国」ではない。存在もしない国など発掘できる訳がない。

邪馬臺国論者は壹(壱)は臺(台)の誤写であるという。が、これを論証した者は皆無である。何故なら、論証しようにもその資料が無いからである。だから誰も論証することができない。したがって、邪馬臺国(邪馬台国)は捏造、ペテンであることになる。

それ故、これに付け込んだ族輩が跋扈《ばっこ》して、好き勝手遣《や》りたい放題の邪馬台国論争祭りとなった。

邪馬台国論争の主流は畿内説(奈良県説)と九州説(北九州説)である。なるほど、両者は先進弥生文化圏で、前者は大和朝廷(大和政権)発祥の地ではある。が、そのいずれも「魏志」倭人伝が明記するところの邪馬壹国(邪馬壱国)への略述行程と合致しない。

同書は「倭人は帯方《たいほう》の東南の大海の中に在り」と明記している。帯方とはあの諸葛孔明《しょかつこうめい》が活躍した三国志の魏《ぎ》の植民地のことで、現在の韓国のソウル市を中心とする西北部辺りをいう。ということは倭人、すなわち、日本人は日本列島に居住している訳であるから、邪馬壹国は必然的に日本列島上に求められることになる。

が、とはいえ、その略述行程なるものは超難解な代物である。曰く、邪馬壹国は福岡県東部辺りの不弥《ふび》国から、

南へ水行十日で、投馬《とうば》国、投馬国から南へ水行十日、陸行一月で、邪馬壹国。

であるという。

しかし、これでは邪馬壹国は九州のはるか南方の海の彼方となってしまう。どころか、その陸行一月は海上であるから、何と不可能であることになる。全く摩訶不思議な話である。

が、この南行は日本列島倒錯という、すなわち、日本列島が北九州を北限とする南北に連なる列島であるとする、当時の中国の一般的な地理観念からのものであったことが論証できれば、氷解する。

そうであれば、その南行は誤解で、その弓状に連なる日本列島から、東北行（北行）であることになる。これならば、邪馬壹国探究は可能であることになる。

そうした場合、邪馬壹国はその略述行程から、その水行二十日の投馬国は岡山県辺り、次の水行十日は大阪府辺り、そして次の陸行一月は関東甲信越辺りということになるので、その関東甲信越辺りの何処かであることになる。

これは同書が、

倭《わ》の女王卑弥呼《ひみこ》と狗奴《こうど》国男王卑弥弓呼《ひみきゅうこ》とは素《もと》より和《わ》せず、倭の載斯烏越《さいしうえつ》等を遣わして郡に詣《いた》りて相《あい》攻撃する状を説《と》く。

と記しているので、この邪馬壹国と狗奴国の交戦からのものであることになる。すなわち、その略述行程に先進弥生文化圏で大和朝廷（大和政権）発祥の地、奈良県辺りがあることなどから、邪馬壹国の本貫はこの奈良県辺りで、その邪馬壹国は狗奴国と交戦する為に、建国、遷都した国、という訳である。

その場合、当然その然るべき遺跡、すなわち、奈良県辺りのそれと同様のものが存在することになる。

その遺跡が千葉県にある。市原市惣社《そうじゃ》の神門《ごうど》三古墳がそれである。これは三世紀中頃の邪馬壹国時代の前方後円墳である。この前方後円墳は大和朝廷（大和政権）の王族の墓である。したがって、千葉県下《くんだり》にそのようなものがあろうはずがないのだが、これが厳然と存在するのである。しかも奈良県外では唯一、この惣社の三古墳のみである。この三古墳が邪馬壹国の王族の墓であることは明白である。

斯《か》くして、邪馬壹国は千葉県辺り、その都は市原市辺りであることになる。

こうして本書は文献、考古学資料などを駆使して、邪馬壹国とその諸国を解明、比定して、その卑弥呼の宮殿の発掘地点を決定した。

目次

第十三章　関東諸国と狗奴国

第十四章　いざ発掘

第一章　邪馬台国なる国は存在しない

「魏志」倭人伝

邪馬台国《やまたい》は中国の史書、「魏志《ぎし》」倭人伝《わじんでん》が記している。が、邪馬台国には興味はあるが、同書は読んだことがないという諸氏は多い。そこで、まずは同書をご案内する。

「魏志」倭人伝は通称である。原本は「三国志《さんごくし》」という中国史書の一の「魏志」で、その烏《う》丸《がん》、鮮卑《せんぴ》、東夷伝の、倭人の条のことである。「三国志」は全六十五巻、「魏志」三十巻、「蜀《しょく》志《し》」十五巻、「呉志《ごし》」二十巻で、著者は陳寿《ちんじゅ》、成立は二八四～二八九年頃である。原書は現存しない。が、その原書、写本等類を転写した宋（九六〇～一二七九年）の十二世紀頃の刊本、紹煕《しょうき》本などがある。本文は二千字程である。

では、その冒頭から邪馬台国までである。以下、「魏志」倭人伝は和刻本正史「三国志」二（汲古書院・昭和四十七年）、参考、謝銘仁「邪馬台国　中国人はこう読む」（立風書房・一九八五年）による。なお、以下、引用は通読の便宜上、常用漢字を原則とし、私見等を加えた場合がある。

倭人は帯方《たいほう》の東南の大海の中に在り、山島に依りて国邑を為す。旧《もと》百余国、漢の時朝見する者有り、今使訳《しやく》通う所三十国。

郡より倭に至るには、海岸に循《したが》いて水行し、韓国を歴《へ》て、乍《さ》南乍東し、其の北岸狗邪《こうじゃ》韓国に到る、七千余里。

始めて一海を度《わた》り、千余里にして対馬《たいば》国に至る。其の大官は卑狗《ひこう》と曰《い》い、副は卑奴母離《ひどぼり》と曰う。居《お》る所は絶島、方四百余里可《ばか》り、土地は山険《けわ》しく、深林多く、道路は禽鹿《きんろく》の径の如し。千余戸有りて、良田無く、海物を食らいて自活し、船に乗りて南北に市糴《してき》す。

又南一海を渡る千余里、名を瀚海《かんかい》と曰い、一大《いちだい》国に至る。官は亦《また》卑狗と曰い、副は卑奴母離と曰う。方三百里可り、竹木叢林多く、三千許《ばか》りの家有り、差《やや》田地有り、田を耕すも猶《なを》食うに足らず、亦南北に市糴す。

又一海を渡り、千余里にして末盧《まつろ》国に至る。四千余戸有りて、山海に浜《ひん》して居《す》み、草木茂盛し、行くに前の人を見ず、好《よ》く魚鰒《ぎょふく》を捕え、水の深浅と無く、皆沈没して之を取る。

東南に陸行五百里、伊都《いと》国に到る。官は爾支《じし》と曰い、副は泄謨觚《せつぼこ》、柄渠觚《へいきょこ》と曰う。千余戸有り、世々王有るも、皆女王国に統属す。郡の使往《し》来するに常に駐まる所なり。

東南奴《ど》国に至る百里。官は兕馬觚《しばこ》と曰い、副は卑奴母離と曰い、二万余戸有り。

東行不弥《ふび》国に至る百里。官は多模《たも》と曰い、副は卑奴母離と曰い、千余家有り。

南投馬《とうば》国に至る、水行二十日。官は弥弥《びび》と曰い、副は弥弥那利《びびだり》と曰い、五万余戸可り。

南邪馬壱《じゃばいち》国に至る、女王の都する所なり、水行十日、陸行一月。官に伊支馬《いしば》有り、次は弥《び》馬升《ばしょう》と曰い、次は弥馬獲支《びばかくし》と曰い、次は奴佳鞮《どかてい》と曰い、七万余戸可り。

邪馬壱国が妥当

さて、「魏志」倭人伝は邪馬壱国と明記している。邪馬台国ではない。当然、一体全体どういうことなのだということになる。原文は旧漢字で、邪馬壹國である。台は臺である。

この邪馬台国はいわゆる邪馬台国論者によるものである。邪馬台国論者というのはその壹は臺の誤写によるもので、邪馬壹國は邪馬臺國であるとして、その邪馬臺をヤマトと読み、その所在地を自説に都合のよいヤマトの地名の地に比定するという論者のことである。その大半は奈良県（大和国《やまと》）などの畿内説と、九州説である。

では、その誤写とやらである。これが摩訶不思議なことに、論証した者は皆無である。というか、論証できないのである。それは論証するに足る資料が無いからである。論証もしないで誤写であるとする。何とも非学術的な論者である。

壹の字は全部で五ヶ所ある。前半に一ヶ所、これはご案内の邪馬壹國、後半に四ヶ所である。次の通りである。

倭人は帯方の東南の大海の中に在り。……南邪馬壹国に至る、

其の四年、………掖邪狗等壹に率善中郎将の印綬を拝す。

其の八年、………復《ま》た卑弥呼の宗女壹與を立て、年十三で王と為し、国中遂に定まる。政等檄を以って壹與に告喩し、壹與倭の大夫率善中郎将掖邪狗等二十人を遣わして政等の還

るを送らしめ、

この誤写云云《うんぬん》はその無資料から現時点では論証することができない。したがって、その原書、写本等類の転写から、転写に誤写は付き物であるから、当然誤写が十分あり得ることになる。が、とはいえ、その是非の程はその整合性、妥当性を以って、論ずることができる。そこで、以下これをみてみる。

順に、邪馬壹國である。これは国名である。したがって、その誤写が付き物から、当然誤写があり得ることになる。勿論《もちろん》、その所在地の比定などからその是非を論ずることができることはいうまでもない。

次の、其の四年の壹である。これはその原文は壹拜とあるので、その文章をみてみる。文章は、掖邪狗等は皆一様に率善中郎将の印章とその紐《ひも》をありがたく頂いた、の意である。率善中郎将は諸説あるが、ひとまず、率善の、中郎の将で、以下と解される。率善は善に率《したが》って行動することで、善行、中郎の将は秦、漢（前二二一～後二二〇年）の宮中の宿衛、侍直の司令官で、善行の、宮中夜間警護、宿直司令官の意である。したがって、その文章の筋が通るので、誤写ではないことになる。

其の八年の連続三ヶ所の壹與《いちょ》である。これは壱与で、人名である。最初の、卑弥呼の宗女は卑弥呼の、本家の女で、ここではその歳十三から、卑弥呼の王族の娘の意である。したがって、邪馬壹國同様、当然誤写があり得ることになる。

が、そうだとすると、何とも珍妙なことになる。というのは、右文に続いて、

因《よ》って臺・に詣《いた》り、

とあり、何とその当の臺があるからである。この臺は朝廷の意をいう。したがって、その文章は、因って朝廷に到着し、ということになり、筋が通ることになるので、この臺は何かの誤写ではないことになる。すなわち、ということは臺は四連続していたということになる訳であるから、三連続誤写して、その最後だけ誤写しなかったということになるので、その三連続の誤写に全く気が付かなかったことになる。これは何とも珍妙なことである。

という次第で、この三連続の壹與は誤写ではない可能性が高いことになる。

さて、そうすると、その三連続の壹である。この壹は、その臺~壹の誤写から、当然その逆の、壹~臺の誤写があって然るべきであるから、臺に誤写する可能性がある訳であるが、しかし、三連続もありながら一つも誤写していないことになる。また、その臺である。これは壹に誤写していない。

ということは壹拜も誤写ではないから、邪馬壹國を除く壹、臺は全てその、臺~壹、壹~臺、の誤写をしていないことになる。

とすれば、残る邪馬壹國も誤写ではない可能性が高いということになる。

以上明らかなように、このように「魏志」倭人伝だけでもその整合性、妥当性を論ずることができる。したがって、邪馬壹國誤写は誤解と結論される。

右から、邪馬壹國が妥当であることになる。したがって、邪馬臺國なる国は存在しないことになる。

第二章　日本列島倒錯

邪馬壱国への行程

「魏志」倭人伝は邪馬壱国への行程を記している。図の通りである。なお、以下、邪馬台国（邪馬臺國）は邪馬壱国（邪馬壹国）とする。

順に、帯方郡である。これは魏（二二〇～二六五年）の朝鮮半島の植民地である。韓国の西北部で、京畿道、忠清北道辺りをいう。その本来は『三国志』の「魏志」韓伝に、

建安中に、公孫康《こうそんこう》、屯《とん》、有《また》、県を分け、南荒の地を以って、帯方郡と為す。（和刻本正史「三国志」二《汲古書院・昭和四十七年》。以下同）

とあり、後漢（二五～二二〇年）の一九六～二一九年の間に、遼東（中国遼寧省東南部辺り）、楽浪郡（北朝鮮国平安北道、韓国京畿道辺り）を支配していた公孫氏の康がその楽浪郡の南半を分離して設置したものである。

狗邪韓国《こうじゃ》である。これは韓国の東南部で、慶尚南道辺りである。この国は韓国とはあるが、その行程に、

郡より倭に至るには、……其の北岸狗邪韓国に到る、七千余里。

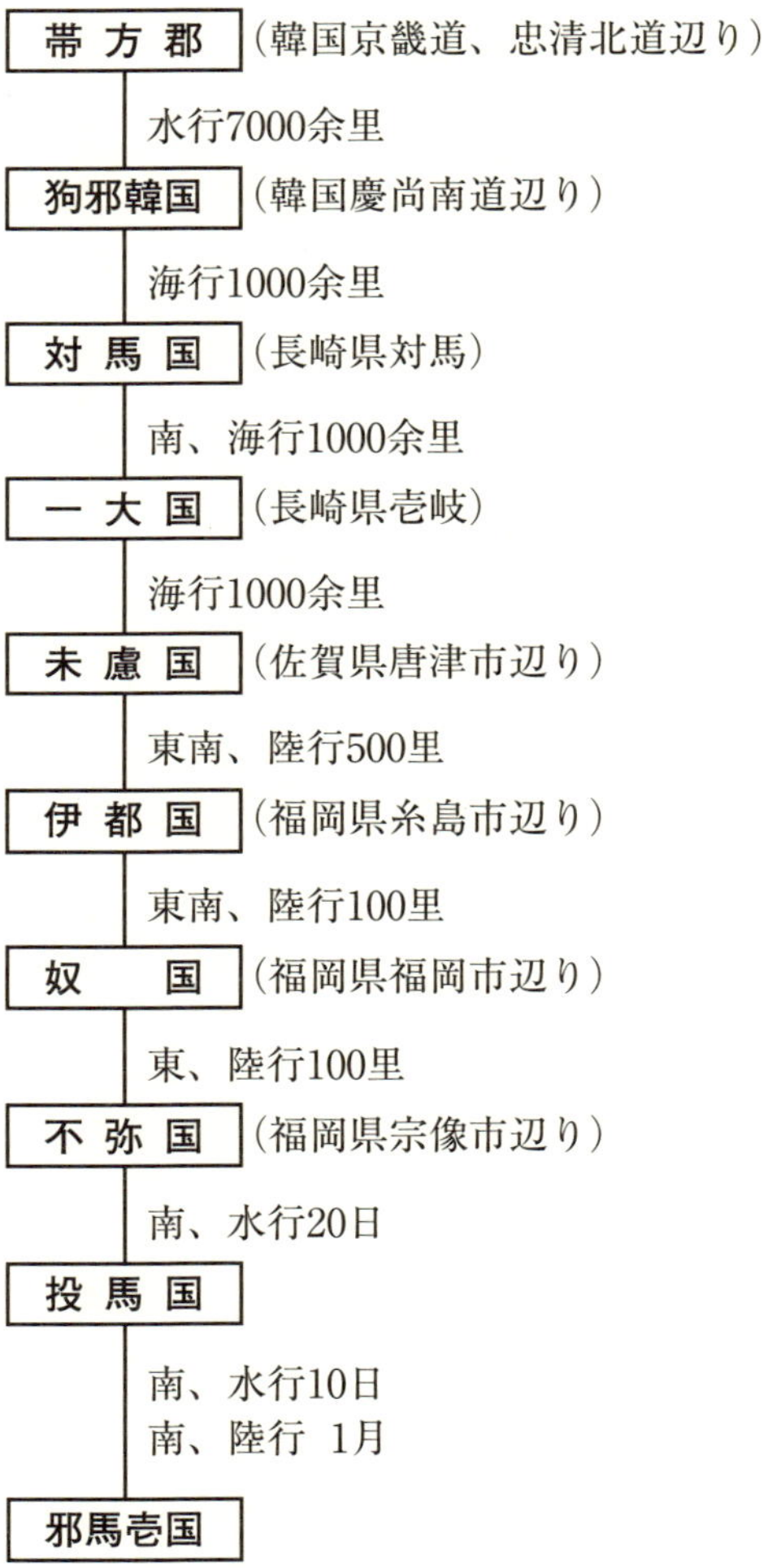
帯 方 郡
（韓国京畿道、忠清北道辺り）
水行7000余里
狗邪韓国
（韓国慶尚南道辺り）
海行1000余里
対 馬 国
（長崎県対馬）
南、海行1000余里
一 大 国
（長崎県壱岐）
海行1000余里
末 盧 国
（佐賀県唐津市辺り）
東南、陸行500里
伊 都 国
（福岡県糸島市辺り）
東南、陸行100里
奴　　国
（福岡県福岡市辺り）
東、陸行100里
不 弥 国
（福岡県宗像市辺り）
南、水行20日
投 馬 国
南、水行10日
南、陸行 1月
邪馬壱国

図１　邪馬壱国への行程

とあり、其の北岸、すなわち、倭（日本）の北岸とあるので、朝鮮民族の国ではなく、後世の任那《みまな》へと継続する日本領である。

対馬《たいば》国である。これもその行程に、

始めて一海を度《わた》り、千余里にして対馬国に至る。

とあるので、長崎県対馬《つしま》である。

一大《いちだい》国である。以下、同様その行程に、

又南一海を渡る千余里、名を瀚海《かんかい》と曰い、一大国に至る。

とあり、その南方への渡海から、長崎県壱岐《いき》である。

末盧《まつろ》国である。

又一海を渡り、千余里にして末盧国に至る。

とあり、そのままの南方への渡海が考えられるので、佐賀県唐津《からつ》市辺りである。

伊都《いと》国である。

東南に陸行五百里、伊都国に到る。

とあり、その東南への陸行から、福岡県糸島市辺りである。

奴《ど》国である。

東南奴国に至る百里。

とあり、その東南への陸行から、福岡県福岡市辺りである。

不弥《ふび》国である。

東行不弥国に至る百里。

とあり、その東方への陸行から、福岡県の東部辺りである。が、続いて、

南投馬《とうば》国に至る、水行二十日。

とあり、その水行から臨海の国ということになるので、福岡県宗像《むなかた》市辺りである。

以上の諸国は一般に右辺りとされている。その詳細の程は後章で改めてご案内する。

投馬国と邪馬壱《じゃばいち》国である。これは諸説粉粉である。したがって、後章でご案内する。

行程の問題点

この行程は一般に、四つの問題点があるとされている。一は、ご案内の邪馬壱国誤写、二は、方角、三は、里程、四は、日数、月数である。ご案内のように、その方角、里程、日数、月数を記している。

まず、方角である。これは不弥国からのその南行の南の方角である。

南投馬国に至る、水行二十日。……南邪馬壱国に至る、女王の都する所なり、水行十日、陸行一月。

不弥国は福岡県宗像市辺りであった。邪馬壱国はこの不弥国から、南水行二十日と、南水行十日と南陸行一月、すなわち、水行三十日と陸行一ヶ月の南方の所に位置している。水行三十日は関門海峡から九州東側沿岸添いの航路、陸行一ヶ月はその先の陸路である。

では、その水行三十日は一体どれ程の距離であろうか。これはその船が日中いずれであれ、外洋船であることが明白であるから、次の「日本書紀」斉明《さいめい》五年秋七月戊寅（六五九年）条の分注（七二〇年成立）の遣唐使船からひとまず推定することになる。

己　未《つちのとひつじ》の年の七月三日《ふみづきのみかのひ》を以《も》て、難波《なには》の三津浦《みつのうら》より発《ふなだち》す。八月十日一日《はつきのとをかあまりひとひのひ》に、筑紫《つくし》の大津《おほつ》より発す。（日本古典文学大系「日本書紀　下」《岩波書店・一九八三年》。以下同）

遣唐使船は七月三日、大阪市住吉区辺りから出航して、八月十一日以前に福岡市博多区辺りに到着した。その所用日数は未詳であるが、三十八日以内であることが明白である。とすれば、当然到着後何日か休養したであろうから、仮りにそれを十日程とすれば、その所用日数は二十八日程であったことになる。

これから、ほぼ同日数ということで、大阪~福岡間程ということになる。これは五百五十粁（＝キロメートル）程である。

とすると、その水行三十日は鹿児島県の種子島、屋久島辺りということになる。が、これは実に摩訶不思議なことになる。というのはその先はいうまでもなく、海であるから海路のはずであるが、一ヶ月の陸路となっているからである。これは不可能である。当然、その南の方角が問題となる。

里程である。この里程は線香を焚いて、その残りの長さで時刻を知るという、更香《こうこう》によって算出したもので、普通、線香一本が一更で、二時間であるという（謝銘仁「邪馬台国　中国人はこう読む」八〇頁）。その場合、距離＝時間×速度、であるから、海路、陸路共、一定速度という訳にはいかないので、特に海路はその帆走から全一直線走行は無理であるから、その精確さを欠くことはいうまでもない。

　では、その実際のところはどうであろうか。当時の一里は右同書によれば、四百十四〜四百三十二米（＝メートル）であるという。したがって、以下、一里はその平均の、約四百二十三米とする。

　順に、帯方郡〜狗邪韓国である。これは海路七千余里で、韓国京畿道、忠清北道辺り〜同国慶尚南道辺りである。したがって、約三千粁程であるが、実際は七百五十粁程である。これはかなり過大である。

　狗邪韓国〜対馬国である。これは海路千余里で、韓国慶尚南道辺り〜長崎県対馬である。したがって、約四百三十粁程であるが、実際は九十粁程である。これもかなり過大である。

　対馬〜一大国である。これは海路千余里で、長崎県対馬〜同県壱岐である。したがって、約四百三十粁程であるが、実際は七十粁程である。これもかなり過大である。

　一大国〜末盧国である。これは海路千余里で、長崎県壱岐〜佐賀県唐津市辺りである。したがって、約四百三十粁程であるが、実際は四十五粁程である。これもかなり過大である。

　末盧国〜伊都国である。これは陸路五百里で、佐賀県唐津市辺り〜福岡県糸島市辺りである。したがって、約二百十粁程であるが、実際は三十粁程である。これもかなり過大である。

　伊都国〜奴国である。これは陸路百里で、福岡県糸島市辺り〜同県福岡市辺りである。したがって、約四十三粁であるが、実際は二十五粁程である。これも右諸国程ではないが、過大である。

奴国～不弥国である。これは陸路百里で、福岡県福岡市辺り～同県宗像市辺りである。したがって、約四十三粁程であるが、実際は三十粁程である。これはその諸国中、最小誤差であるが、過大である。

という次第で、その里数は全て過大ということになるので、当然、これが問題となる。

日数、月数である。これは不弥国～投馬国の海路二十日と、投馬国～邪馬壱国の海路十日と陸路一月である。

この日数、月数を問題点とするのはご案内のいわゆる邪馬台国論者関係である。例えば、邪馬台国奈良県（大和国）説論者はその海路三十日は福岡県福岡市辺り～大阪府大阪市辺り、陸路一月は邪馬台国は奈良県であるから、一日の誤写であるとしている。

この誤写説は転写に誤写は付き物であるから、当然あり得る訳であるが、邪馬壱国同様その資料が無いので、その論証は不可能である。したがって、本書は以下原文通りとする。また、したがって、本書では問題点とはならない。

南の方角が問題

以上の問題点で問題となるのは方角と里程である。が、里程は確かに過大ではあるが参考程度とすればよい訳であるから、直接的には然したる問題とはならない。したがって、方角だけということになる。そこで、次はその南の方角をみてみる。

「魏志」倭人伝はその冒頭で、

倭人は帯方の東南の大海の中に在り、山島に依りて国邑を為す。

と明記している。これから倭人（日本人）の国がその韓国の東南から、日本列島であることは明白である。したがって、邪馬壱国はその方角がどうであれ、日本列島上に存在することになる訳であるが、しかし、この南の方角では論外である。

同倭人伝は次のように記している。

正始《せいし》元年、太守弓遵《きゅうじゅん》、建中校尉梯儁《ていしゅん》等を遣わして詔書、印綬を奉じて倭国に詣《いた》らしめ、倭王に拝仮《はいか》し、并《あわ》せて詔を齎《もたら》し、金、帛、錦罽《きんけい》、刀、鏡、采物を賜い、倭王使に因《よ》りて上表し、詔恩を答謝す。

正始元年（二四〇年）、魏の廃帝は景初二年（二三八年）の倭女王卑弥呼の入貢臣従に応えて、遣倭使派遣を帯方郡の長官弓遵に勅命した。弓遵は郡の布告役の郡都守備官の梯儁を正使として遣倭使を派遣した。

梯儁一行は詔書と親魏倭王の金印、紫綬を奉じて邪馬壱国へ赴き、梯儁がその詔書と金印、紫綬を卑弥呼に軽く会釈して手渡した。卑弥呼は拝領した。したがって、その勅命から、その遣倭使顚末の報告書が郡に提出されたことは確かである。

この報告書は当然のことながら「魏志」倭人伝のその編纂《へんさん》資料となったはずである。したがって、その南の方角はこれからのものであることになる。が、その場合、不弥国～邪馬壱国間の行程は帯方郡～不弥国間同様にその諸国、方角、里程などを明記していて然るべきであるが、これがなぜかその長路にもかかわらず投馬国と水行日数、陸行日数のみで、皆無である。しかも、その方角は摩訶不思議な南である。当然その次第が問われることになる。が、現時点ではこれを解明することは至難である。そこで、その南の方角はこれを踏まえてみてみることになる。

邪馬壱国は日本列島上に存在する。したがって、その南はその摩訶不思議から、当然誤写であることが考えられることになる。そこで、これをみてみる。

同倭人伝は次のように記している。

其の道里を計るに、当《まさ》に会稽《かいけい》東治の東に之《いた》るに在るべし。

帯方郡から邪馬壱国までの距離を計ると、邪馬壱国は正に会稽郡の東治《とうや》の東方に所在するという。会稽東治は会稽東冶の誤りで、福建省福州市方面の地名であるという（謝銘仁「邪馬台国　中国人はこう読む」一八五頁）。ということは邪馬壱国は台湾の東方辺りに位置することになる。したがって、誤写ではないことになる。何ともおかしな展開となった。

南の方角の理由

では、誤写ではないとしたら、一体全体何であろうか。

この南の方角はその理由の如何を問わず、日本列島が九州を頂点として南北に連なる列島であることを明示していることになる。が、日本列島はいうまでもなく、北海道を頂点として東北、西南に弓状に連なる列島である。したがって、九州は後尾であるから、その九州が頂点であれば、それは日本列島を逆様にしたことになる。すなわち、日本列島がその逆様であると錯誤したことになる。これは日本列島倒錯である。したがって、その南の方角はこれからのものであることになる。

ところで、南の方角といえば、次の「魏志」呉主伝の二年春正月（二三〇年）条に、非常に興味深い記事がある。

将軍の衛温《えいおん》と諸葛直《しょかっちょく》を遣わし、甲士万人を将《ひき》いて、海に浮びて、夷州及び亶洲《たん》を求めしむ。亶洲は海中に在り。長老伝えて言う。秦の始《し》皇帝、方士徐福《じょふく》を遣わし、童男童女数千人を将《ひき》いて、海に入りて、蓬莱《ほうらい》神山及び仙薬を求めしむ。此の洲《くに》に止《とど》まりて還らず。世《よ》相い承《う》けて数万家有り。其の上、人民時に会稽《かいけい》に至りて、布を貨《あきな》う有り。会稽東県の人、海に行きて、亦、風に遭《あ》いて流移し、亶洲に至る者有り。在る所絶遠、卒《つい》に至るを得べからず。但《ただ》、夷洲の数千人を得て還る。（和刻本正史「三国志」二《汲古書院・昭和四十七年》。以下同）

呉王孫権《そんけん》は即位の翌年の二三〇年（黄竜二年）、夷洲と亶洲へ一万の武装兵を派遣した。これはその前年の五月（二二九年）条、翌翌年の嘉禾《かか》元年の三月、九月（二三二年）条に、

五月、校尉張剛《ちょうこう》、管篤《かんとく》を遼東《りょうとう》に之《ゆ》かしむ。……三月、将軍周賀《しゅうが》、校尉裴潜《ばいせん》を遣わし、

海に乗りて遼東に之かしむ。九月、魏の将田豫《でんよ》、要撃して、賀を成山に斬る。

とあり、孫権はその前年の五月に、遼東（遼寧省東南部）の大守公孫淵《こうそんえん》に遣使して、その三年後に魏を背後から攻撃しているので、魏を南北から挟撃するというその戦略の一環と考えることができる。すなわち、その一万の武装兵と夷洲の数千人の奴隷狩りから、その征服と略奪は明白であるから、これによって、その軍備増大を計ったというものである。

ところが、その亶洲は非常に遠方の所に在って、ついに到着できなかったという。

この亶洲は未詳であるが、夷洲は「後漢書」倭人伝の分注（四二六年頃成立）に次のようにある。

夷洲は臨海《りんかい》の東南に有り、郡を去ること二千里。土地に霜、雪無く、草木死《かれ》ず。（和刻本正史「後漢書」三《汲古書院・昭和四十八年》）

臨海は浙江省臨海県をいう。したがって、その熱帯、亜熱帯的気候から一般に台湾とされている。

とすると、亶洲である。亶洲はその大軍による征服、略奪から、これに見合う人口の地であって然るべきである。とすれば、現実に台湾近辺でそういう所ということになる訳であるから、亶洲は日本かフィリピンであることになる。

そうであれば、遠征軍は、亶洲は絶縁とあるので、地理的にも最初は台湾へ行き、それから亶洲へ行ったと考えられるので、とすれば、その場合、台湾からの亶洲への針路は東北進すれば日本（沖縄）、南進すればフィリピンであるから、これは絶縁とはならないので、東進したことになる。これならば行けども行けども太平洋であるから、正に絶縁そのものである。

ということはいうまでもなく、亶洲は邪馬壱国同様、台湾の東方に位置することになるので、日本列島か、またはその一地方ということになる。

そこで、日本列島倒錯である。これは亶洲と一体である。とすれば、その徐福（徐市《じょふつ》）等の日本渡来伝説が各地にあるので、これを踏まえたものであることが考えられることになる。すなわち、そうした場合、それはまず、日本列島は亶洲と判断したものであることになる。また、その理由はともかくとして、当然故意の場合もある。これは日本列島を亶洲に付会させたものであることになる。

が、いずれにしても次の右呉主伝の翌年の三年春二月（二三一年）条があるので、これなどから、当時、三世紀頃の中国の一般的な地理観念であったことになる。

衛温、諸葛直皆　詔《みことのり》　に違《たが》いて功無きを以って、獄に下し、誅せらる。

その遠征軍の二将軍は遠征失敗を問責されて、翌二三一年に誅殺されている。したがって、その遠征が洒落や冗談の類いでなかったことは明白である。すなわち、ということは日本列島倒錯は右であったということになる。

という次第で、その南の方角は日本列島によるもので、その日本列島倒錯は当時三世紀頃の中国の一般的な地理観念であったと結論される。

第三章　幻の古代の新嘗祭概略

古代日本語の発音

さて、そうすると、その南の方角は実際はその弓状の日本列島から、東北（北）ということになる。したがって、その不弥国～邪馬壱国の諸国はこの方角でのそれということになる。

そこで、次はその諸国を解明していくことになる訳であるが、その解明には幻の古代の新嘗《にいなえ》祭《さい》の知識が不可欠である。したがって、この幻の古代の新嘗祭をご案内する。まずは古代日本語の発音である。なお、本書がいう古代とは八世紀頃以前をいう。

古代の日本語は現在のところ万葉時代（四世紀中頃～八世紀頃）のそれはかなり解明されているが、その前の弥生時代（前三～後三世紀頃）以前についてはほとんど未詳で、推定の域を出ていない。しかしそれが現代へと続く日本語であることは、その詳細の程はいずれ機会を得てご案内することになるが、わが国の前一～後四世紀頃の土器、銅鐸、銅鏡の絵文字や「魏志」倭人伝（二八四～二八九年頃成立）、「史記」（前九一年成立）の日本語名称、そして、前五十一～二十三世紀頃の中国、前三十三世紀中期頃～一五〇〇年頃のインド、前三十一～二十六世紀頃のエジプトの古代日本語の絵文字などから明白である。したがって、弥生以前の古代日本語は当然のことながら現在言語学上常識となっている万葉のそれを基点として、右などから推定されることになる。

ご覧の表はその万葉時代の五十音図である。以下順次明らかとなるが、表同書などや私見によれば以下の通りである。

まず、母音である。母音は現在、a・i・u・e・oの五つであるが、当時はその他に、ï・ë・öという中舌的な母音があって、全部で、a・i、ï・u・e、ë・o、öと八つあった。ïとëは現代東北地方のイとエに近い音、öはoの口の形をして、eを発音した音であるという。

この中舌的な母音の音節はご覧のように、キ、ヒ、ミ、ケ、ヘ、メ、コ、ソ、ト、ノ、モ、ヨ、ロとその濁音の、ギ、ビ、ゲ、ベ、ゴ、ゾ、ドの二十音節である。

古代の中国人は「魏志」倭人伝の「邪馬壱」などに明らかなように、その漢字音を借用して古代日本語を音訳した。このような手法は後世わが国で一般化し、万葉仮名となった。万葉仮名は漢字の音訓を借りて国語を表記した文字をいう。名称は「万葉集」（八世紀中頃成立）に多く用いられたところからのものである。

音である。これは阿米《あめ》（天）、久尓《くに》（国）の類で、字義は原則無関係である。

訓である。これは正訓、借訓、義訓、戯《ぎ》訓がある。正訓は漢字本来の字義を当てたもので、春《はる》、親《おや》の類、借訓は訓を借用したもので、名津蚊為《なつかし》（懐し）の類、義訓は本来のそれではない字義を当てたもので、暖《はる》、父母《おや》の類、戯訓は義訓を遊技的にしたもので、要するに洒落で、十《し》

表１　万葉時代の五十音図

ば	だ	ざ	が	わ	ら	や	ま	は	な	た	さ	か	あ
ba	da《ダァ》	dza《ツァ》	ga	wa《ワ》	ra	ya	ma	fa《ファ》	na	ta《タァ》	tsa《ツァ》	ka	a
び	ぢ	じ	ぎ	ゐ	り		み	ひ	に	ち	し	き	い
bi	di《ディ》	zi《ジ》	gi	wi《ウィ（ヰ）》	ri		mi	fi《フィ》	ni	ti《ティ》	si《シ》	ki	i
bï			gï				mï	fï				kï	
ぶ	づ	ず	ぐ		る	ゆ	む	ふ	ぬ	つ	す	く	う
bu	du《ドゥ》	dzu《ツ》	gu		ru	yu	mu	fu《フ》	nu	tu《トゥ》	tsu《ツ》	ku	u
べ	で	ぜ	げ	ゑ	れ	𛀁	め	へ	ね	て	せ	け	え
be	de《デェ》	ze《ゼ》	ge	we《ウェ（ヱ）》	re	ye《イェ》	me	fe《フェ》	ne	te《テェ》	se《セ》	ke	e
bë			gë				më	fë				kë	
ぼ	ど	ぞ	ご	を	ろ	よ	も	ほ	の	と	そ	こ	お
bo	do《ドォ》	dzo《ツォ》	go	wo《ウォ（ヲ）》	ro	yo	mo	fo《フォ》	no	to《トォ》	tso《ツォ》	ko	
	dö	dzö	gö		rö	yö	mö		nö	tö	tsö	kö	ö

日本古典文学大系「万葉集一」（岩波書店・1997年）
奈良時代の音節及び万葉仮名一覧・32〜35頁などより作成

六《し》（猪）の類である。

この万葉仮名の最古のそれは現在のところ、わが国では「隅田《すだ》八幡神社蔵人物画像鏡銘」（和歌山県橋本市隅田町）の「意紫沙加宮《おしさかみや》」（四世紀後半頃）、「江田船山古墳鉄刀銀象嵌銘」（熊本県玉名市菊水町江田）の「伊太加《いたか》」（四世紀後半頃）など、中国では「史記」匈奴列伝（前九一年成立）の「淳維《ぢぢ》」、「頭曼《づむ》」などの日本語名称などである。

この万葉仮名はそのi・e・oとï・ë・öの音節を区別して書き分けている。これを上《じょう》代特殊仮名遣《だいとくしゅかなづか》いという。これでは前者の音節を甲類、後者のそれを乙類という。例えば、カミの場合は、上《かみ》は加美（kami）で、そのミは甲類、神《かみ》は加微（kamï）で、乙類である。したがって、両者は別語ということになるので、神を上の意とすることはできない。甲類と乙類を混同しないこと、これは古代日本語解釈の基本常識である。

この乙類の音節は平安時代（七九四～一一九一年）に入ると全て甲類に吸収されてしまったとされている。したがって、母音は八つから現在の五つになった訳である。

次は発音である。まず、ア、カ、ナ、マ、ラ行音である。これは乙類のそれを別とすれば基本的には現代のそれと同様である。

次は残りの、サ、タ、ハ、ヤ、ワ行音である。これは現代のそれとはかなり異なる。

順に、サ行音である。これはサ、ス、ソはツァ（tsa）、ツ（tsu）、ツォ（tso・tsö）、その濁音はヅァ（dza）、ヅ（dzu）、ヅォ（dzo・dzö）と強く発音した。

タ行音である。これは一般に英語のように軽く発音したとされている。したがって、チはテイ（ti）、ツはトゥ（tu）、その濁音はディ（di）、ドゥ（du）ということになる。

ハ行音である。これは唇を軽く合わせて、ファ、フィ、フ、フェ、フォ、濁音はバ、ビ、ブ、ベ、ボと発音した。

ヤ行音である。これはエ（江）はイェ（ye）で、現代のそれとは全く異なる。

ワ行音である。これはイ（ヰ）はウィ（wi）、エ（ヱ）はウェ（we）、オ（ヲ）はウォ（wo）と発音した。

なお、ン（n）音は後世の中国語（漢字音）の影響によるもので、古代日本語には存在しなかった。したがって、ン（n）の音に相当するそれはヌ（nu）またはム（mu）である。

ご覧の「表2　弥生時代頃の推定音節」である。これは私見によるもので、「魏志」倭人伝（二八四～二八九年頃成立）、「史記」（前九一年成立）の日本語名称、古代エジプトのヒエログリフ（聖刻文字）の古代日本語（前三十一～二十六世紀頃）などから推定した。この四者はその詳細の程はいずれ機会を得てご案内することになるが、その万葉音への移行過渡期にあったと推定される。

なお、古代日本語はその単語、原義（語源）、発音など、何かと未詳の場合が多い。したがって、以下、万葉以前（～八世紀頃）に確認されない場合は未詳とした。また、その単語の訓は原則として通読の便宜上、例えば、天照大御神《あまてらすおおみかみ》は、アマテラスオホミカミ(amateratsu öfomi kamï)、というように旧仮名遣いで表記し、その実際の発音はローマ字で（　）で示した。

表２　弥生時代頃の推定音節

そ	せ	す	し	さ
tsö《ツォ》 tso《ツォ》	tse《ツェ》	tsu《ツ》	tsi《ツィ》	tsa《ツァ》
	≀		≀	
	tʃe《チェ》		tʃi《チ》	
	sue《スェ》		≀	
	≀		sui《スィ》	
	se《セ》		≀	
			si《シ》	

ぞ	ぜ	ず	じ	ざ
dzö《ヅォ》 dzo《ヅォ》	dze《ヅェ》	dzu《ヅ》	dzi《ヅィ》	dza《ヅァ》
	≀		≀	
	dʃe《ヂェ》		di《ヂ》	
	zue《ズェ》		≀	
	≀		zui《ズィ》	
	ze《ゼェ》		≀	
			zi《ジ》	

ほ	へ	ふ	ひ	は
po《ポ》	pë《ペ》 pe《ペ》	pu《プ》	pï《ピ》 pi《ピ》	pa《パ》
≀	≀ ≀	≀	≀ ≀	≀
fho《フォ》	fhë《フェ》 fhe《フェ》	fhu《フ》	fhï《フィ》 fhi《フィ》	fha《ファ》
≀	≀ ≀	≀	≀ ≀	≀
fo《フォ》	fë《フェ》 fe《フェ》	fu《フ》	fï《フィ》 fi《フィ》	fa《ファ》

ぼ	べ	ぶ	び	ば
bo《ボ》	bë《ベ》 be《ベ》	bu《ブ》	bï《ビ》 bi《ビ》	ba《バ》

幻の古代の新嘗祭とは

数十万年前、人類がまだ旧人であった頃、われら日本民族は冬至を発見した。冬至は二十四節気の一で、十二月二十二日頃をいう。この冬至は太陽が蘇《よみがえ》る日である。太陽は冬至を中心とする、夏至〜冬至〜夏至、の循環を繰り返す。この冬至の夜明けの瞬間、太陽は新鮮で活発な生命力に満ち溢れた陽力を取り戻して蘇り、その生命誕生、死者復活の生命根源魂、新魂《あらたま》の神光（日光）を日射する。太陽の女神、天照大御神《あまてらすおおみかみ》（天《あめ》の御中主神《みなかぬしのかみ》）の誕生である。

以来数十万年、われら日本民族は「循環する物事はその営みの循環を一巡してまた再び蘇り、また循環する」という循環の観念を持ち、その糧食の動、植物の大豊饒、大豊作と死者復活を祈願し、現在では幻となって忘却の彼方へと消え去ってしまった、誰も知らない全く未詳の人類初の体系的宗教、幻の古代の新嘗祭《にいなえさい》を永永と構築、継承した。

すなわち、その祭神は「古事記」冒頭のその最高神、天《あめ》の御中主神《みなかぬしのかみ》、すなわち、天照大御神《あまてらすおおみかみ》、以下、高御産巣日神《たかみむすひのかみ》、神産巣日神《かみむすひのかみ》、美《うま》し葦牙夫神《あしかびひこぢのかみ》、天《あめ》の常《とこ》立《た》ち神《のかみ》の五神、その祭祀は冬至の夜明けの瞬間の天照大御神の発芽の新魂の神光（日光）とその後の神産巣日神の早熟の新魂の神光（日光）を拝受するというものである。これはその幻の古代の新嘗祭の古来よりの根本本義である。すなわち、その新魂の神光（日光）の拝受によって、古くは動、植物、農耕開始後は穀物の種子と死者が発芽、早熟して、その大豊饒、大豊作、死者復活となるというものである。したがって、幻の古代の新嘗祭はこの大豊饒、大豊作、死者復活を祈願する宗教である。

この幻の古代の新嘗祭は古来よりの日本民族の最高祭祀である。その為、その宗教観念や情念、儀式などの諸諸は当時の社会、文化全般に渡って密着、浸透していた。したがって、結果、日本古代史究明の鍵となる、その神名、人名、官名、国名、地名などの名称はその関連名称ということになるので、この幻の古代の新嘗祭の知識がないと、何のことやらさっぱりで、どうにもこうにもならない、日本古代史究明は不可能ということになる。幻の古代の新嘗祭は日本古代史究明、必須、必携の虎の巻である。

以上の次第で、その詳細の程はいずれ機会を得てということになるが、その概容をご案内する。

幻の古代の新嘗祭の祭神

幻の古代の新嘗祭の祭神は五神である。これは「古事記」（七一二年成立）神代の冒頭の、別天神五柱《ことあまつかみいつはしら》の条が明記している。

天地《あめつち》初めて発《ひら》けし時、高天原《たかあまはら》に成れる神の名は、天之御中主神《あめのみなかぬしのかみ》。次に高御産巣日神《たかみむすひのかみ》。次に神産巣日神《かみむすひのかみ》。此の三柱《みはしら》の神は、並独神《みなひとりがみ》と成り坐《ま》して、身を隠したまひき。

次に国稚《わか》く浮きし脂《あぶら》の如くして、水母《くらげ》なす漂《ただよ》へる時、葦牙《あしかび》の如く萌《も》え騰《あが》る物に因《よ》りて成れる神の名は、宇摩志阿斯訶備比古遅神《うましあしかびひこぢのかみ》。次に天之常立神《あめのとこたちのかみ》。此の二柱《ふたはしら》の神も亦、独神と成り坐して、身を隠したまひき。

上《かみ》の件《くだり》の五柱《いつはしら》の神は、別天《ことあま》つ神《かみ》。（日本古典文学大系新装版「古事記　祝詞」《岩波書店・一九九四年》。以下同）

この五神は天地が初めて開始した時、最初に高天原《たかあまはら》という天界（神界）に誕生した、天神の中の特別な天神で、誕生後はその身体を隠して現さなかったという。

幻の古代の新嘗祭の最高神はこの第一神の、天之御中主神《あめのみなかぬしのかみ》、次が第二神の、高御産巣日神《たかみむすひのかみ》、次が第三神の、神産巣日神《かみむすひのかみ》、そして、次が第四神の、宇摩志阿斯訶備比古遅神《うましあしかびひこぢのかみ》、次が第五神の、天之常立神《あめのとこたちのかみ》である。

前三神は冬至の夜明けの斎晴《いは》れの神で、斎晴れの三神、後二神は草木の発芽と結実の神で、前者が発芽、後者が結実で、発芽と結実の二神である。斎晴れは斎の晴れで、神聖の夜空が晴れること、すなわち、ここでは冬至の夜明けの意である。晴れは空が晴れることをいうが、ここでは右である。右神代の火遠理命《ほおりのみこと》の、鵜葺草葺不合命《うがやふきあえずのみこと》の条に、

次に若御毛沼命《わかみけぬのみこと》、亦《また》の名は豊御毛沼命《とよみけぬのみこと》、亦の名は神倭伊波礼毘古命《かむやまといはれびこのみこと》。

とあり、この第一代神武天皇の別名の、神倭伊波礼毘古命《かむやまといはれびこのみこと》の伊波礼《いはれ》からのものである。

夜明けは一般に次のように三段階に分けられている。斎晴れはこの天文薄明で、時間は二十九分程、その太陽の蘇り鮮度が大～小であることから、その最初が大の斎晴れで、五分程、後が小の斎晴れで、二十四分程である。

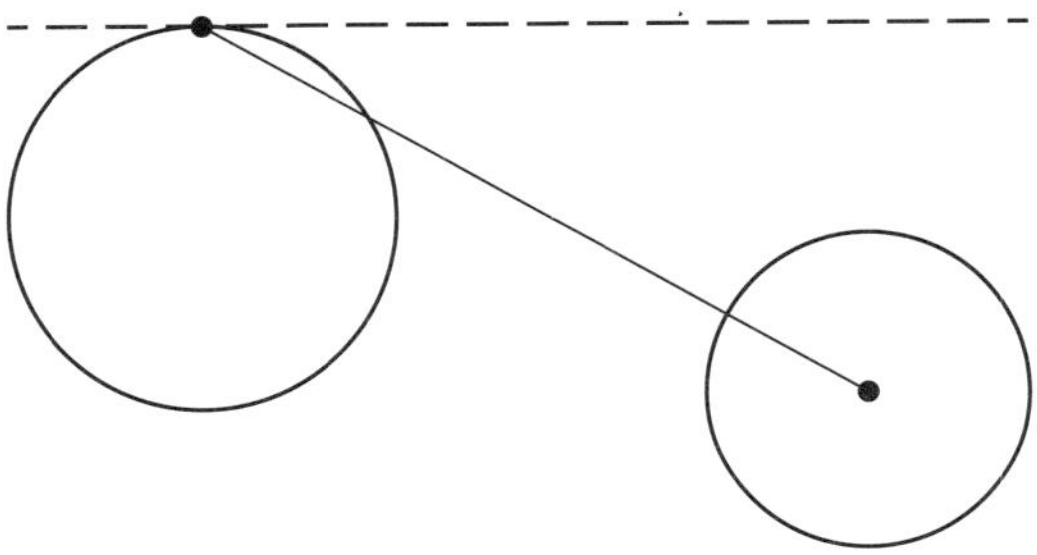

図2　伏角

天文薄明　水平線と水平線下の太陽の中心とのなす角度、すなわち、太陽の伏角《ふかく》が十八〜十二度の時をいう。これは辺りはまだ暗く、空には多くの星が見える状態である。

航海薄明　伏角が十二〜六度の時をいう。これは辺りはまだ薄暗く、水平線が確認でき、同時に明るい星が見える状態である。

市民薄明　伏角が六〜〇度（日の出）の時をいう。これは屋外での作業に支障のない程度の明るさの状態である。（国立天文台編・平成四年「理科年表」暦六《丸善出版・平成三年》参考）

斎晴れの三神

最高神の、天之御中主神《あめのみなかぬしのかみ》である。この神は実際は天照大御神《あまてらすおおみかみ》である。当然、なぜ天照大御神と明記しなかったのかということが大問題となるが、これは次章でご案内する。

名称は天《あめ》の御中主神《みなかぬしのかみ》である。これは天の、御中の主の、神で、天界の、畏敬の冬至の主人の、神の意である。御中は御の中で、御は畏敬の意を表わす接頭語、中は三つの物の中央（中心）をいうが、ここでは図3のその逆V形のΛ、W形のWの冬至形の頂点、すなわち、中央（中心）のことで、右である。

「彩陶盆」は中国陝西省西安市の半坡《はんぱ》遺跡出土、年代は前五〇〇〇～四三〇〇年頃、頭部のΛ形がそれ、「大汶口《だいぶんこう》文化陶文（1）」（図4）は同国山東省莒《きょ》県の陵陽河遺跡出土で、前四十一世紀頃、「丁公陶文」（図5）は同国山東省鄒平《すうへい》県の丁公遺跡出土で、前二二五〇～二一四三年頃、「縄文のビーナス」（図7）はわが国で、長野県茅野市の棚畑遺跡出土で、前三〇〇〇～二〇〇〇年頃、全て古代日本語の絵文字である。日本民族はかって中国大陸各地に存在した。

この冬至形はご覧のように、冬至を中心とする、夏至～冬至～夏至、の循環を表現したもので、左右の低点が夏至、中央（中心）の高点（頂点）が冬至である（図9）。したがって、御中はまた単に、真中、中央（中心）で、冬至の意ということになる。これは後章でご案内するが、司馬貞《しばてい》補筆の「史記」三皇《さんこう》本紀（八世紀頃成立）に「中央氏」とあり、古代中国にみえる。

図３　彩陶盆
陶磁大系33「古代中国の土器」（平凡社・昭和53年）87頁・４彩陶人面魚文鉢より転載

図４　大汶口文化陶文(1)
王樹明「談陵陽河与大朱村出土的陶尊“文字”」『山東史前文化論文集』（斉魯社・1986年・山東省済南市）284頁・図１より転載

図５　丁公陶文
「AERA」（朝日新聞社・1993年２月23日）「中国四千年前の謎の『文字』」より転載

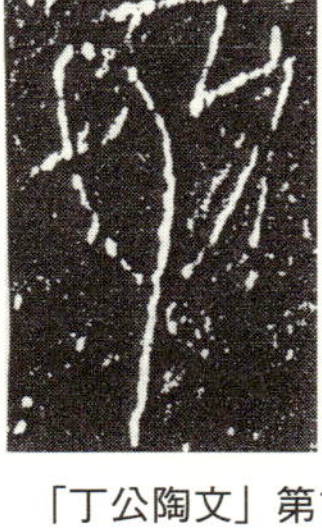

図６　「丁公陶文」第10画
図５より転載

が、わが国ではその中《なか》は冬至として、古代の有力氏族の一で、大和朝廷の祭祀、神事を司った、中臣《なかとみ》氏のそれなどにみえるので、右である。

天照大御神（天の御中主神）は冬至の夜明けの瞬間、古くは動、植物、農耕開始後は穀物の種子と死者復活の発芽の新魂の神光（日光）をお産する。これは縄文のビーナス像とその絵文字が明示している。

絵文字は、上は冬至形、下はその冬至形から、まるで水滴がポタリと滴り落ちるように誕生した、新魂《あらたま》を表現したもので、冬至の夜明けの瞬間の新魂の神光（日光）お産を表意するものである。実に芸が細い。

したがって、この縄文のビーナスは太陽の女神であることになる。といえば、天照大御神であるから、実際は天照大御神であることになる。同神は四、五千年前にすでに日本に存在した。この天照大御神は妊娠腹である。したがって、右ということになる。そのお産が冬至の夜明けの瞬間であるのはその蘇りの瞬間の新魂が最も新鮮で霊力があるからである。

新魂の神光（日光）は「大汶口文化陶文（２）」（前四十一世紀頃）が明記している（図10）。玉状のものは新魂、管状のものは神光（日光）で、神光（日光）が新魂を串刺にしているという、串団子状である（図11）。その新魂はまたその神光（日光）が運搬するという、何とも理に適った上手《うま》い表現である。図はまた改めて後述でご案内する。

第二神の、高御産巣日神《たかみむすひのかみ》である。同神は冬至の夜明けの瞬間、天界の神門の天《あめ》の石屋戸《いわやと》をその手槌で一撃して微開し、微開と同時に天照大御神がお産したその発芽の新魂の神光（日光）

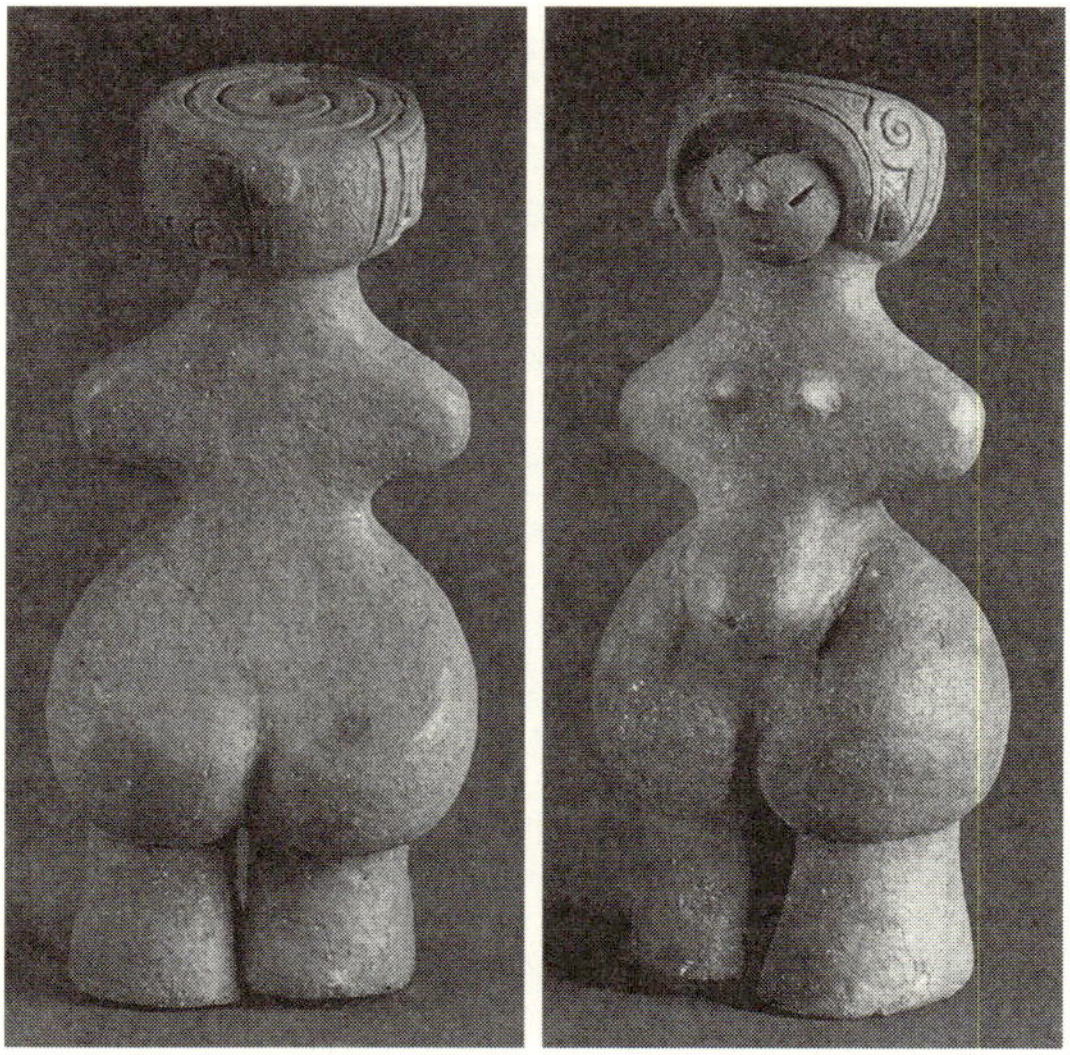

図７　縄文のビーナス
日本美術全集「原始の造形」（講談社・1994年）57・58土偶より転載

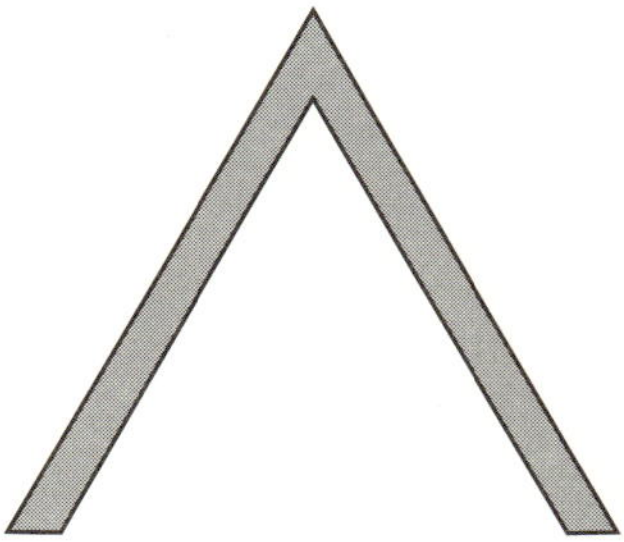

図９　冬至形

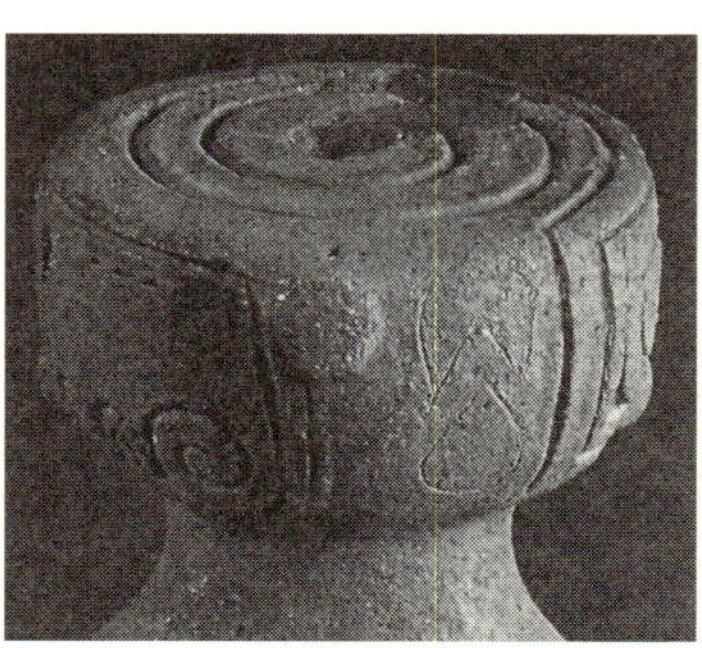

図８　縄文のビーナス 後頭部
図７より拡大

を、地界の新嘗祭の神殿の新嘗屋《にいなえや》の神木の神座の高御座《たかみくら》の初穂の種子に、日射する神である。名称はそのまま、高御産巣日神《たかみむすひのかみ》である。これは高の、御産の巣の、日の、神で、冬至の夜明けの瞬間の大の斎晴れの瞬間の、発芽の畏敬の生成の、新嘗屋の神木の鳥の巣状の神座の高御座の、新魂の神光（日光）の、神の意である。

高は高いことで、冬至形の頂点で冬至であるが、ここでは冬至がその夜明けの瞬間であることから、大の斎晴れの瞬間の意である。

御産巣《みむす》は御の、生成する意の四段活用の動詞、産《む》すの語幹の、巣で、右の意である。高御座《たかみくら》は高の、御の座で、大の斎晴れの瞬間の、御座所、すなわち、ここでは大の斎晴れの瞬間の、神座の意である。図12がそれである。この高御座は広義にはその全体、狭義にはその神木の神座をいう。新嘗屋の神木は次の「古事記」雄略の歌謡が明記している。

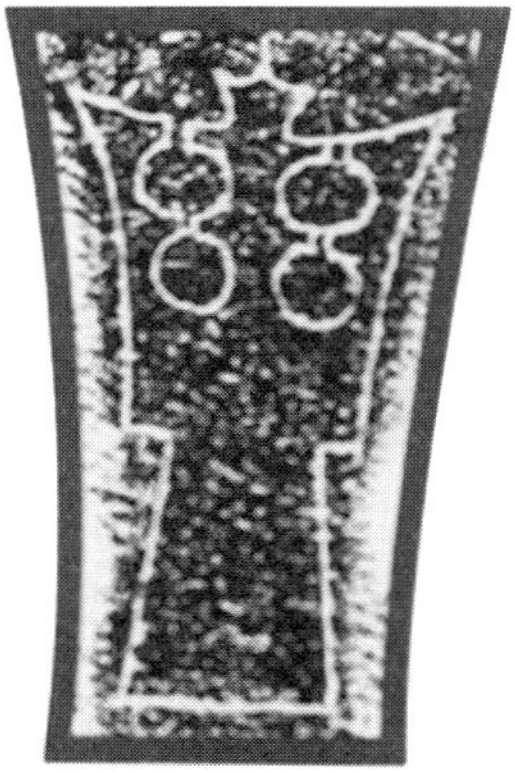

図10　大汶口文化陶文（2）
図４同書（38頁）305頁・図22より転載

図11　新魂の神光
図10より作成

図12　高御座

真木《まき》咲く　桧《ひ》の宮殿《みかど》　新嘗屋《にひなへや》

真木《まき》咲くは桧の枕詞《まくらことば》をいう。枕詞は昔の歌文にみられる修辞法の一で、特定の語句に冠して修飾または句調を調える語句をいうが、右などの古代のそれは要するに洒落である。

真木《まき》咲くは真の木は咲くで、真実の木は咲く、すなわち、神木は咲く意である。桧は神木で、四月頃花が咲く。したがって、これからの洒落という訳である。が、ここでは枕詞ではなく、単なる語句である。したがって、右は真木が咲く、桧の宮殿の新嘗屋で、神木が咲く、桧造りの宮殿の新嘗屋の意である。

巣は「日本書紀」景行四十年是歳条に、

宮簀媛《みやすひめ》（日本古典文学大系新装版「日本書紀上」《岩波書店・一九九五年》。以下同）

とあり、その形状は鳥の巣状である。

宮簀媛《みやすひめ》はそのまま、宮簀姫《みやすひめ》である。これは

宮の簀の、姫で、宮は宮殿で、ここでは新嘗屋、簀は以下から、その神室の神木の鳥の巣のような神座のことで、新嘗屋のその神座の、姫、すなわち、女新嘗祭主の意である。簀は割り竹や葦などを糸で粗く編んだ敷物をいう。したがって、新嘗屋でこの敷物の姫といえば、その敷物は当然神座のそれが妥当であるから、またその形状は鳥の巣状であるから、巣状の神座ということになるので、女新嘗祭主ということになる。

高御産巣日神は「古事記」神代の葦原中国《あしはらなかつくに》の平定の、天若日子《あめのわかひこ》の条に、

是《こ》の高木神《たかぎのかみ》は、高御座巣日神の別《また》の名ぞ。

とあり、また、高木神《たかぎのかみ》という。名称は高の木の、神で、大の斎晴れの瞬間（冬至）の木の、神、すなわち、新嘗屋の神木の、神の意である。

天の石屋戸微開は同神代の天照大御神と須佐之男命《すさのをのみこと》の、天の石屋戸の条に、

故是《かれここ》に天照大御神見畏《みかしこ》みて、天石屋戸《あめのいはやと》を開きて閉《さ》し籠《こも》り坐《ま》しき。尓《ここ》に高天原《たかあまはら》皆暗く、葦《あし》原中国《はらなかつくに》悉《ことごと》に闇し。此《こ》れに因《よ》りて常夜《とこよ》往《ゆ》きき。

とあり、この天照大御神が弟の須佐之男命《すさのをのみこと》の度重る乱暴狼藉に怒って、天界の岩窟に閉じ籠ってしまうと天地は夜ばかりになってしまったという、天の石屋戸物語に、

是《ここ》に天照大御神、怪しと以為《おも》ほして、天石屋戸を細めに開きて、

とあり、その天界の神門は天の石屋戸で、微開している。この物語はその後、その夜ばかりから結局、元通りとなる。したがって、その微開は夜明けの瞬間ということになる。

手槌は前掲、図7・四〇頁の「縄文のビーナス」のその手、足はその槌状から、手槌、足槌

である。したがって、足槌は手槌より強力であるから、微開は手槌ということになる。

第三神の、神産巣日神《かみむすひのかみ》である。同神は大の斎晴れの直後の、小の斎晴れの瞬間、古くは動、植物、農耕開始後は穀物の種子と死者復活の早熟の新魂の神光（日光）をお産して、天界の神門の天の石屋戸をその足槌で一撃して破壊し、地界の新嘗屋の高御座の初穂の種子に、日射する神である。

名称はそのまま、神産巣日神《かみむすひのかみ》である。これは神産の巣の、日の、神で、早熟の生成の、新嘗屋の神木の鳥の巣状の神座の高御座の、新魂の神光（日光）の、神の意である。

神産《かみむ》は神の動詞、産《む》すの語幹で、神の生成であるが、高御産巣神の御産《みむ》、すなわち、天照大御神の発芽の畏敬の生成に対するもので、その動、植物、死者復活の誕生の発芽、成育の早熟から、右の意である。したがって、天照大御神の大の斎晴れの瞬間のお産から、これに対するものということになるので、同神はその後の小の斎晴れの瞬間に、その早熟の新魂の神光（日光）をお産することになる。

早熟の新魂の神光（日光）は前掲、図10・四一頁の「大汶口文化陶文（2）」が明記している。図は拓本で、山東省莒《きょ》県の大朱遺跡出土、年代は前四十一世紀頃、大口尊《そん》（陶製の酒器）の上部に描かれている。

絵文字はその全体像は手槌、上部中央の三つのΛ形とその左右両端の二つのΛ形は三つと二つの冬至形、内部の丸連結状のものは二つの串団子状のものを表現したもので、幻の古代の新嘗祭の斎晴れの三神と発芽と結実の二神と、その天照大御神の発芽と神産巣日神の早熟の二つの新魂の神光（日光）を表意したものである。

足槌で一撃は、その早熟はその霊力から威勢のよい成育である。したがって、その威勢のよさから、その槌は高御産巣日神の手槌から残る足槌、その打撃は一撃ということになる。

斎晴れの三神の続柄と性別

斎晴れの三神は三兄弟である。天照大御神（天の御中主神）と神産巣日神は実姉妹で、前者が姉、後者が妹である。高御巣日神はその異母兄弟で、天照大御神の弟、神産巣日神の兄である。

天照大御神は「古事記」神代の伊邪那岐命《いざなぎのみこと》と伊邪那美命《いざなみのみこと》の、禊祓《みそぎはらい》と神々の化生の条に、

> 是に左の御目《みめ》を洗ひたまふ時に、成れる神の名は、天照大御神《あまてらすおほみかみ》。次に右の御目を洗ひたまふ時に、成れる神の名は、月読命《つくよみのみこと》。次に御鼻を洗ひたまふ時に、成れる神の名は、建《たけ》速須佐之男命《はやすさのをのみこと》。

とあり、三兄弟である。父は伊邪那岐命《いざなきのみこと》で、その目、鼻の禊祓で誕生した。

この三兄弟は斎晴れの三神と同数である。したがって、斎晴れの三神ということになる。天照大御神と月読命は左、右の目から誕生した。が、建速須佐之男命は目ではなく、別物の鼻で、しかも、男とあり、男性で男神である。したがって、天照大御神と月読命は実姉妹で、前者が姉、後者が妹、建速須佐之男命はその異母兄弟で、天照大御神の弟、月読命の兄ということに

なる。また、建速須佐之男命は高御産巣日神、月読命は神産巣日神であることになる。
建速須佐之男命は「日本書紀」神代上・第六段の条（以下、段落以下は既述引用同書による）に、

是《ここ》に、素戔鳴尊《すさのをのみこと》、請《まう》して曰《まう》さく、「……姉《なねのみこと》と相見《あひまみ》えて、……」とまうす。……始め素戔鳴尊、天に昇ります時に、……天照大神、素《もと》より其の神の暴《あら》く悪《あ》しきことを知《しろ》しめして、……「吾《あ》が弟《なせのみこと》の来《きた》ることは、……」

とあり、天照大御神とは姉弟で、その弟である。

が、実際は実姉弟ではなく、異母姉弟で、異母弟である。これはご覧の「唐古《からこ》・鍵《かぎ》絵画土器」（図13）が明示している。土器は奈良県磯城郡の唐古・鍵遺跡出土、年代は一世紀頃で、その絵画は未解読である。その詳細の程はいずれ機会を得てご案内するが、古代日本語の絵文字で、その大筋は次の通りである。

絵は全部で五区画、上部は二組の母子鹿、下部は中央が家屋、右側が鹿と女性器丸出しの女性、左側が鹿と亀で、その二組の母子鹿の子鹿は天照大御神と建速須佐之男命、中央の家屋は新嘗屋、右側の女性は新嘗祭の祭主の巫女《みこ》、左側は同巫男《みこ》（男巫祝）で、天照大御神がその祭主の巫女に、建速須佐之男命がその巫男に乗り移って、新嘗屋で神婚《しんこん》するというものである。以下、神婚は神と神、神と人との結婚、性交をいう。したがって、その二組の母子鹿から、両神は異母姉弟ということになる。

天照大御神《あまてらすおほみかみ》はそのまま、天照らす大御神である。これは天に照らすの、大御の、神で、天

藤田三郎「唐古・鍵遺跡の絵画土器」『弥生の神々—祭りの源流を探る—』大阪府立弥生文化博物館図録４—平成４年春季特別展—(大阪府立弥生文化博物館・1992年）22頁より転載（文字は本書）

図13　唐土・鍵絵画土器

に照り輝いておられる、偉大な神の意である。大御は神や天皇（大王）などに関する物事を極めて尊んでいう接頭語をいう。その性はまた改めて次章でご案内するが、右の姉から女性で、女神である。

建速須佐之男命《たけはやすさのをのみこと》は武雷象《たけはやすさ》の男命《をのみこと》である。これは武の、雷象の男の、命で、勇猛の、男雷神の、命の意である。雷象《はやすさ》は速荒《はやすさ》で、速は速いこと、荒は動作、程度が甚しくなる意の上二段活用の動詞、荒《すさ》ぶ（原義は進《す》さぶ）の語幹で、速いことの動作、程度が甚しくなること、すなわち、ここではピカピカ、ゴロゴロ、ドカーンの雷象のこと、武《たけ》は勇猛である意の形容詞、武《たけ》し（猛し）の語幹で、命《みこと》は神や貴人の名称の下につける尊称をいう。その性はこの男や右の弟から男性で、男神である。

月読命《つくよみのみこと》はそのまま、月読みの命である。これは月を読みの、命で、月齢を数える、命の意である。したがって、命は月神である。

幻の古代の新嘗祭の五神は日神と月神である。これは前掲、図4・三八頁の「大汶口文化陶文（1）」が明記している。中国山東省莒県の陸陽河遺跡出土、年代は前四十一世紀頃、大口尊（陶製の酒器）の口縁部に描かれている。

絵文字は上から順に、丸形状のもの、三日月形状のもの、五個の冬至形状のものを表現したもので、太陽、月、新嘗祭五神を表意したものである。新嘗祭五神は上側が斎晴れの三神、下側左右が発芽と結実の二神である。したがって、新嘗祭の五神は日神と月神であることになる。

月神は「万葉集」巻六・九八五などに、

月読壮子《つくよみをとこ》（日本古典文学大系「万葉集二」《岩波書店・一九七八年》。以下、「万葉集」は同大系本による）

とあり、わが国の八世紀頃は男神である。が、以下順次明らかとなるが、男、女両神で、日神でまた月神というものである。したがって、その性は女性で、女神である。

発芽と結実の二神

宇摩志阿斯訶備比古遅神《うましあしかびひこぢのかみ》は美《うま》し葦牙夫神《あしかびひこぢのかみ》である。これは美しの、葦牙の夫の、神で、美しい、葦の若芽の夫の、神、すなわち、葦の発芽の、神の意である。

同神は既述の「古事記」神代の別天神五柱の条に、

葦牙の如く萌《も》え騰る物に因《よ》りて成れる神の名は、宇摩志阿斯訶備比古遅神。

とあり、右である。萌《も》えは発芽する意のヤ行下二段活用の動詞、萌《も》ゆの連用形で、そのエはヤ行のイェ（ye）であるが、通読の便宜上既述共右、ア行のえとした。以下同。

稲妻（雷光）は一般に、稲夫《いなづま》の意で、稲が雷光と霊的結合して結実するところからのものであるとされている。これはおそらく現在のわれわれでも考えそうなことだが、その雷光の強烈な瞬発力によるものであろう。したがって、右は結実といえば発芽であるから、その夫は稲夫同様のもので、その霊的結合の葦夫からのものであることになる。また、したがって、その性はその夫から男性で、男神である。

天之常立神《あめのとこたちのかみ》はそのまま、天《あめ》の常立《とこた》ちの神である。これは天の、常の立ちの、神で、天界の、永遠の旅立ちの、神、すなわち、天界の、死ぬことの、神で、以下から、天界の、結実の、神の意である。

永遠の旅立ちはあの世へ旅立つこと、すなわち、死ぬことで、来去《きさ》りという。来去りはご案内の、「循環する物事はその営みの循環を一巡してまた再び蘇り、また循環する」という古代日本民族のその循環の観念で、人間というものはあの世からこの世に生れ来て、やがて年老いて死んで、またあの世へと去って行く、というもので、死ぬことである。

右同神代の葦原中国《あしはらなかつくに》の平定の、天若日子《あめのわかひこ》の条に次のようにある。

岐佐理持《きさりもち》

これは原文で、葬送の時、死者の食物を捧げ持って行く者をいう。

死者の食物は同神代の伊邪那岐命と伊邪那美命の、黄泉国《よみのくに》の条に次のようにある。

黄泉戸喫《よもつへぐひ》

これは黄泉つ竈食《へぐ》ひで、死者がその黄泉国の竈で煮焚きしたものを食べることをいう。これを食べると死者はあの世の黄泉国の人となってしまって、二度とこの世に戻ることができなくなってしまうのである。したがって、死者があの世の黄泉国の人となるにはこの食物の食事をしなければならないということになる訳であるから、その食物は死者に不可欠なそれであることになる。

これから、死者はその死者の食物の岐佐理を食事してからあの世の黄泉国へと旅立つことになる。したがって、岐佐理《きさり》（kitsari）は来去《きさ》り（kitsari）で、死ぬことで、転じて、あの世の黄泉国への旅立ちに不可欠なその、死者の食物、であることになる。

この死者の食物はその、死～生～死、の循環の観念から、その蘇りの門出の、手向けの食事のそれであることになる。当然それはその蘇りに相応《ふさわ》しいものであることになる。これは農耕開始後のわが国ではその新魂の神光（日光）拝受によって発芽、結実した、その初穂の穀物の種子（種籾）で作ったものである。したがって、その種子（種籾）は結実したものであるから、来去り（死者の食物）は転じて、結実を意味する。また、したがって、常立《とこた》ち（死ぬこと）は来去り同様の表現によるもので、死者の食物で、転じて、結実の意であることになる。

この天の常立ち神の名称はその一対の発芽神が直接的表現であるのに対して、なぜか間接的、判じ物的である。当然これが問題となるが、その詳細の程は未詳である。が、いずれにしても、その結実は発芽した種子（種籾）の一生の終り、すなわち、死ぬことであるから、どうやら、結実＝死ぬこと、の観念によるものであることになる。したがって、常立ち、来去りは共に死ぬことで、結実の意であることになる。また、したがって、間接的、判じ物的ではなく、発芽神同様の直接的表現であることになる。が、とはいえどうも常立ち神というのは釈然としない。そこで、その一対の美し葦牙夫神はその蘇りの発芽からの誕生神であるから、これと一対ということで、発芽は誕生神、結実は他界神（死に神）という意味合いのものであることになる。

その性はその発芽、結実一対の発芽神が男神であること、また、斎晴れの三神の早熟（結実）の神産巣日神が女神であることから、女性で、女神である。

第四章　天照大御神の正体

幻の古代の新嘗祭

　古代の新嘗祭は一般に、初穂《はつほ》（新穀）を神（天神地祇）に供え、その神饌《しんせん》（飯、酒）を神と共食して、その収穫を感謝する儀式で、また、なおかつ神の霊威を授かる儀式とされている。が、その具体的なところとなると、これが一切未詳である。実際こんなおかしな話がある。

　新嘗祭の祭神は「古事記」（七一二年成立）や「日本書紀」（七二〇年成立）はなぜか明記していないが、「令《りょうの》義解《ぎげ》」巻第一・職員《しきいん》令第二・神祇官条の大嘗《おおむべ》の注（八三三年成立）に、

　神祇《じんぎ》（新訂増補国史大系「令義解」《吉川弘文館・昭和五十四年》。以下同）

とあり、天照大御神以下の天神（天《あま》つ神）と大国主神《おおくにぬしのかみ》などの国神（国《くに》つ神）諸神である。

大嘗は大嘗祭のことで、天皇即位の新嘗祭をいう。したがって、新嘗祭の最高神は天照大御神ということになる訳であるから、同神を祭祀する伊勢神宮（三重県伊勢市）は当然のことながら新嘗祭であって然るべきであるが、これが摩訶不思議なことに神嘗祭《かんなめさい》である。同祭は朝廷の年中行事の一で、天皇が新穀と幣帛を伊勢神宮に奉る祭りをいう。

　この新嘗祭は例えば、既述で触れた「古事記」雄略の金鉏岡《かなすきのおか》・長谷《はつせ》の百枝槻《ももえつき》の条の歌謡に、

纒向《まきむく》の　日代《ひしろ》の宮《みや》は……真木《まき》咲《さ》く　桧《ひ》の宮殿《みかど》　新嘗屋《にひなへや》に　生《お》ひ立《だ》てる

とあり、この第十二代景行《けいこう》の宮殿が新嘗祭の神殿の新嘗屋であることから、かっては天皇（大王）を祭主とする国家最高祭祀の国家新嘗祭であったことが明らかである。

本書の新嘗祭（ニイナエサイ）は右歌などによる。新嘗の原文は尓比那閉で、その発音はニヒナへ（nifinafë）である。一般に、新《にひ》な饗《あへ》（nifinaafë）の略の、新《にひ》な饗《へ》（nifinafë）で、初穂（新穀）の饗応、すなわち、その飯、酒の神饌の饗応で、新嘗祭の意とされている。

天照大御神は同書神代の伊邪那岐命と伊邪那美命の、三貴子の分治の条に、

此の時伊邪那伎命《いざなきのみこと》、……天照大御神に賜ひて詔《の》りたまひしく、「汝命《いましみこと》は、高天原《たかあまはら》を知らせ。」と事依《ことよ》さして賜ひき。

とあり、父神の伊邪那伎命から天界（高天原）支配を委任されている。したがって、天界の最高神である。しかも、皇祖神（歴代天皇の祖神）である。当然、新嘗祭の最高神であることになる。したがって、右のような次第はあり得ないことになる訳であるが、ところがこれが現実にあるのである。本家本元がこの始末である。他は推して知るべしである。本来の新嘗祭は当時すでに幻となって忘却の彼方へと消え去ってしまっていたのである。正に幻の古代の新嘗祭である。

なお、右の高天原《たかあまはら》は天照大御神（天の御中主神）以下の天神の天界をいう。これはその最高神の天の御中主神の名称から、高の、天の原で、冬至（大の斎晴れの瞬間）の、天の平原、すなわち、冬至（大の斎晴れの瞬間）の、天空で、天照大御神（天の御中主神）以下の天神の天

界の意である。

天照大御神は女雷神

天照大御神は「日本書紀」神代上・第五段の条に、
是《ここ》に、共に日神《ひのかみ》を生みまつります。大日孁貴《おほひるめのむち》と号《まう》す。
とあり、大日孁貴《おほひるめのむち》という。これはその分注に、
大日孁貴、此《これ》をば於保比屢咩能武智と云ふ。
とあり、オホヒルメノムチ（öfofirumenömuti）である。
名称はそのまま、大日孁貴《おほひるめのむち》である。これは大の、日《ひる》の孁《め》の、貴で、大の、日の孁の、貴神の意である。孁は国字で、未詳の語である。が、この日孁《ひるめ》（firume）は「万葉集」巻二・一六七に、
天照《あまて》らす　日女《ひるめ》の尊《みこと》
とあり、日女《ひるめ》（firume）とある。
この日女は一般に、日女《ひるめ》、または日る女《ひめ》で、日（太陽）の女の意とされているが、日（太陽）をヒルというのや、助詞のルは未詳である。とすれば、ヒル（firu）といえば、昼《ひる》（firu）がある。昼は日の出から日没までの太陽が空にある間をいう。その原義は未詳である。が、要するに太陽が照っている、日差しているということであるから、日差し（日光）の意の日を活用

した、照る、日差す意の四段活用の動詞、日《ひ》る、の終止形の日るで、照る、日差す意と解される。したがって、この日《ひ》るがあるので、日女《ひるめ》は日《ひ》る女《め》である。これは日るの女で、照るの女、すなわち、天照大御神の意である。

　これから、孁《め》（me）は未詳ではあるが、その女《め》（me）と同音節であることから女の義訓で、何かの女を意味するものであることになる。そこで、何かということになる訳であるが、孁は国字で、霝《れい》と女から成る。霝は水滴の意をいう。したがって、水滴の女ということになるが、水滴といえば雨がそれであるから、ここでは雨で、雨の女の意である。この雨の女は雨といえば雷雨が付き物であるから、女雷神を意味する。したがって、孁《め》は女雷神の意である。その場合、その日《ひ》るは日光のそれではなく、雷光のそれであることになるので、雷光を日射（発射）する意であることになる。

　以上から、大日孁貴《おほひるめのむち》は大の、日《ひ》る孁《め》の、貴で、大の、雷光を日射（発射）する女雷神の、貴神で、天照大御神の意である。

　天照大御神は一般に、太陽神と皇祖神の二重の性格を持つ、天界（高天原）の最高神で、女神とされているが、何と、女雷神でもあったのである。

雷神は日神

　さて、天照大御神が女雷神であるということは、同神は日神（太陽神）であるから、幻の古代の新嘗祭五神は日神（太陽神）で雷神であることになる。なるほど、高御産巣日神、神産巣日神のその日は日光（神光）、発芽と結実二神のその発芽と結実は雷光であるから、然るべきである。また、雷神は日神であることになる。

雷神は次の「古事記」神代の伊邪那岐命と伊邪那美命の、火神被殺の条が日神（太陽神）と明記している。

　次に御刀《みはかし》の本《もと》に著《つ》ける血も亦《また》、斎《ゆ》つ岩群《いはむら》に走《たばし》り就《つ》きて、成れる神の名は、甕速日神《みかはやひのかみ》。次に樋速日神《ひはやひのかみ》。次に建御雷之男神《たけみかづちのをのかみ》。

伊邪那岐命が火神の首を切ると、その御刀の鍔についた血が神聖な岩群にほとばしって行って、右の三神が生れたという。この三神は建御雷之男神のその御雷から雷神である。

建御雷之男神《たけみかづちのをのかみ》は武御雷《たけみかづち》の男神《をのかみ》である。これは武の、御雷《みいかづち》の略の、男の、神で、勇猛の、畏敬の雷の、男の、神、すなわち、ピカピカ、ゴロゴロ、ドカーンと大暴れの雷象からのもので、男雷神の意である。御《み》は神や、天皇（大王）、貴神など尊敬すべき人に属するものであることを示し、敬意を添える接頭語をいう。一般に、本来は霊威あるものに対する畏敬を表わしたものとされている。雷神はこの男雷神から、男女両神であることになる。

甕速日神《みかはやひのかみ》は御厳速日神《みかはやひのかみ》である。これは御厳《みいか》の略の速の、日の、神で、厳は猛烈な様の意の形容詞、厳《いか》し、の語幹で猛烈、速は速いことで、ここではその雷象の凄まじい瞬発で、畏敬の猛烈な雷象の凄まじい瞬発の、日の、神、すなわち、雷神の意である。

御厳《みいか》はmiikaである。古代日本語はこのiiというような母音の連続を嫌った。したがって、御厳《みか》（mika）となる。甕《みか》の発音は未詳であるが、次の「日本書紀」神代下・第九段の条などから、御厳《みか》と同じく、mikaである。

　武甕槌神《たけみかづちのかみ》

武甕槌神《たけみかづちのかみ》は武御雷神《たけみかづちのかみ》である。これは右に同じく、武の、御雷《みいかづち》の略の、神で、勇猛の、畏敬の雷の、神、すなわち、ピカピカ、ゴロゴロ、ドカーンと大暴れの雷象からのもので、雷神の意である。甕《みか》はその雷神の雨降り用の水甕、槌はゴロゴロの雷鳴やピシーッ、ガラガラ、ドカーンの落雷の天地震撼を起こすその雷神の槌で、戯訓である。したがって、御雷《みかづち》（mikaduti）は御《み》カ（mika）ヅチ（duti）ということになるので、甕《みか》はmikaであることになる。

樋速日神《ひはやひのかみ》はそのまま、樋速日神《ひはやひのかみ》である。これは樋の速の、日の、神で、ジグザグの瞬発の凄まじい雷光の、日の、神、すなわち、雷神の意である。樋《ひ》の速《はや》は、樋は竹や木などで作った水を導き送る長い管をいうが、ここではそのジグザグの水路の様を雷光に擬えたもの、速は前述の雷象の凄まじい瞬発の様を表現したもので、右である。

この雷神が日神（太陽神）である、または、日神（太陽神）が雷神であるその理由は未詳である。が、いずれにしても雷神のその名称はわれら日本民族が古来よりその雷象を畏怖していたことを明示している。とすれば、日神といえば日光、雷神といえば雷光であるから、その天空（天界）からの光繋がりである可能性が高い。

雷神は竜神（蛇神）

雷神はその日霎《ひるめ》の雨女や甕《みか》の雨降り用水甕から、また、雨水の神でもあることになる。雨水の神は「豊後国《ぶんごのくに》風土記《ふどき》」直入《なおり》郡・球覃《くたみ》郷条（八世紀初期頃成立）に、

此の村に泉あり。……即ち蛇龗ありき。（日本古典文学大系「風土記」《岩波書店・一九八五年》。以下、風土記は同書による）

とあり、蛇龗とある。この蛇龗はその訓注に、

於箇美《おかみ》と謂ふ。

とあり、オカミ（ōkami）という。

オカミは一般に、山、谷、岡などの山中や、川、泉、沼などの水中に棲み、水、雨、雪などを掌る神霊で、竜神（蛇神）とされている。竜は藤堂明保編「学研　漢和大字典」の解字（一五六一頁・竜）によれば、

もと、頭に冠をかぶり、胴をくねらせた大蛇の形を描いた象形文字。それにいろいろな模様をそえて龍の字となった。（藤堂明保編「学研　漢和大字典」《学習研究社・昭和五十三年》。以下同）

であるという。したがって、竜神と蛇神は一体ということになるので、両者は同神である。

このオカミは次の「古事記」神代の大国主神《おおくにぬしのかみ》の、大国主の神裔の条のその名称から、雷神

である。

速甕之多気佐波夜遅奴美神《はやみかのたけさはやぢぬみのかみ》

名称は速御厳《はやみか》の岳沢谷沼霊神《たけさはやぢぬみのかみ》である。これは速の御厳《みいか》の略の、岳、沢、谷、沼の霊の、神で、瞬発の猛猛しく荒荒しい凄まじい雷象の、岳、沢、谷、沼の神霊の、神、すなわち、御日霊《おかみ》神の意である。甕《みか》は御厳でmika、多気《たけ》は岳でtakë、佐波《さは》は沢でtsafa、夜遅《やぢ》はその前後の沢（佐波）、沼（奴）から谷《やぢ》でyadi、奴《ぬ》は沼でnu、美《み》は霊でmiである。

その名称はオカミで、雷神である。したがって、オカミ(ökami) はこの御日霊《おかみ》（ökami）神である。これは御の日の、霊の、神で、御は尊敬の意を表わす接頭語で、御日《おんひ》の、神霊の、神、すなわち、雷神の意である。日《か》は日日《ひにち》を表わす語をいうが、太陽（日）の意のそれは一般に未詳とされている。が、既述の「唐古・鍵絵画土器」（一世紀頃）のその母子鹿の鹿や次の「清《し》水風《みずかぜ》絵画土器」の同じく鹿の古代日本語の絵文字から、鹿《か》——日《か》、の洒落で、古くは日《ひ》と同様、太陽、日差し（日光）、日日の意である。

「清水風絵画土器」（図14）は奈良県磯城《しき》郡の清水風遺跡出土、年代は紀元前後頃、その絵画は古代日本語の絵文字で未解読である。その詳細の程はいずれ機会を得てご案内するが、その大筋は次の通りである。

絵は全部で五区画で、左から順に、牡鹿、四匹の魚、稲掛らしき物、楯と戈を持った小の人物と大の人物、高床式建物で、牡鹿は、鹿《か》——日《か》、の洒落で、日神（男日神）、四匹の魚は、四魚《ようを》（yöuwo）——弥初神光《ようを》（yöuwo）の洒落で、新魂の神光（日光）、稲掛らしき物は初穂

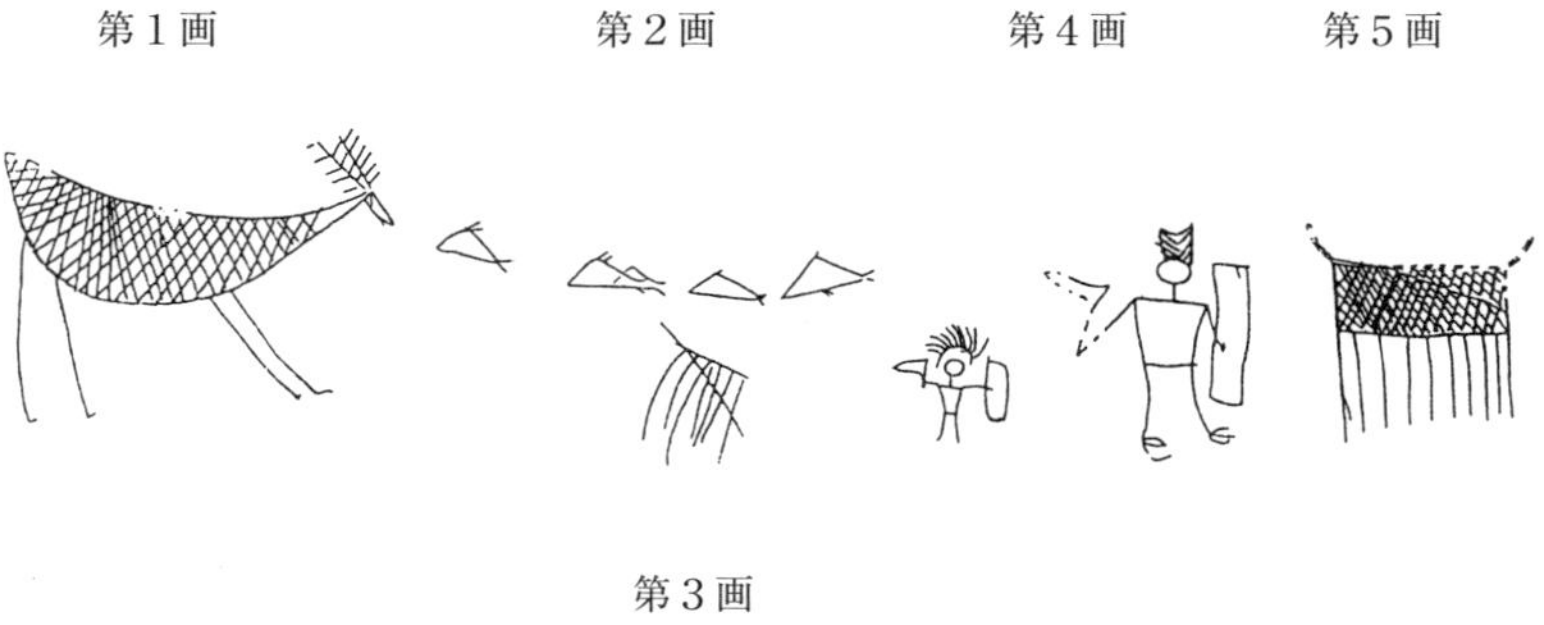

図14　清水風絵画土器
「清水風遺跡第２次発掘調査および出土遺物について」（田原本町教育委員会・1996年）８頁より転載（一部削除・文字は本書）

とその斜線は新魂の神光（日光）で、新魂の神光（日光）が稲掛の初穂を日射した様、楯と戈を持った小の人物と大の人物は共に王で、小の王が大の王に変身した様の、身変《むかは》り——実変《むかは》り、の洒落で、稲掛の初穂が大豊作のそれに変身したこと、高床式建物は新嘗屋で、日神（男日神）、すなわち、高御産巣日神が日射した天照大御神の発芽の新魂の神光が初穂の種籾を差して、初穂の種籾が大豊作のそれに変身の新嘗屋、の意である。

雷神は竜神、蛇神である。これはその名称にも明らかである。名称は前節の武御雷《たけみかづち》の男神《をのかみ》から、ミカヅチ（mikaduti）、また、「万葉集」巻三・二三五の或る本云くに、

伊加土《いかづち》

とあり、イカヅチ（ikaduti）という。

ミカヅチ（mikaduti）は御厳蛇霊《みかづち》（mikaduti）である。これは御厳《みいか》の略の、蛇の霊で、畏敬の猛猛しく荒荒しい、蛇の神霊、すなわち、雷象の、蛇の神

霊で、雷神の意である。イカヅチ（ikaduti）は同様に、厳蛇霊《いかづち》（ikaduti）である。これは厳の、蛇の霊で、猛猛しく荒荒しい、蛇の神霊、すなわち、雷象の、蛇の神霊で、雷神の意である。

この御厳蛇霊《みかづち》（mikaduti）、厳蛇霊《いかづち》（ikaduti）は一般に、御厳《みか》つ霊《ち》（mikatuti）、厳《いか》つ霊《ち》（ikatuti）で、御厳の霊、厳の霊での雷神の意とされている。が、同様の名称に海神の、海《わた》つ霊《み》があるが、この場合、「古事記」、「日本書紀」、「万葉集」における、例えば、前節の武甕槌《たけみかづちの》神《かみ》、右の伊《い》加《か》土《づち》の槌《づち》、土《つち》同様の、海積《わたつみ》、綿積《わたづみ》というような、そのつ霊《み》を積《つみ》とするような借訓例は皆無である。したがって、この解釈は誤解である。

蛇はツ（tu）、その濁音のヅ（du）で、虫類の総称である。古代の虫類は蜻蛉《あきづ》（akidu）、河《か》鹿《は》蛙《づ》（kafadu）がある。その原義は未詳であるが、前者は秋（陰暦七〜九月）の虫であるから、秋《あき》ヅ（akidu）、後者は谷川の虫であるから、川《かは》ヅ（kafadu）ということになるので、ヅはその虫から虫類の総称であることになる。

雷神は草木の生成神

太陽は全ての生命を育む存在である。したがって、雷神がその日神（太陽神）であれば、既述の新嘗祭五神の発芽と結実二神から、雷神は草木の生成神であることになる。また、そうであれば、稲は草木の一であるから、雷神は稲の神であることになる。その場合、当然のことながら、その雷光はその発芽と結実の霊的結合から、神光であることになる。

雷光は「古事記」神代の葦原中国の平定の、建御雷神の条に、

名は伊都之尾羽張神《いつのをはばりのかみ》、是《こ》れ遣《つか》はすべし。若《も》し亦此《またこ》の神に非《あら》ずば、其の神の子、建御雷之《たけみかづちの》男神《をのかみ》、此れ遣はすべし。

とあり、この伊都之尾羽張神《いつのをはばりのかみ》の名称から神光である。

名称はイツ（itu）のヲハバリ（wofabari）神《のかみ》である。その語義は一般に未詳とされている。実際判じ物同然である。が、その子の建御雷之男神《たけみかづちのをのかみ》は既述から、武御雷《たけみかづち》の男神《をのかみ》で雷神であるから、当然のことながら雷神ということになるので、これがその手掛りとなる。

これから、イツ（itu）は厳《いつ》（itu）であることになる。これは勢いの激しいことの意をいう。とすると、名称は次の通りである。

厳《いつ》のヲハバリ神《のかみ》

ヲハバリ（wofabari）である。これはいうまでもなく、その文章から厳なるものである。したがって、雷神でそれということになると、電光、雷鳴、落雷の雷象があるので、そのいずれかであることになる。そこで、それらしきものを見てみると、その雷光から、ヲ（wo）がある。古代のヲといえば、緒《を》（wo）がある。これは緒や糸などの細長いものをいう。光はその光線から細長い。したがって、これは未詳であるが、光はこの緒《を》（糸）と同源の、光《を》（wo）と解することができる。とすると、その名称は次の通りである。

厳《いつ》の光《を》ハバリ神《のかみ》

残りのハバリ（fabari）である。これはその光から、電光関係であることになる。とすれば、

その電光の何かの様を表現したものであることになる。そこで、名称はひとまず次の通りである。

厳《いつ》の光《を》のハバリの、神

光《を》のハバリ（fabari）である。これは雷光といえばそのジグザグの稲妻形であるから、これを表現したものである可能性がある。とすれば、その様は正に竜（蛇）の蛇行である。そこで、これを見てみる。

と、蛇は「古語《こご》拾遺《しゅうい》」の素戔嗚神《すさのおのかみ》の霊剣献上の条（八〇七年成立）に、

古語に、大蛇《をろち》之《これ》を羽々《はは》と謂ふ。（岩波文庫「古語拾遺」《岩波書店・一九九二年》。以下同）

とあり、大蛇を、羽羽《はは》（fafa）という。ハハ（fafa）はその太蛇から、蛇蛇《はは》（fafa）である。したがって、ハバリ（fabari）はその竜（蛇）の蛇行から、蛇張《はば》り（fabari）ということになる。また、したがって、光《を》のハバリは光《を》の蛇張《はば》りであることになる。これは光の、蛇の張りで、光の、蛇の膨れ、すなわち、光の蛇行で、雷光の意である。この雷光はその発芽と結実二神から、神光ということになる。したがって、光《を》（wo）はただの光ではなく、神光《を》（wo）であることになる。

以上から、名称は次の通りである。

厳《いつ》の神光《を》蛇張《はば》り神《のかみ》

これは厳の、神光の蛇の張りの、神で、猛烈の、神光の蛇の膨れの、神、すなわち、猛烈の、神光の蛇行の、神で、雷光の神、すなわち、雷神の意である。

数十万年前、われら日本民族はその雷象畏怖から雷神を誕生させて畏敬し、その雷光を神光として、さらに、草木の発芽、結実をその神光との霊的結合による劇的誕生として、幻の古代の新嘗祭のその基本観念を構築した。数十万年もの昔にこのような霊的結合という現代的な理知概念があったとは、何ともわれら日本民族は理知的民族である。

雷神は稲の神

以上から、雷神は日神（太陽神）で、竜神（蛇神）で、草木の生成神である。とすると、日神（太陽神）といえば、日光、竜神（蛇神）といえば、雨水、草木の生成神といえば、発芽と結実である。この日光、雨水、発芽と結実はいうまでもなく、皆稲作の根本、すなわち、豊作の根本となるものである。したがって、雷神は稲の神であって然るべきである。実際これはご覧の銅鐸に明らかである。

銅鐸は一般に、弥生時代（前三〇〇～後三〇〇年頃）に使用されていたとされている国産の青銅器をいう。形は独特なもので、扁平な鐘形で、高さは六～百六十センチ程、重さは〇・二～七十キロ程である。その用途は現在未詳で、弥生時代最大の大謎の器物とされている。

この銅鐸は「続日本紀《しょくにほんぎ》」巻第六・和銅六年秋七月丁卯条（七九七年成立）に次のようにある。

銅鐸（新訂増補国史大系2「続日本紀」《吉川弘文館・昭和四十一年》。以下同）

その訓はなく、未詳である。が、「古語拾遺」の日神の石窟幽居の条（八〇七年成立）に、

本体

「銅鐸」（辰馬考古資料館・昭和53年）
37鋳放し袈裟襷文銅鐸より転載
（文字、配列は本書）

底部

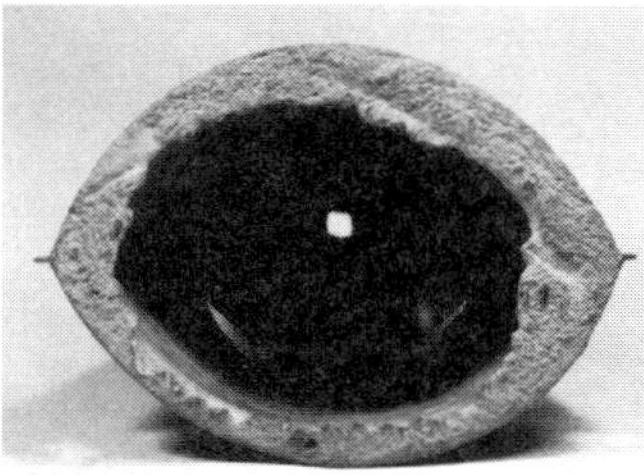

図15　銅鐸

鉄鐸〔古語、佐那伎〕

とあり、鉄鐸の古語が佐那伎《さなぎ》とある。

この鉄鐸はその後文に、

手に鐸着《つ》けたる矛を持ちて、

とあり、また単に鐸とある。したがって、その佐那伎は鉄鐸または鐸の古語であることになる。とすれば、また、鐸類の総称でもあることになる。したがって、その訓はこの佐那伎《さなぎ》(tsanagi)であることになる。

銅鐸はその用途は未詳ではあるが、一般に何かの祭器とされている。とすれば、日本国は「古事記」神代の葦《あし》原中国《はらのなかつくに》の平定の、天菩比神《あめのほひのかみ》の条に次のようにある。

豊葦原《とよあしはら》之《の》千秋《ちあき》長《なが》五百《いほ》秋《あき》之《の》水穂国《みづほのくに》

名称は豊の葦原の、千秋の長の五百秋の、水穂の、国で、豊かな葦の草原の、千の秋の長きの五百の秋の、稲穂の、国、すなわち、葦大草原の、永久の、稲穂の、国の意である。

日本国は稲作の国である。したがって、何かの祭器はとにかく未詳なのであるから、稲作の祭器が妥当であることになる。これから、佐那伎（tsanagi）は稲作関係の名称であることになる。したがって、サナギ（tsanagi）は稲《さ》な男《ぎ》（tsanagi）である。これは稲、な、男で、稲、の、男、すなわち、稲夫《いなづま》同様の表現で、男雷神の意である。

稲《さ》は未詳であるが、早苗《さなへ》、早乙女《さをとめ》、皐月《さつき》などからのものである。早苗は田植えの苗、早乙女はその苗を田に植える乙女、皐月はその田植えをする旧暦五月の称をいう。したがって、早苗《さなへ》は稲苗《さなへ》で、稲の苗、早乙女《さをとめ》は稲乙女《さをとめ》で、稲は稲苗のことで、稲苗の乙女、皐月《さつき》は稲月《さつき》で、稲は同様に稲苗のことで、稲苗の月の意である。

男《ぎ》はこれも一般に未詳とされているが、次の「古事記」神代の神世七代《かみよななよ》の条のその名称などからのもので、男《き》の濁音である。

次に伊邪那岐神《いざなきのかみ》、次に妹《いも》、伊邪那美神《いざなみのかみ》。

名称は既述引用同書五一頁の分注二七・二八によれば、互いに誘《いざな》い合った男女の神の意であろう、という。両神は互いに誘い合って結婚し、日本国や諸神を生んだ。右から、伊邪那岐神《いざなきのかみ》は率《いざ》な男神《きのかみ》、伊邪那美神《いざなみのかみ》は率《いざ》な女神《みのかみ》である。伊邪、率はidza、岐、男はki、美、女はmiである。率な男神は率、な、男の、神で、率、の、男の、神、すなわち、率は相手を誘う時などに呼びかける感動詞で、両神が率々と誘い合って結婚したところからのもので、率の男の、神の意である。率な女神も同様で、率の女の、神の意である。
銅鐸はその詳細の程はいずれ機会を得てご案内するが、その名称の男雷神に明らかなように、その用途は神田の苗代で使用する大豊作祈願の祭器で、雷神の神座(憑代《よりしろ》)と稲の御守りである。

奇妙な判じ物

天照大御神はその女雷神から、稲の神である。同神が稲の神といえば、次の「古事記」神代の伊邪那岐命と伊邪那美命の、三貴子分治の条が奇妙な判じ物を記している。

此の時、伊邪那岐命《いざなきのみこと》、……即ち御頸珠《みくびたま》の玉の緒《を》もゆらに取りゆらかして、天照大御神に賜ひて詔《の》りたまひしく、「汝命《いましみこと》は、高天原《たかあまはら》を知《し》らせ。」と事依《ことよ》さして賜ひき。故《かれ》、其の御頸珠の名を、御倉板挙之神《みくらたなのかみ》と謂《い》ふ。

伊邪那岐命は御倉板挙之神《みくらたなのかみ》という名の宝石の首飾りを天照大御神に与えて、天界を支配せよと命じた。この首飾りは当然その天界支配の象徴としてのものであって然るべきである。また、当然その天照大御神の神性を表わしていて然るべきである。したがって、右は天照大御神が御倉板挙之神であることを判じ物していることになる。

では、その御倉板挙之神《みくらたなのかみ》である。名称は一般に、御倉の板挙の、神で、倉の棚の、神、すなわち、倉の神棚に安置する、神の意とされている。そこで、この倉である。何倉であろうか。名称の御倉《みくら》は御の倉で、神聖な倉の意である。したがって、この倉は天照大御神関係の何かの神聖な物を保管する倉であることになる。とすれば、その物とは一体何であろうか。

現時点での天照大御神の神性は日神（太陽神）で、天界とわが国の最高神で、皇祖神で、女雷神で、竜神（蛇神）で、草木の生成神で、稲の神である。そこで、これからその物らしき物を探してみると、その稲の神から、稲がある。これは新嘗祭《しんじょうさい》の神饌《しんせん》の初穂《はつほ》（新穀）となる。したがって、その物はこの初穂である。また、したがって、御倉板挙之神《みくらたなのかみ》は御倉棚《みくらたな》の神《かみ》である。これは御倉の棚の、神で、神聖な倉の神棚の、神、すなわち、新嘗祭の神饌の初穂倉の神棚の、神で、天照大御神の意である。したがって、天照大御神は新嘗祭の最高神で、稲の神であることになる。

「古事記」は天照大御神が新嘗祭の最高神で稲の神であることを判じ物している。ということは同神がそうであるのが不都合であるから、隠弊して、判じ物したということになる。当然、さしたる事もなさそうなのに、なぜ、こんな事が不都合なことになるのかということが問題となるが、これはいずれ機会を得てご案内する。

さて、御倉棚の神といえば、「日本書紀」神代上・第五段・一書第六の条に、

又飢《やは》しかりし時に生めりし児《みこ》を、倉稲魂命と号《まう》す。

とあり、この倉稲魂命がいる。命は天照大御神同様、伊邪那伎命（伊奘諾尊《いざなぎのみこと》）の子である。その倉稲魂は同一書第七の訓注に、

倉稲魂、此《これ》をば宇介能美挖磨《うかのみたま》と云ふ。

とあり、ウカノミタマ（ukanömitama）という。したがって、名称は倉稲魂命《うかのみたまのみこと》である。

倉稲魂命は一般に、倉稲の魂の、命で、穀霊（食霊）の、命の類の意とされている。が、倉の稲の魂といえば、その稲の根本に関るもので、また、新嘗祭の初穂の魂でもあるから、命は天照大御神同様、御倉棚の神で、新嘗祭の祭神であって然るべきである。とすれば、倉稲魂《うかのみたま》はその義訓であることになる。

倉稲魂のその稲魂は「日本書紀」神武元年前三年九月戊辰条に、

　粮《くらひもの》の名をば厳稲魂女《いつのうかのめ》とす。

とあり、この厳稲魂女にみえる。稲魂女はその訓注に、

　稲魂女、此《これ》をば于伽能迷《うかのめ》と云ふ。

とあり、ウカノメ（ukanöme）という。したがって、稲魂はウカということになる。また、したがって、その同じ稲魂から、倉稲魂も単に、ウカでもあることになる。

このウカは一般に、その穀霊（食霊）の命の解釈から、食《うか》で、食物の意とされている。が、その稲魂は食物であろうはずがないので、誤解であることになる。

では、一体何であろうか。厳稲魂女《いつのうかのめ》は厳の、稲魂の、女で、神聖の、稲の御魂の、女、すなわち、御倉棚の女神で、新嘗祭の女祭神の意である。この祭神はいうまでもなく、天照大御神か神産巣日神である。したがって、両神は日神（太陽神）であるから、日神とか太陽、新嘗祭などに関するものであることになる。

そこで、これをみてみると、倉稲魂命《うかのみたまのみこと》といえば、「古事記」神代の天照大御神と須佐之男命の、須佐之男命の大蛇退治の条に、

又大山津見神《おほやまつみのかみ》の女《むすめ》、名は神大市比売《かむおほいちひめ》を娶《めと》して生める子は、大年神《おほとしのかみ》。次に宇迦之御魂神《うかのみたまのかみ》。

とあり、この宇迦之御魂神《うかのみたまのかみ》がいる。宇迦之御魂はukanömitamaで、倉稲魂の宇介能美挖磨《うかのみたま》と同音節である。

宇迦之御魂神はその同音節と御魂から、ウカの御魂神《みたまのかみ》である。これはウカは右のそれで、そのウカの、御魂の、神の意である。

そこで、ウカである。同神の兄は大年神《おほとしのかみ》という。名称はそのまま、大年神である。これは大年の、神で、大晦日の、神の意である。大年は未詳であるが、後世のそれを推定した。大晦日といえば、その翌日は新年元旦である。とすれば、両神の名称はその兄弟（兄妹）神から対をなしていることが考えられるので、弟（妹）のウカの御魂神は新年元旦の神ということになる。

これから、ウカの御魂神《みたまのかみ》は初日《うか》の御魂神《みたまのかみ》である。これは初《うひ》の略の日の、御魂の、神で、新年元旦の、御魂の、神、すなわち、冬至の、新魂の、神の意である。初《うひ》は未詳であるが、後世のそれを推定した。初日《うひか》（ufika）のヒ（fi）抜きの略は未詳であるが、右同書雄略の金鉏岡《かなすきのおか》・長谷《はつせ》の百枝槻《ももえつき》の条の歌謡に、

天《あめ》を覆《お》へり

とあり、この覆《お》へりなどに同様の用例がある。原文は淤幣理で、オヘリ（öferi）である。これはオホヘリ（öfoferi）のホ（fo）抜きの略である。冬至は十二月二十二日頃で、古来より世界的に新年元旦とされている。

右から、ウカはこの初日《うか》である。したがって、倉稲魂命《うかのみたまのみこと》は初日《うか》の御魂命《みたまのみこと》、厳稲魂女《いつのうかのめ》は厳《いつの》初日《うか》の女《め》で、その倉稲魂《うか》、稲魂《うか》は義訓（戯訓）で、初日《うか》である。前者は初日の、御魂の、命で、冬至の、新魂の、命、すなわち、天照大御神の意である。後者は厳の、初日の、女で、威勢の、冬至の、女性、すなわち、威勢はその威勢のよい早熟からのもので、神産巣日神の意である。したがって、両神の名称はその新嘗祭祭神の通称であることになる。

そうすると、新嘗祭の祭神は既述の神祇ではなく、本来はこの初日の御魂神であることになる。また、新嘗祭は冬至にする祭りで、その倉稲、厳稲の初穂に天照大御神と神産巣日神の何かの御魂を授かる祭りであることになる。また、厳初日の女というからにはその男がいて然るべきであるから、初日の御魂神は男女両神であったことになる。

冬至は北半球では太陽の南中高度が最も低く、昼間が最も短い。これは古代にあっては日の神太陽の活力、霊力などの陽力が最も弱まる時である。が、冬至を過ると一日毎に昼間は長く、南中高度は高くなり、やがてその最高点の夏至に到達する。そして反転して、今度は一日毎に昼間は短く、南中高度は低くなり、やがてその最低点の冬至に戻る。これは古代にあっては日の神太陽が一日毎にその陽力を増して、豊栄登りに登り、夏至を頂点に、今度は逆に一日毎にその陽力が減少して衰弱して、下降し、また元の冬至に戻るということである。ということは冬至はその冬至を中心とする、夏至〜冬至〜夏至、の循環から、初日の御魂神がその新鮮で活発な生命力に満ち溢れた陽力を取り戻して再び蘇り、またその新たなる循環に帰る日であることになる。南中高度は太陽が東から西へ子午線（経線）を通過するその高度をいう。

初日の御魂神は冬至に蘇る。したがって、その御魂はその新鮮で活発な生命力に満ち溢れた新魂《しんこん》であることになる。この新魂は右同書景行の小碓命《おうすのみこと》の東伐の条の歌謡などに、

阿良多麻《あらたま》の　年が来経《きふ》れば

とあり、この年、月、日などに掛る枕詞の、新魂《あらたま》である。冬至のその新年一月一日はその新魂の神光（日光）の日射によって誕生する。したがって、その年、月、日は新魂のそれであることになる。その洒落はこれからのものである。

という次第で、その何かの御魂とはこの新魂《あらたま》である。

新嘗祭ではこの新魂、すなわち、天照大御神の発芽の新魂の神光（日光）と神産巣日神の早熟の新魂の神光（日光）を拝受する。これは神田の苗代で、その霊力の躍動によって無事発芽して、威勢よくスクスクと成育して、秋に結実して、稲穂をたわわに実り垂れて、大豊作となる為である。

その正体は

以上から、その天照大御神の神性は次のその女神である。

①日神（太陽神）　②天界とわが国の最高神　③皇祖神　④雷神　⑤竜神（蛇神）

⑥草木の生成神　⑦稲の神　⑧新嘗祭の最高神の初日の御魂神（御倉棚の神）

この神性は前掲のその神像（前三〇〇〇～二〇〇〇年頃）四〇頁が明示している。

順に、①日神（太陽神）である。この神像は図では判然としないが、大量の金雲母が混入されていて、キラキラと輝いている。これは日光を表現したものである。したがって、日光といえば太陽で、日神（太陽神）ということになるので、これがそれである。

②天界とわが国の最高神である。これはその新嘗祭が国家最高祭祀であることから、⑧からのものであることになるので、⑧がそれである。

⑧新嘗祭の最高神の初日の御魂神（御倉棚の神）である。天照大御神は発芽の新魂の神光（日光）をお産する。したがって、その妊娠腹と既述の後頭部の絵文字がそれである。

③皇祖神である。これは②、⑧からのものであるから、⑧がそれである。

④雷神である。雷神はその雷光、雷鳴、落雷の雷象で、天地を震撼させる。この震撼は次の「古事記」神代の天照大御神と須佐之男命の、須佐之男命の大蛇退治の条などから、その手槌、足槌、頭槌によるものである。

　僕《あ》が名は足《あし》な椎《づち》と謂《い》ひ、妻《め》の名は手《て》な椎《づち》と謂ひ、女《むすめ》の名は櫛名田比売《くしなだひめ》と謂ふ。

櫛名田比売《くしなだひめ》は「日本書紀」神代上・第八段の条に、

　奇稲田姫《くしいなだひめ》

とあり、これなどから、奇《く》し稲田姫《なだひめ》である。比売、姫はfimeである。これは奇しの稲《いな》の略の田の、姫で、霊妙な稲の田の、姫、すなわち、神田の、姫の意である。したがって、神田といえば稲な男の雷神であるから、姫とその両親は雷神であることになる。これからその父の名称、足《あし》な椎《づち》はそのまま、足《あし》な槌《づち》である。これは兄、な、槌で、足、の、槌、すなわち、足槌の意である。母のその、手な椎《づち》はそのまま、手《て》な槌《づち》である。これも同様、手、な、槌で、手、の、槌、すなわち、手槌の意である。この手槌、足槌はその槌は物を叩く（打つ）物であるから、その天地を震撼させる雷神のそれであることになる。したがって、その槌状の手、足、頭がそれである。

⑤竜神（蛇神）である。これはそれらしきものが見当たらないが、よく見ると、頭部の上面に渦巻文状の線刻がある。竜、蛇で渦巻といえば、蛇の塒《とぐろ》がある。したがって、これは後頭部のそれ同様の古代日本語の絵文字で、

渦《うづ》——初蛇《うづ》

の洒落で、初蛇《うづ》を表意したものであることになる。初蛇は初《うひ》の略の蛇で、最初の蛇、すなわち、冬至の雷神で、天照大御神（初日の御魂女神）の意である。したがって、頭部上面の渦巻文状の線刻がそれである。

⑥草木の生成神である。これもそれらしきものが見当たらない。したがって、⑤同様のものであることになるので、これを見てみることになる。

草木の生成神といえばその発芽と結実である。そこで、これを見てみることになる。まず、発芽である。これといえばその芽であるから、芽《め》（më）——目《め》（më）、ということになるので、その目を見てみると、これが異常な逆目《さかめ》のそれである。したがって、これは古代日本語の絵文字で、

逆目《さかめ》（më）——真日芽《さかめ》（më）

の洒落で、真日芽《さかめ》を表意したものであることになる。逆目《さかめ》は未詳であるが、後世の目尻を吊り上げることの意の、逆目《さかめ》から推定した。逆の目で、逆様の目、すなわち、目尻が吊り上がった目の意である。真日芽《さかめ》は真の日の、芽で、真実の太陽の、芽の意である。真《さ》は未詳であるが、実《さね》から推定した。実は物事の中心、本質となるものの意をいう。「日本国語大辞典」第九巻・一〇七頁・さーね〔実・核〕【名】によれば、

「真（さ）根（ね）」の意（「日本国語大辞典」第九巻《小学館・昭和五十五年》。以下全巻同）

であるという。これは真の根で、真実の根本、すなわち、真理（絶対）の意である。したがって、発芽の場合はこの逆目である。

結実である。これといえばその実りである。また、実りといえば大豊作（大豊饒）、これといえばその様な大豊満であるから、大豊満ということになるので、大豊満なる物であることになる。これはその異様な大尻である。何と前方にまで張り出して膨れている。大尻の芸術は世界中にあるが、このようなそれは例がない。日本のみである。何と斬新な芸術であろうか。したがって、この大尻がそれである。

また、実りといえば、その大豊作（大豊饒）の草木の実は房状である。房状といえば、その小さな乳房がある。この乳房はその顔が童顔風であることからも大人のそれではなく、少女のそれである。したがって、この小さな乳房は古代日本語の絵文字で、

少女《をとめ》の乳房《ちぶさ》――少女《をとめ》の千茎《ちぶさ》

の洒落で、少女《をとめ》の千茎《ちぶさ》を表意したものであることになる。乳房は未詳であるが、後世のそれを推定した。少女《をとめ》の千茎《ちぶさ》は少女の、千の茎で、少女の、沢山の草木の幹、茎、すなわち、沢山のそれであればそれは繁茂した様であるから大豊作（大豊饒）ということになるので、少女の、大豊作（大豊饒）の意である。千茎は未詳であるが、「東大寺風涌文《ふじゅもん》平安初期点」（八三〇年頃成立）に、

金色の蓮華い、千茎本《フサ》、……花の申す所に答へたまふ。（中田祝夫「東大寺風誦文稿の国語学的研究」《風間書房・昭和五十四年》、一二九頁）

とあり、この千茎本《フサ》のそれから推定した。千茎本《ちふさもと》は千の茎の本で、本は草木の本数を表わす助数詞で、沢山の草木の幹、茎の本数、すなわち、ここではその蓮の花から、沢山の本数の蓮の花の意である。

そうすると、天照大御神は少女であることになる。これは「古事記」、「日本書紀」などにそれと明記するところがなく未詳であるが、天照大御神は「古事記」神代の天照大御神と須佐之男命の、須佐之男命の勝さびの条に、

天照大御神、忌服屋《いみはたや》に坐《ま》して、神御衣《かむみそ》織らしめたまひし時、

とあり、神の着物を織る天界の織女である。これといえばあの七夕の織女であるから、同神はまた七夕の織女であることになる。これはその天照大御神の名称が「日本書紀」神功《じんぐう》元年前三月壬申朔条に次のようにある。

撞賢木《つきさかき》厳之御魂《いつのみたま》天疎《あまさかる》向津《むかつ》媛命《ひめのみこと》

名称は突《つ》き榊《さかき》厳《いつ》の御魂《みたま》天離《あまさか》る向《むか》つ姫命《ひめのみこと》である。これは突きの榊の、厳の御魂の、天離る、向つ姫の、命で、突き刺しの榊の、神聖な御魂の、空遠く離れている、向き合いの姫の、命、すなわち、突き刺しの榊は既述の高御座のその神木の榊、神聖な御魂は新嘗祭の新魂、空遠く離れている、向き合いの姫はあの天の川で牽牛と向き合っている七夕姫（織女）のことで、高御座の神木の榊の、新嘗祭の新魂の、七夕姫（織女）の、命、すなわち、天照大御神の意である。

この七夕姫（織女）は「古事記」神代の葦原中国の、天若日子《あめのわかひこ》の条の歌謡に、

天《あめ》なるや　弟織女《おとたなばた》の

とあり、少女である。弟《おと》は接頭語で、年が若い意をいう。したがって、天照大御神は文献資料からも少女であることになる。当然、なぜ少女なのかということが問題となる。これは現時点では未詳である。が、天照大御神はその新魂お産から生命根源神であるから、その蘇りと新魂お産に相応しい、新鮮で瑞瑞しい若々しさを意図したところからのものとするのが妥当なところであろう。が、また、当然のことながら天照大御神は宗教であるから、これからのものであることが十分有り得る。この場合は古代日本の神は一般に、人の目には見えない存在で、人の目に見える時はその化身とされているので、その化身ということになる。すなわち、天照大御神顕現からのものであることになる。その場合、当然のことながらなぜ、少女なのかということが問題となる。この少女は右のその意図具現から、正に新鮮そのものということになるので、十二歳程の初潮の少女であることになる。したがって、これからのものであることになる。

また、その当時の天照大御神の年齢が人間の一万倍程の十二万歳程で、人間ならば十二歳程の初潮の少女であるというところからのものであることも有り得る。という次第で、結実の場合はこの大尻と少女の乳房である。

右から、⑥草木の生成神はその逆目、大尻、少女の乳房がそれである。

⑦稲の神である。これは、稲は草木の一であるから、⑥草木の生成神に同じである。

以上明らかなように、天照大御神は四、五千年前の昔、すでに日本に存在していた。ということは平成二十七年現在の皇紀は二六七四年であるから、同神はその皇紀の二千余年も前にすでに存在していたということになるので、皇祖神の前に日本民族の祖神であることになる。同神はこの日本民族の祖神や少女神、七夕姫などのように、何かと謎の多い神である。したがって、その正体はひとまずということになる。

以上から、天照大御神のその正体は次の通りである。

少女の太陽神で、天界と幻の古代の新嘗祭の最高神で、日本民族の祖神で皇祖神の、初日の御魂女神。

第五章　邪馬壱国はどの辺りか

水行二十日はいずれか

さて、また元に戻って、邪馬壱国である。

ご覧のように、邪馬壱国への行程はその日本列島東北行（北行）から、まず、不弥国から水行二十日で投馬国、投馬国から水行十日で未詳国、そして、未詳国から陸行一ヶ月で邪馬壱国ということになる（図16）。不弥国は福岡県宗像市辺りであった。したがって、その水行二十日は瀬戸内海側か日本海側かのいずれかであることになるので、邪馬壱国への行程は二通りということになる。

では、その水行二十日はいずれであろうか。「魏志」倭人伝は邪馬壱国への略述行程に続いて次のように記している。

女王国自《よ》り以北は其の戸数、道里は略載を得可《うべ》きも、其の余の旁国は遠絶にして、詳を得可からず。次に斯馬《しば》国有り、次に已百支《いひゃくし》国有り、次に伊邪《いじゃ》国有り、次に都支《とし》国有り、次に弥奴《びど》国有り、次に好古都《こうこと》国有り、次に不呼《ふこ》国有り、次に姐奴《しゃど》国有り、次に対蘇《たいそ》国有り、次に蘇奴《そど》国有り、次に呼邑《こゆう》国有り、次に華奴蘇奴《かどそど》国有り、次に鬼《き》国有り、次に為吾《いご》国有り、次に鬼奴《きど》国有り、次に邪馬《じゃば》国有り、次に躬臣《きゅうじん》国有り、次に巴利《はり》国有り、次に支惟《しい》国有り、次に烏奴《うど》国有り、次に奴《ど》国有り、此れ女王の境界の尽くる所なり。

この二十一ヶ国の諸国は同倭人伝の冒頭に、

倭人は帯方の東南の大海の中に在り、山島に依りて国邑を為す。旧《もと》百余国、漢の時朝見する者有り、今使訳通う所三十国。

とあり、女王国の諸国は三十国とあるので、その邪馬壱国への略述行程の、狗邪韓国~邪馬壱国の九ヶ国を足すと三十ヶ国となることから、その女王国の諸国であることになる。したがって、その斯馬国以下はその不弥国からの略述行程から、不弥国近隣~邪馬壱国の間の諸国であることになる。

これから、斯馬国、次の已百支国辺りは不弥国の近隣ということになるので、その水行二十

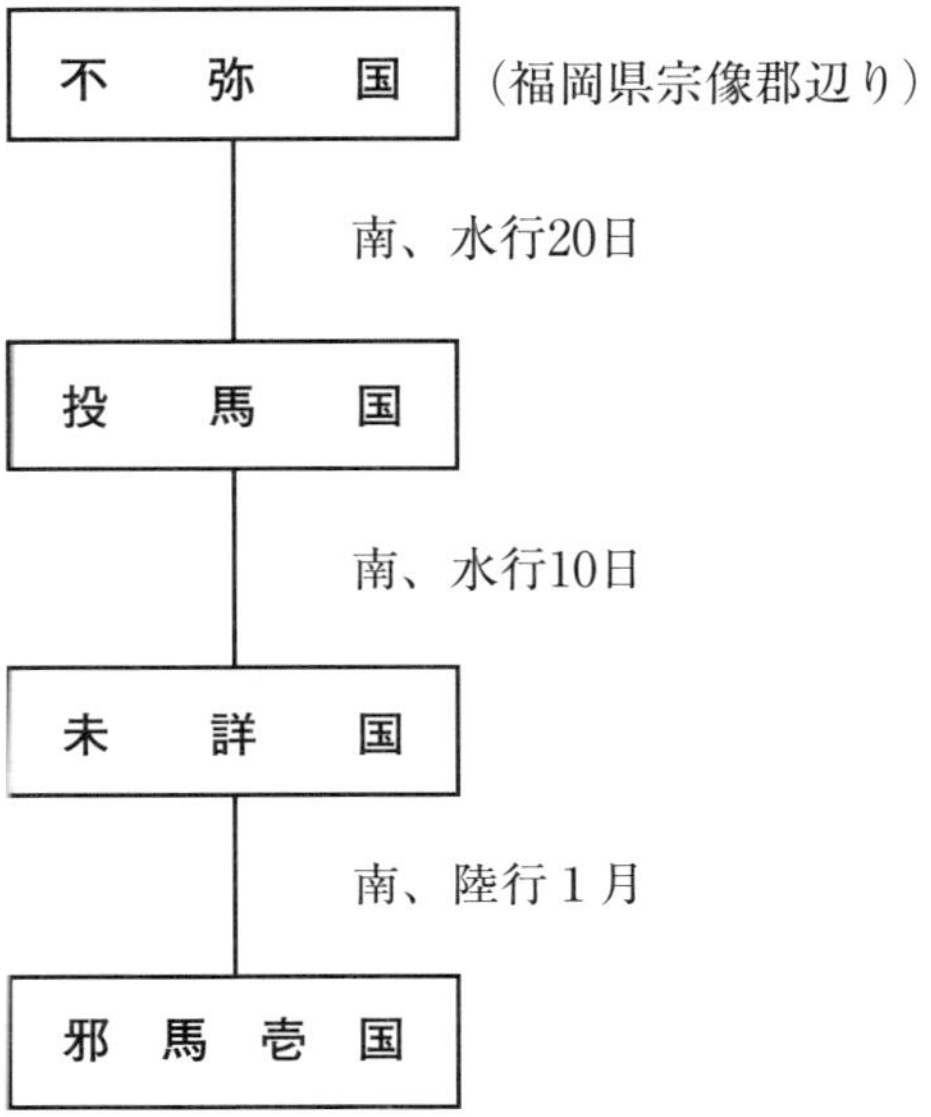

図16　不弥国～邪馬壱国

日のいずれかはこの二ヶ国を解明して、その所在地を明らかにすればよいことになる。

「魏志」倭人伝などの中国史書における古代日本語名称は一般に、音訳か字義のいずれかとされている。ところが、その実際のところはというと、これが意外なことにそのいずれでもなく、以下順次明らかとなるが、字義（原義）またはその洒落名称を兼ねた、音訳である。したがって、その古代日本語名称はまず、その漢字の上古漢語音（前七〜後三世紀頃）から、その日本音を推定することになる。そして、次に、その字義（原義）を解釈して、字義（原義）かその洒落名称かを解明することになる。そして、次に、その結果などを踏まえて、その日本音を解読することになる。この工程はその作業が至難なので、臨機応変である。以下、漢字の解字、上古漢語音以下の漢語音は既述の、藤堂明保編「学研　漢和大字典」による。

結果は、巳百支《いひゃくし》国であった。まず、その日本音である。これは以下その上古漢語音は巳は

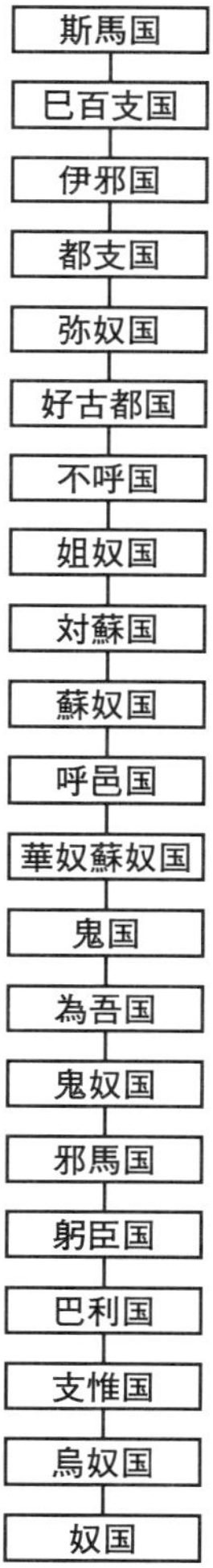

図17　邪馬壱国諸国21ヶ国

ディォッグ（diag）、百はパァック（pǎk）、支はキィエッグ（kieg）で、ディパキ（dipaki）、その現代音はヂハキである。以下、日本語名称のその日本音は右のヂはディ(di)というように、既述の万葉音以前のそれを原則とした。

字義（原義）である。巳は甚だ、百は数の百、支は枝の意をいう。まとめると、巳の、百の支で、甚だの、百の枝、すなわち、沢山の枝で、といえば高木（栄木）であるから、転じて、高木の意であるが、その日本音から以下の洒落による洒落名称である。

巳百支《ぢはき》――甚《はなは》だの、百《もも》の枝《え》――高木《たかぎ》――高木神《たかぎのかみ》――穴門《あなと》――穴門国《あなとのくに》

まず、古代の洒落である。これは語呂合わせ、同義、原義（語源）、同類、様態、連想などである。様態はその様のもの、連想は何何といえば、何何の類いである。その洒落は右のようなもので、一〜四回が多く、五回以上の手の込んだものもよくある。既述の古代日本語の絵文字、枕詞はこれによるものである。われら日本民族はなぜか古来より洒落好きであった。この古代の洒落はその古代日本語の単語、原義（語源）、発音などが何かと未詳の場合が多い。したがって、以下、その洒落の意図するところを第一とし、万葉以前（〜八世紀頃）に確認されない場合は未詳とし、現代日本語で記す場合がある。

高木神《たかぎのかみ》である。同神は高御産巣日神で、天の石屋戸微開の神であった。したがって、その洒落は連想で、天界の神門ということになる。この神門はアルタイ語族のその宗教的世界観では口とか穴という。アルタイ語族は西はトルコから中央アジア、東はモンゴル、シベリア、中国東北地方、樺太に至る地域に分布する一大言語族で、チュルク（トルコ）語族、蒙古語族、ツ

図18　竜虬荘陶文
張敏「竜虬荘陶文的発現与殷商甲骨文之源」『故宮文物月刊』173（故宮博物院・中華民国86年８月）103頁・図１より転載

図19　「竜虬荘陶文」第3画
図18より模写（文字は本書）

ングース語族の総称をいう。その宗教的世界観は一般に、世界は天、地、地下の三層から成るという垂直的世界観で、この三層はその中心にある軸によって繋がっていて、相互に行き戻りが可能であり、軸は口とか穴とかを通っていて、そこから神々は地上に降下し、死者は地下の国へ降るというものである。

　ご覧の「竜虬荘《りゅうきゅうそう》陶文」第三画・左（中国江蘇省高郵市竜虬荘出土・前二十一世紀初期頃）がその垂直的世界観である。中央の直線は神道（竜道）でその軸、

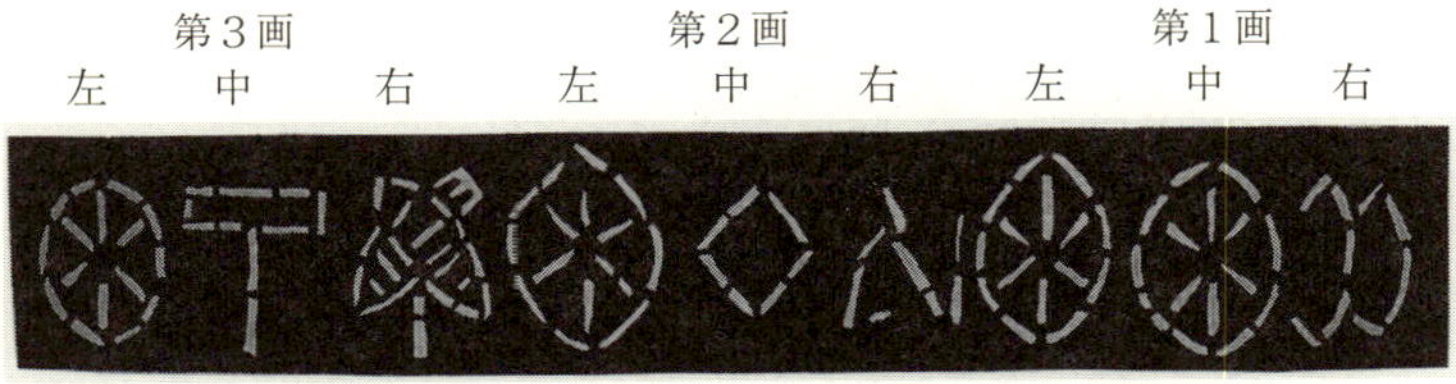

図20　謎のインダス文字
「朝日新聞・平成12年７月11日朝刊」（朝日新聞東京本社）
第９面・「なぞのインダス文字解読いつ」より転載（文字は本書）

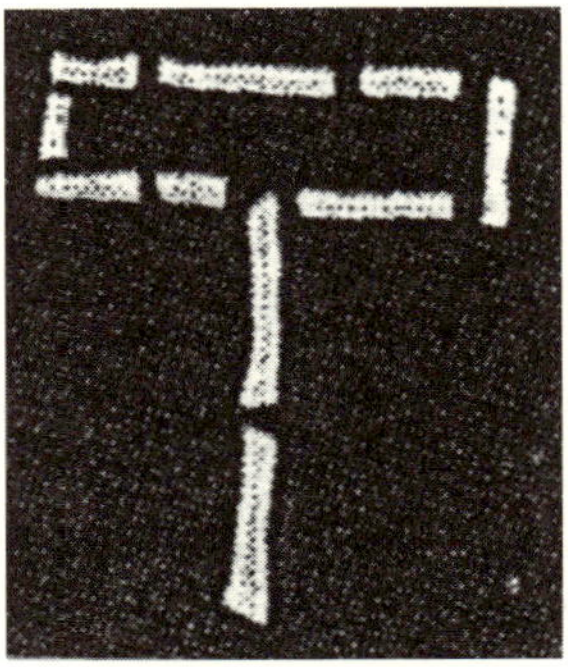

図21　「謎のインダス文字」第3画・中

上側の弧線は天界、その下の横線は天界と地界の境界線、その下の弧線は地界、その下の横線は地界と地下界の境界である。

口、穴はご覧の「謎のインダス文字」第三画・中（インド国グジャラート州ドーラビーラ出土・前三十三世紀中頃～一五〇〇年頃）がそれである。上側の長方形がその口、穴、下側の直線は大、小の斎晴れの瞬間の神光である。

この両者の絵文字はいずれ機会を得てご案内するが、古代日本語のそれである。

また、その古代日本語の言

語系統は一般にこのアルタイ語族とされている。したがって、神門は穴の門で、穴門《あなと》ということになる。

　穴門国《あなとのくに》である。これは「古事記」仲哀《ちゅうあい》の后妃皇子女の条に、

　　穴門《あなと》の豊浦宮《とよらのみや》

「日本書紀」垂仁《すいにん》二年是歳条の一云に、

　　穴門《あなと》

とあり、後世の長門《ながと》国のことで、山口県西半をいう。この穴門の原義は一般にその用字から、穴の門で、穴は関門海峡が穴状であるところからのもので、穴状の海峡の意とされている。したがって、穴門《あなと》の洒落は語呂合わせで、この穴門国《あなとのくに》ということになる。

ディパキ（dipaki）である。これはその高木神の洒落から、霊蛇男《ぢはき》（dipaki）の意である。霊蛇男は霊の蛇の、男で、神霊の蛇の、男、すなわち、初日の御魂神（雷神）の、男で、初日の御魂男神、すなわち、高御産巣日神（高木神）の意である。したがって、霊蛇男は関門海峡の穴門からの洒落名称であることになる。

　なお、このように「魏志」倭人伝の諸国名は以下「古事記」、「日本書紀」などのそれを解明の手掛りとして対応させて、解釈することになる。その場合、当然その新旧が問題となる。例えば、右の場合は霊蛇男国は新名称、穴門国は旧名称ということになるが、当然その古称から判然としない場合がある。したがって、その新旧の程は明白、妥当な場合のみご案内することになる。

以上から、已百支国《ぢはき》は霊蛇男国《ぢはき》で、山口県西半と解される。したがって、その水行二十日は瀬戸内海航行であることになる。

投馬国

投馬国である。瀬戸内海航行からその、不弥国～投馬国～未詳国の水行三十日は福岡県宗像市辺り～大阪辺りで、五百五十粁程であることになる。したがって、投馬国はその三分の二の所に位置することになるので、岡山県辺りであることになる。この岡山県辺りは「日本書紀」神武《じんむ》元年前六年春三月己未条に、

　吉備《きび》国

とあり、吉備国で、岡山県、広島県東半辺りをいう。吉備はキビ（kibï）である。

投馬の日本音である。これは投はドゥッグ（dŭg）、馬はマァッグ（măg）で、ドゥマ（duma）、その現代音はヅマである。このヅマはその同国からキビと同義である可能性がある。そこで、まずはキビを見てみる。

キビの原義は未詳である。が、「播磨《はりま》国風土記」美嚢《みなぎ》郡志深《しじみ》里条（七一四年頃成立）に、

　多良知志《たらちし》　吉備《きび》

とあり、吉備の枕詞の多良知志があるので、これなどから解明することができる。枕詞は要するに洒落であった。したがって、その洒落を解明すればよい。が、とはいえその掛《かか》り方は未

詳で、判じ物同然で、至難である。

このタラチシ（多良知志）はまた、「万葉集」巻十六・三七九一（八世紀中頃成立）に、

垂乳為《たらちし》　母《はは》

とあり、母の枕詞である。ということはいうまでもなく、吉備と母のその洒落が同様のものであるということになる。が、とはいうもののこれもその掛り方は未詳で、判じ物同然で、至難である。勿論、垂乳為《たらちし》は正訓で、字義通りで、垂れ下がった乳房を為ている、母、ではないかという向きもあろう。が、これだと、垂ら乳為　吉備、ということになってしまって、なおさら至難となってしまうので、無理である。

こうなると当然のことながら、何か手掛りが必要である。そこで、字義（原義）である。投は投げる、馬は動物のそれの意をいう。まとめると、馬を投で、馬を投げる意であるが、その日本音から以下の洒落による洒落名称である。

投馬《づま》——大力《おほちから》——大霊日《おほちか》ら——出間《づま》

投馬である。これといえば大力でないと不可能である。したがって、その洒落は連想で、右である。

大力《おほちから》である。これは大の力で、大力の意である。力《ちから》の原義は未詳である。が、その最も身近なものはこれはいうまでもなく、人間の身体のそれ、すなわち、手、足を動かす活動であるから、これからのものであることが考えられることになる。とすると、その手、足は人体を草木に譬えると、枝状であるから、幹《から》ということになる。そこで、力の原義は血幹《ちから》（手、足）の

意と解される。これは血の幹で、血の手、足、すなわち、血はその手、足を動かす原動力で、その血と手、足で力が作動するというところからのもので、その転で、力の意である。何とも理知的な言語である。したがって、力《ちから》はチ・カラということになるので、その洒落は語呂合わせで、右である。

大霊日《おほちか》らである。これは大の、霊の日らで、大の、神霊の日射、すなわち、大の斎晴れの瞬間の意である。霊日《ちか》らはチ・カラである。日《か》らは未詳であるが、既述の日《ひ》る同様、日《か》（日光）を活用した、日差す（照る）意の四段活用の動詞、日《か》る、の未然形の名詞形で、日射の意である。したがって、その洒落は同義で、右である。

出間《づま》である。これは出の間で、出現する時間帯、すなわち、発芽の新魂の神光（日光）が出現する時間帯で、大の斎晴れの瞬間の意である。

ドゥマ（duma）である。これは右からその、出間《づま》で、大の斎晴れの瞬間の意である。

そこで、キビである。これは大の斎晴れの瞬間の意である可能性があることになる。とすれば、その枕詞のタラチシも同様であることになる。したがって、タラチシ　キビ（kibï）、は、垂《た》ら霊《ち》息《し》　男嚏《きび》（kibï）、と解される。垂《た》ら霊《ち》息《し》である。これは垂らの、霊の息で、流れ落ちることの、神霊の息吹、すなわち、涌出の、神光で、大の斎晴れの瞬間の発芽の新魂の神光（日光）の意である。息《し》は未詳であるが、息が風の一であることから、その風《し》から推定した。大の斎晴れの瞬間のその神光（日光）はその微開の神門（天の石屋戸）から涌出（噴出）する。ご覧の「大汶口文化陶文（３）」（中国山東省　県出土・前四十一世紀頃）が明示している（図22）。

図22　大汶口文化陶文（３）図４同書（38頁）299頁・図16より転載

上側中央は高御産巣日神のその手槌、その下の二つの長方形状のものはその手槌の一撃で微開した神門、手槌の左右の涌水（噴水）状のものは大の斎晴れの瞬間のその神光（日光）である。これから、その大の斎晴れの瞬間の神光（日光）はまるで涌水（噴水）のように、その微開の神門から涌出（噴出）することになる。何と劇的な芸術性であろう。

男嚏《きび》である。これは男の嚏で、男の噴出、すなわち、高御産巣日神の噴出で、大の斎晴れの瞬間の意である。

まとめると、垂《た》ら霊《ち》息《し》　男嚏《きび》、は、大の斎晴れの瞬間の発芽の新魂の神光（日光）の、大の斎晴れの瞬間、の洒落であることになる。したがって、吉備《きび》（kibï）の原義はこの男嚏《きび》（kibï）であることになる。

タラチシ　ハハ、である。これは右から、垂ら霊息《たちし》　母《はは》、ということになる。母《はは》である。これはその垂ら霊息から、天照大御神であることになる。同神は日本民族の祖神であるから、その母である。したがって、垂ら霊息　母、は、大の斎晴れの瞬間の発芽の新魂の神光（日光）の、日本民族の母の天照大御神、の洒落であることになる。母の原義は未詳である。が、これから、天照大御神は大蛇であるから、大蛇《はは》（蛇蛇《はは》）であることになる。とすると、父《ちち》である。これも未詳である。が、天照大御神が母ならば、その夫ということになるので、父は高御産巣日神であることになる。そこで、父は血霊《ちち》の意と解される。これは血の霊で、血統の神霊、すなわち、日本民族の血統が男系であるところからのもので、高御産巣日神の意である。

以上から、投馬国は出間《づま》国で、その出間は大の斎晴れの瞬間の意で、岡山県、広島県東半辺りである。

未詳国

未詳国は大阪辺りであった。この大阪辺りの玄関口の国は「古事記」仁徳《にんとく》の后妃皇子女の条などに、

難波《なには》

とあり、難波《なには》国で、淀川以南の大阪府大阪市辺りをいう。既述の遺唐使船はこの難波国から出航した。したがって、未詳国は難波国であることになる。そこで、まずはこの難波国を見て

みることになる。

まず、その原義である。「日本書紀」神武元年前三年春二月丁未条に次のようにある。

方《まさ》に難波碕《なにはのみさき》に到る時に、奔《はや》き潮《しほ》有りて太《はなは》だ急《はや》きに会ひぬ。因《よ》りて、名《なづ》けて浪速国《なみはやのくに》とす。亦、浪花《なみはな》と曰ふ。今、難波《なには》と謂ふは 訛《よこなま》れるなり。

ナニハは浪速《なみはや》、または、浪花《なみはな》の転であるという。これは韮《にら》が、ニラ（nira）～ミラ（mira）、というように、ニ（ni）～ミ（mi）の交替例があるので、これからのもので、ナミハヤ（namifaya）・ナミハナ（namifana）～ナニハ（nanifa）、と解したものであるという（既述引用同書、五七八頁・補注3―八）。が、いずれにしてもその是非の程は未詳であるので、ひとまず参考としておく。

古代の難波国はご覧の図に明らかなように、一般にその大阪市部の多くは潟湖～湖沼から未完で、右の難波碕《なにはのみさき》がその中心であったとされている。この碕は現在の上町《うえまち》台地である。これは大阪市西部を南北に走る岬状の台地で、幅二～三粁、長さ十二粁程、北端は大阪城（大阪市東区馬場町）辺りで、標高は北部から南部にかけて低くなり、二十五～十米程である。したがって、その細長い形状はまるで海に突き出た何かの穂のようなものということになるので、穂《ほ》形《かた》であることになる。これはナニハ国のその象徴的な地勢となる。

この難波国の枕詞は「万葉集」巻三・四四三などに、

押《お》し照《て》る　難波国《なにはのくに》

とあり、押《お》し照《て》るという。その掛り方は、大和国（奈良県）から難波国（淀川以南の大阪府

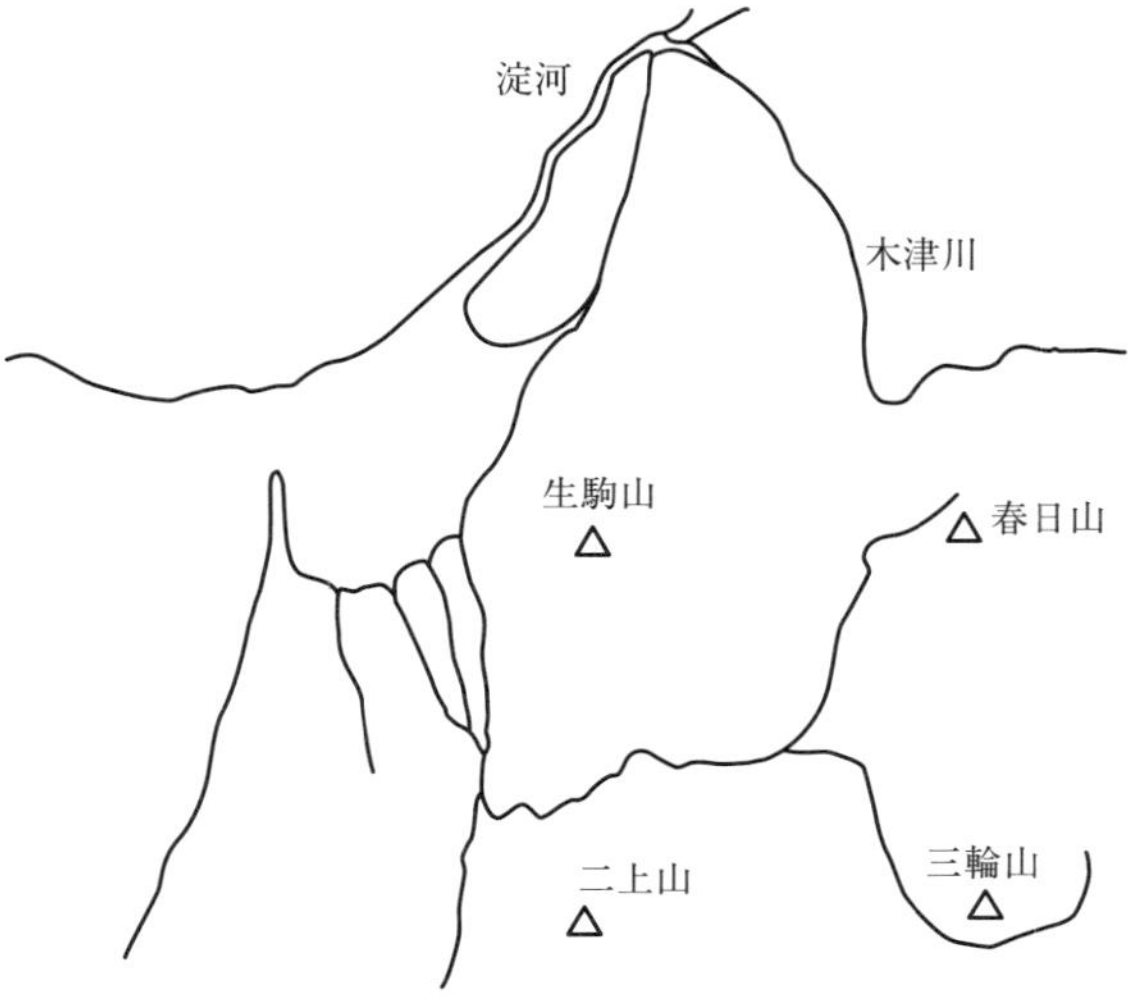

図23　古代大阪想像図

大阪市辺り）へ越える時、山の頂上から大阪湾をみると、光が海上一面に照りつけているのが見えるところからのものであるという（既述引用同書、二一一頁・頭注、押し照る）。押し照るは一般に、押しは日、月などの光が威力を一面に及ぼすことで、光が一面に照る意とされている。が、これだと臨海の国であれば日本全国どこでも同じであるから、難波国のみの枕詞するのは不自然で、無理がある。当然別の意であることが考えられることになる。また、これではその原義は解明できない。

そこで、押し照るは右ではなく、押し、照る、意と解される。これは押して、照るで、夜の暗闇を押して、照る、すなわち、夜明けの、日照をするので、ここでは大、小の斎晴れの、日射をする意である。したがって、これといえば斎晴れの三神であるから、ナニハはこの同三神のことであることになる。そこで、ナニハ（nanifa）は中瓊蛇《なには》（nanifa）の意と解される。これは中の瓊の、蛇で、冬至の玉の、蛇神、すなわち、冬至の新魂の、初日の御魂神で、斎晴れの三神の意である。

　これから、押し照る　ナニハ、は、押し照る　中瓊蛇《なには》、で、大、小の斎晴れの日射をする、斎晴れの三神の意の洒落であることになる。

　右からナニハ（nanifa）の原義は中瓊蛇《なには》（nanifa）で、斎晴れの三神の意であることになる。したがって、未詳国は同神の意である可能性があることになる。また、その難波碕（上町台地）の穂形は中瓊蛇国の象徴的地勢となるので、未詳国の国名がこの穂形である可能性があることになる。そこで、ホカタ（fokata）の名称の国を見てみることになる。

　結果は、好古都国《こうこと》であった。その日本音である。これはホォッグ（hog）、古はカァッグ（kag）、都はタァッグ（tag）で、フォカタ（fokata）、その現代音はホカタである。名称（fokata）は仄方《ほかた》（fokata）の意と解される。これは仄の方で、仄かの方、すなわち、夜明けの方で、斎晴れの三神の意である。仄《ほ》は未詳であるが、光、色などがほんのりしている様の意の形容動詞、仄《ほの》か、の語幹の仄《ほの》からのものである。仄《ほの》は仄《ほ》ので、のは接尾語で、仄かの意と解される。この仄《ほ》はその夜明けの水、地平線の先端がまるで穂《ほ》のようにポッと明るくなるところからのもので、穂と同源と解される。方《かた》は間接的に人を指していう、御方《おかた》などのそれは未詳であるが、後世のそれを推定した。この国名はその象徴的地勢からのもので、穂形《ほかた》――仄方《ほかた》、の同源語呂合わせによるものであることになる。

字義（原義）である。好は壁《へき》の穴、古は古い、都は都《みやこ》の意をいう。壁は中央に円形の穴のある、五円玉状の玉をいう。まとめると、好の古の、都で、壁の穴の古い、都であるが、その音訳の仄方から、以下の洒落による洒落名称である。

好古都《ほかた》――円《まろ》（marö）の古《ふる》の、都《みやこ》（miyako）――真炉《まろ》（marö）の震《ふ》るの、三弥子《みやこ》
（miyako）――仄方《ほかた》

好古都《ほかた》である。好である。これは壁の穴は円形であるから、その洒落は円《まろ》である。円《まろ》は円形の意をいう。古である。これは古いであるから、その洒落は古《ふる》である。古《ふる》は古い意をいう。都である。これはその洒落は都《みやこ》である。

円《まろ》の古《ふる》の、都《みやこ》である。円《まろ》である。この原義は未詳である。が、好古都の洒落はその音訳から、斎晴れの三神であるから、これ関係のものであることになる。とすれば、同三神といえば天の石屋戸（天界の神門）であるから、これがある。円といえば、太陽は円形である。また、天の石屋戸は太陽の神門であるから、日真門《かまど》（kamado）である。これは日の、真の、門で、太陽の、真実の、門、すなわち、太陽の神門の意である。カマド（kamado）といえば、竈《かまど》（kamado）がある。その原義は未詳である、が、その詳細の程はいずれ機会を得てご案内するが、その形状が日神（太陽神）の地上の神門と類似しているところからのもので、この日真門《かまど》（kamado）で、太陽の神門の意である。また、竈（日真門）といえば、炉《ろ》がある。これは古代の溶鉱炉をいう。その名称はラ（ra）、リ（ri）、ル（ru）、ロ（rö）、形状は竈型である。「古事記」神代

の伊邪那岐命と伊邪那美命の、禊祓と神々の化生の条などに次のようにある。

次に投げ棄《う》つる左の御手《みて》の手纏《たまき》に成れる神の名は、……次に奥津甲斐弁羅神《おきつかひべらのかみ》。

奥津甲斐弁羅神《おきつかひべらのかみ》は沖《おき》つ日火竈炉神《かひべらのかみ》である。甲斐、日火は kafi である。これは沖、つ、日火の竈の炉の、神で、沖、の、雷光の竈型の溶鉱炉の、神、すなわち、外国の、雷光製錬竈型溶鉱炉の、神で、外国の、雷神炉《たたら》の、神の意である。竈《べ》(be)はへ(fe)の濁音で、be(fe)、bë(fë)の甲乙類両音併存である。雷神炉は中国貴州省の苗族の「史詩」などによれば、イヌ(犬、狗)は雷神が日、月を鋳造する高炉(大溶鉱炉)から生れたという(百田弥栄子「盤瓠をめぐる神話—伝承曼荼羅への投影図—」『アジア諸民族の歴史と文化—白鳥芳郎教授古稀記念論叢—』《六興出版・一九九〇年》。六二頁)とあるので、この雷光製錬炉のそれなどからのものである。また、後章で言及する。したがって、炉《ろ》は竈同様、日真門《かまど》であることになる。

そこで、円《まろ》(marö)の原義は真炉《まろ》(marö)の意と解される。これは真の炉で、真実の日真門、すなわち、真実の、太陽の真実の門で、真実の太陽の神門の意である。これから、天の石屋戸(天界の神門)は円形で両開きであったことになる。したがって、円《まろ》(marö)の洒落は原義で、真炉《まろ》(marö)である。

古《ふる》である。その原義はこれも未詳である。が、円《まろ》から、同様の斎晴れの三神関係のものであることになる。とすれば、古《ふる》といえばその対義語は新《あら》である。新の原義は未詳である。が、新もその対義語から古と同様のものである可能性がある。したがって、両者を一対としてみてみる。斎晴れの三神関係で、フル、アラといえばその大の斎晴れの瞬間の、震《ふ》る、現《あ》らがある。

前者は震動するで、その天地鳴動、後者は出現する意の四段活用の動詞、現《あ》る、の未然形の名詞化で、出現で、その新魂の神光（日光）の出現、すなわち、日射である。この出現（日射）はその蘇りから新であることになる。ということは天地鳴動してから新となったということであるから、その前のその天地鳴動は古であることになる。すなわち、震《ふ》るしてから現《あ》らとなったのであるから、現らが新ならば、震るは古であることになる。したがって、古《ふる》の原義は震《ふ》るで、大の斎晴れの瞬間直前の、天地鳴動する意と解される。また、新《あら》の原義は現《あ》らで、大の斎晴れの瞬間の、日射の意と解される。以上から、古《ふる》の洒落は原義で、震《ふ》るである。

都《みやこ》である。都（miyako）の原義は一般に、宮処《みやこ》（miyakö）で、宮の所、すなわち、宮殿の在る所の意とされている。が、都のコはkoで甲類、宮処のコはköで乙類であるから、別語ということになるので、この解釈は初歩的な誤解であることになる。

都はまた、日下《じっか》という。日下は日が照らす下で、都、天下の意をいう。「十三経注疏《じゅうさんけいちゅうそ》」尓雅注疏巻第七・釈地第九（十一世紀頃成立）にその名称の日下国がある。

> 觚竹《こちく》、北戸《ほくと》、西王母《せいおうぼ》、日下《じっか》、之を四荒《しこう》と謂う。（清阮元撰、盧宣旬摘録「重栞宋本十三経注疏附校勘記」《務本書局・光緒十八年孟秋月》。以下同）

四荒は中国の四方の辺境の蛮国をいう。この四ヶ国は一般に、觚竹国は北方で河北、遼寧省辺り、北戸国は南方でベトナム辺り、西王母国は西方で甘粛、青海省辺り、日下国は東方で山東省辺りとされている。

この日下国（日下氏）はご覧の「丁公《ていこう》陶文」第五画（前二二五〇～二一四三年頃）が明記し

ている。その詳細の程はいずれ機会を得てご案内するが、その三つの三角形状のものは三角形で、三角《みかど》（mikado）――霊門《みかど》（mikado）、の洒落で、霊門《みかど》を表意したものである。これは霊の門で、神霊の門、すなわち、ここでは天の石屋戸（天界の神門）の意である。この霊門の神はいうまでもなく、斎晴れの三神である。したがって、その三つの三角形は同三神を表意するものであることになる。これから、その日下《じっか》は斎晴れの三神関係のそれであることになる。したがって、都も同様ということになるので、同三神関係のそれであることになる。

そこで、都《みやこ》（miyako）の原義は三弥子《みやこ》（miyako）の意と解される。これは三の弥の子で、三つの弥栄の子供、すなわち、ここでは斎晴れの三神の意である。都はその王の宮殿、すなわち、新嘗屋の神殿が所在する所である。したがって、その神殿は斎晴れ三神のそれであるから、その原義はこれからのものであることになる。

図24　「丁公陶文」第5画
図５（38頁）より模写

以上から、都《みやこ》の洒落は原義で、三弥子《みやこ》である。

真炉《まろ》の震《ふ》るの、三弥子《みやこ》である。これは右から、真実の太陽の神門（天の石屋戸）の天地鳴動するの、斎晴れの三神で、大の斎晴れの瞬間をする、斎晴れの三神の意である。したがって、斎晴れの三神は仄《ほ》（夜明け）をする御方《おかた》ということになるので、その洒落は同義で、仄方《ほかた》である。

仄方《ほかた》である。これも右から、仄の方で、仄の方、すなわち、夜明けの方で、ここでは斎晴れの三神の意である。

以上から、好古都《ほかた》国は仄方《ほかた》国で、その仄方は斎晴れの三神の意で、大阪府大阪市辺りである。

陸行一月はどの辺りか

さて、そうすると、邪馬壱国へは大阪府大阪市辺りからの東北行の陸行一月ということになる。これは後世の東海道、東山道筋か、北陸道筋であることになる。

では、それは一体どの辺りとなるのであろうか。これは次の「古事記」景行の小碓命《おうすのみこと》の東代の条の歌謡などから推定することができる。

即ち其の国より越えて、甲斐《かひ》に出でまして、酒折宮《さかをりのみや》に坐《ま》しし時、歌曰《うた》ひたまひしく、
新治《にひばり》　筑波《つくは》を過ぎて　幾夜《いくよ》か寝《ね》つる
とうたひたまひき。尓《ここ》に其の御火焼《みひたき》の老人《おきな》、御歌に続《つ》ぎて歌曰ひしく、
篝並《かがな》べて　夜《よ》には九夜《ここのよ》　日《ひ》には十日《とをか》を

小碓命（倭建命《やまとたけるのみこと》、日本武尊《やまとたけるのみこと》）は東征の帰途につき、茨城県つくば市、新治《にいばり》郡辺りから神奈川県を経て、山梨県甲府市酒折《さかおり》町辺りに到着した。その所用日数は九泊十日であるという。

篝《かが》は未詳であるが、篝《かがり》の原義（語源）がその火を焚いた照明から、輝《かが》を活用させた四段活用の動詞、輝《かが》る、の連用形の名詞化で、輝《かが》りの意と解されるので、その語幹の輝《かが》で、篝《かがり》の意である。

その原文は迦賀《かが》で、これは一般に、日日《かが》で、複数日の意とされている。が、日の複数は日《け》（kë）

であるから、その日日並《かがな》べて、の表現は不自然だとする妥当な批判がある。篝並《かがな》べて云々である。これは、老人は篝を夜、その左右を昼に見立てて、篝一本で一泊二日とし、その一日行程の夜毎に篝を一本ずつ増やしていって、最終の十日目はまだ夜前であったので、立てないで、夜には九夜と篝を九本並べて、九泊十日だとそう答えたというものである。

とすると、茨城～神奈川間の行程の次第は記していないが、仮りに千葉、東京であったとすると、その全距離は二百六十粁程であるから、その一日当たりの平均距離は二十六粁程ということになる。これは野、原、山、谷、川ありの平均的な日本の地勢のものである。また、その年代は「古事記」、「日本書紀」によれば、小碓命は第十二代景行の子で、景行は第十代崇神の孫であるので、その崇神の古事記崩御干支が戊寅《ぼいん》であることから、これは一般に二五八年、または三一八年とされているので、三、四世紀頃と推定される。ということで、これからその陸行一日当たりの距離は二十六粁程が推定されることになる。

そうした場合、「魏志」倭人伝に、

悉《ことごと》く以って汝の国中の人に示し、国家の汝を哀《いとお》しむを知らしむ可く、

とあり、この魏の明帝の制詔から、魏使がその陸行の諸国の王にこまめに接見したことが考えられるので、そうなれば当然通常より遅くなる訳であるから、二十六粁程以下ということになる。

この場合はこれは後世十世紀頃のものであるが、「倭名類聚鈔《わみょうるいじゅしょう》」の国郡部（九三四年頃成立）がその東海、東山、北陸道の諸国の京の都（京都府京都市）からの行程日数を記しているので、

これから推定することになる。行程一月（三十日）といえば、その東海道の上総《かずさ》国は、
国府市原《いちはら》郡。行程上《のぼり》三十日、下《くだり》十五日。（「地名学研究」特別号《日本地名学研究所・昭和三十二年》。以下同）

とあり、遅い場合が三十日で、その一月（三十日）である。上総国は千葉県中央部辺り、国府（律令制下の諸国の政庁）の市原郡は市原市の東北部辺りをいう。上りが三十日はその律令制の納税をする為、その特産品などの荷物が多かった為である。下りがその半分の日数であるのは帰国でその荷物が無くなった為である。とすると、その京都との距離は五百七十粁程である。したがって、上りは一日当たり十九粁程ということになる。これから、その遅い場合は十九粁程が推定されることになる。

右から、その一日当たりの距離は十九粁程と二十六粁程であることになる。したがって、前者は、三十日×十九粁程＝五百七十粁程、後者は、三十日×二十六粁程＝七百八十粁程、ということになるので、その陸行一月は五百七十〜七百八十粁程であることになる。これから、東海、東山道筋の場合は関東、福島、山形、宮城辺り、北陸道筋の場合は新潟、山形、秋田辺りであることになる。

以上から、陸行一月、すなわち、邪馬壱国は関東、福島、山形、宮城、新潟、秋田辺りであることになる。

邪馬壱国は建国、遷都の国

邪馬壱国の時代は「魏志」倭人伝によれば、

景初二年六月、倭女王、大夫難升米《なんしょうべい》等を遣わして郡に詣《いた》らしめ、天子に詣りて朝献せんことを求めるに、太守劉夏《りゅうか》を遣わして将《もっ》て送りて京都に詣らしむ。

とあり、この二三八年六月（景初二年六月）の第一回遣魏使に始まる。そして、続いて、

正始《せいし》元年、太守弓遵《きゅうじゅん》建中校尉梯儁《ていしゅん》等を遣わして詔書、印綬を報じて倭国に詣らしめ、

とあり、この二四〇年（正始元年）の第一回遣倭使と続き、さらに、

其の四年、倭王復《ま》た使の大夫伊声耆掖邪狗《いせいきえきじゃこう》等八人を遣わして、生口、倭錦、絳青縑《こうせいけん》、緜衣《めんい》、帛布、丹木、拊《ふ》、短弓矢を上献す。

とあり、この二四三年（正始四年）の第二回遣魏使と続いて、二四七年（正始八年）の第三回遣魏使、第二回遣倭使を以って、その年紀は終了する。したがって、その明確な年代は二三八年（景初二年）〜二四七年（正始八年）であることになる。そこで、邪馬壱国の時代はこれにその前後の年数を加えると、三世紀頃が妥当ということになるので、三世紀頃であることになる。

この三世紀頃は弥生時代（前三〇〇〜後三〇〇年頃）である。その先進弥生文化圏は一般に、奈良県を中心とする銅鐸文化圏の畿内と、福岡県を中心とする銅矛文化圏の北九州とされてい

る。が、邪馬壱国はその非文化圏である。当然これが問題となる。すなわち、畿内や北九州を差し置いての非文化圏の日本支配が有り得るのかということが問題となる。実際、同倭人伝に、「倭女王」（景初二年六月）、「倭王」（其の四年）とあり、邪馬壱国の王は日本国王である。ということは当然のことながら日本を平定、統一したということであるから、それに相応しい文化圏なり勢力圏があって然るべきであることになる。が、そのようなものは邪馬壱国辺りでは未詳である。

　その謎を解く鍵が同倭人伝にある。既述の「次に斯馬国有り、次に已百支国有り、……」の諸国に続いて、

　此れ女王の境界の尽くる所なり。其の南に狗奴《こうど》国有りて、男子を王と為し、其の官に狗古《こうこ》智卑狗《ちひこう》有り、女王に属さず。

とあり、邪馬壱国の北隣に狗奴《こうど》国なる国がある。この国は、

　其の八年、太守王頎《おうき》官に到る。倭女王卑弥呼《ひみこ》と狗奴国男王卑弥弓呼《ひみきゅうこ》とは素《もと》より和せず、倭の載斯烏越《さいしうえつ》等を遣わして郡に詣《いた》りて相攻撃する状を説《と》く。

とあり、邪馬壱国と交戦している。しかも、その戦いは邪馬壱国側が劣勢で、二四七年（正始八年）に帯方郡へ遣使して、その戦況説明をして援軍を要請している。とすれば、邪馬壱国はこの狗奴国と交戦する為に建国、遷都した国であることが考えられることになる。

　では、その本国は何処であろうか。これはそれと明記するものがなく未詳であるが、これもその謎を解く鍵が同倭人伝にある。

其の国本亦《もとまた》男子を以って王と為し、住《とど》まること七、八十年、倭国乱れ、相《あい》攻伐すること年を歴し、乃《すなわ》ち共に一女子を立てて王と為し、名づけて卑弥呼《ひみこ》と曰う。

卑弥呼《ひみこ》は邪馬壱国の女王、すなわち、その倭女王、倭王である。その即位は卑弥呼の先祖の初代から七、八十年程後のことで、その戦国諸国の共立によるものであるという。とすれば、卑弥呼はその第一回遣魏使の二三八年（景初二年）以前に即位したことになる。また、その建国、遷都から、狗奴国がその戦国に参加していた可能性があることになる。これはその関東以北の邪馬壱国の版図から古代日本を東西に二分する戦いである。そうであれば、狗奴国はかって関東を本貫とする東日本、邪馬壱国は畿内を本貫とする西日本という東西王朝対立の図式が考えられることになる。これならばその両者の交戦で邪馬壱国側が劣勢となっても不自然ではない。すなわち、邪馬壱国は卑弥呼即位頃は優勢で、狗奴国を関東から東北地方へと敗退せしめたが、その後は狗奴国が優勢となって、劣勢となってしまったというものである。この東西王朝対立の図式は以下順次ご案内する。

以上から、ひとまずではあるが、邪馬壱国は奈良県を中心とする畿内を本貫とする西王朝で、関東を本貫とする東王朝の狗奴国と交戦する為に建国、遷都した国と結論される。

なお、右から邪馬壱国の所在地は関東辺りであることになる。また、狗奴国の所在地は東北辺りであることになる。

第六章　匈奴登場

狗奴国

では、その狗奴《こうど》国である。まず、その日本音である。これは狗はクッグ（kug）、奴はナァッグ（nag）で、クナ（kuna）、その現代音は同じくクナである。が、関東以北でこの名称の国は古代、後世共未詳である。

そこで、字義（原義）を見てみる。狗は小犬、奴は奴隷の意をいう。まとめると、狗の奴で、小犬の奴隷の意であるが、その日本音と前章の東西王朝から以下の洒落による洒落名称である。

狗奴《くな》——小犬《こいぬ》（koinu）の奴《やっこ》——子斎瓊《こいぬ》（koinu）の奴《やっこ》——子《こ》の初日《うか》の御魂神《みたまのかみ》の奴《やっこ》——天照大御神《あまてらすおほみかみ》の奴《やっこ》——匈奴《くな》

小犬《こいぬ》の奴《やっこ》である。小犬《こいぬ》である。犬の原義は未詳である。が、ご覧の、既述の「唐古《からこ》・鍵《かぎ》絵画土器（一世紀頃）の第二画（図25）や中国の「寧明《ねいめい》県高山崖壁画」（前四〇三〜後二二〇年頃）などから推定することができる。

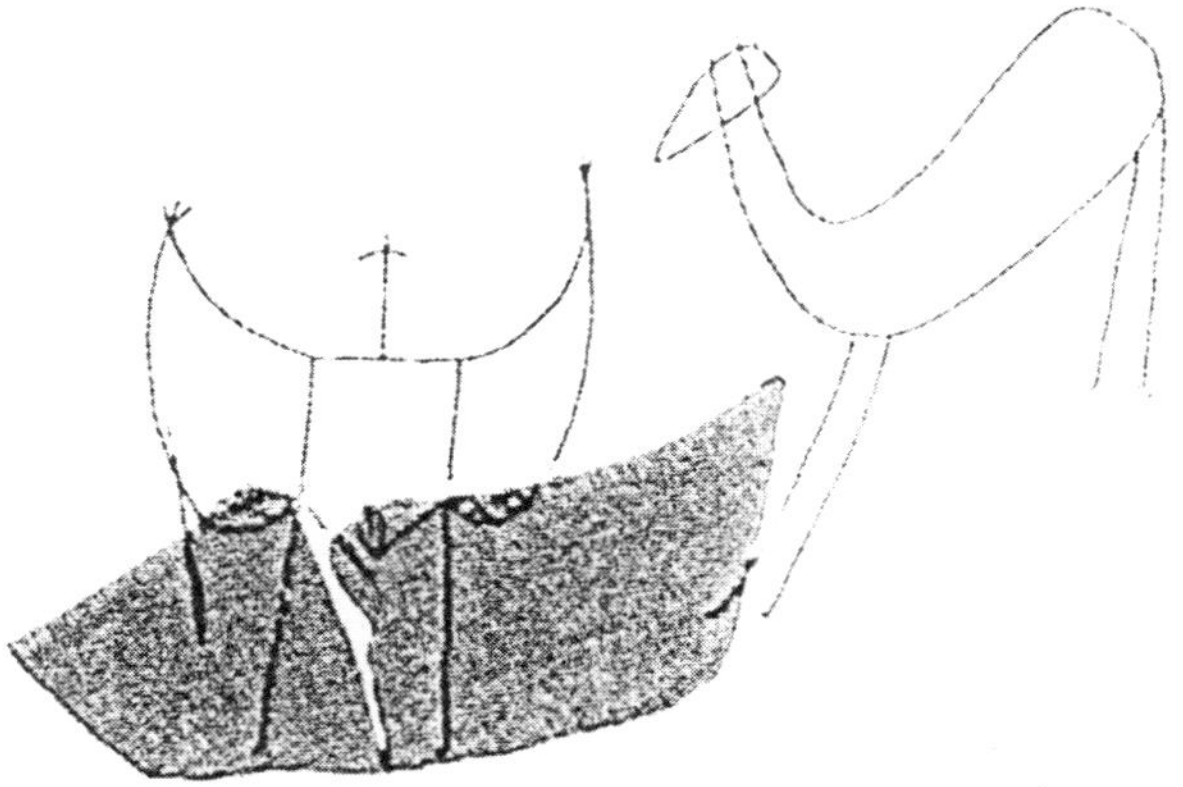

図25　「唐古・鍵絵画土器」第２画　　図13（47頁）より略載

図26　寧明県高山崖壁画

広西壮族自治区民族研究所編「広西左江流域崖壁画考察与研究」（広西民族出版社・1986年）17頁・図44より転載

前者である。この女性は新嘗祭の祭主の巫女であった。この祭主は両手を挙げて万歳の格好をしている。この格好はまた、降服のそれでもある。降服の格好はまた、両の二の腕を水平にして、両手を上げるというのがあるが、いずれも、この通り手には武器は持っていません、手向かいはしませんという意思表示を表わしたものである。とすると、これは敵意がないということであるから、転じて歓迎を意味することになる。新嘗祭ではその新魂の神光（日光）を拝受する。これはその日射であるから、必然、その日射を歓迎しなければならない。したがって、その万歳の格好はその日射の歓迎、すなわち、日迎《ひむか》えであることになる。以下、日迎えは日を迎えで、日光を迎えること、すなわち、その新魂の神光（日光）を歓迎して迎えることの意である。これから新嘗祭では日迎えの神事があったことになる。

後者である。これは中国広西省壮族自治区寧明県高山の左江流域の岸壁画である。年代は戦国〜後漢頃で、前四〇三〜後二二〇年頃である。図同書によれば原始宗教絵画であるという。絵はその中央に、歓迎（万歳）の格好をした人物とその下の何かの四足獣がいる。他は同様の歓迎（万歳）の格好をした人物と左方向を向いて歓迎（万歳）の格好をしている衆人である。そして、その中央の人物の回りに大、小の玉状のものが四個ある。その詳細の程はいずれ機会を得てご案内するが、この絵画はその歓迎（万歳）の格好は歓迎、左方向は東、大、小の玉状のものは新魂を表現したもので、新嘗祭の日迎え神事を表意したものである。したがって、その中央の人物はその一際大きい構図から祭主ということになる。また、したがって、その下の何かの四足獣は新嘗祭の神獣であることになる。

そこで、この神獣である。祭主と神獣の側に新魂がある。したがって、両者は新魂関係ということになるので、この神獣は新魂関係のそれであることになる。とすると、その形状は犬（狗）に似ている。犬（狗）はイヌ（inu）である。また、新魂は神聖な御魂であるから、斎瓊《いぬ》（inu）である。これは斎の瓊で、神聖の玉、すなわち、古代において玉（瓊）がその神秘的な美しさからまた魂とされたことからここでは神聖の魂で、新魂の意である。両者は同音である。そこで、犬（狗）の原義はこの斎瓊《いぬ》で、新嘗祭の新魂の意と解される。当然なぜ犬（狗）がその神獣なのかということが問題となる。これはその鳴声からのものである。その古代日本語のその発音はワヌ（wanu）である。この洒落は語呂合わせで、ワヌ（wanu）——勾瓊《わぬ》（wanu）、となる。勾瓊《わぬ》は勾の瓊で、勾は未詳であるが、ご覧の「桜ヶ丘五号銅鐸」第二面・第一画（二四七〜三三〇年頃）のその左手のアルファベットのI状のもので、糸巻（桛《かせ》）であるが、ここでは以下から、初日の御魂神で、同神の玉、すなわち、初日の御魂神の魂で、新嘗祭の新魂の意である。糸巻は糸を巻く物であるからまた単に、巻き、である。この巻きは既述の「縄文のビーナス」のその頭部の渦の、渦《うづ》——初蛇《うづ》、の洒落から、渦は要するに巻いた物で、巻きであるから、勾《わ》——巻《ま》き——渦《うづ》——初蛇《うづ》、の洒落で、初日の御魂神の意となる。

子斎瓊《こいぬ》の奴《やっこ》である。これは子の、斎の瓊の、奴で、子供の、神聖の玉の、奴隷、すなわち、子供の、新魂の、奴隷で、ここでは子供の初日の御魂神の、奴隷の意である。初日の御魂神は子供で、新魂の神であった。

子《こ》の初日《うか》の御魂神《みたまのかみ》の奴《やっこ》である。これはそのまま、子の初日の御魂神の、奴で、子供の初日

第１画　　第３画

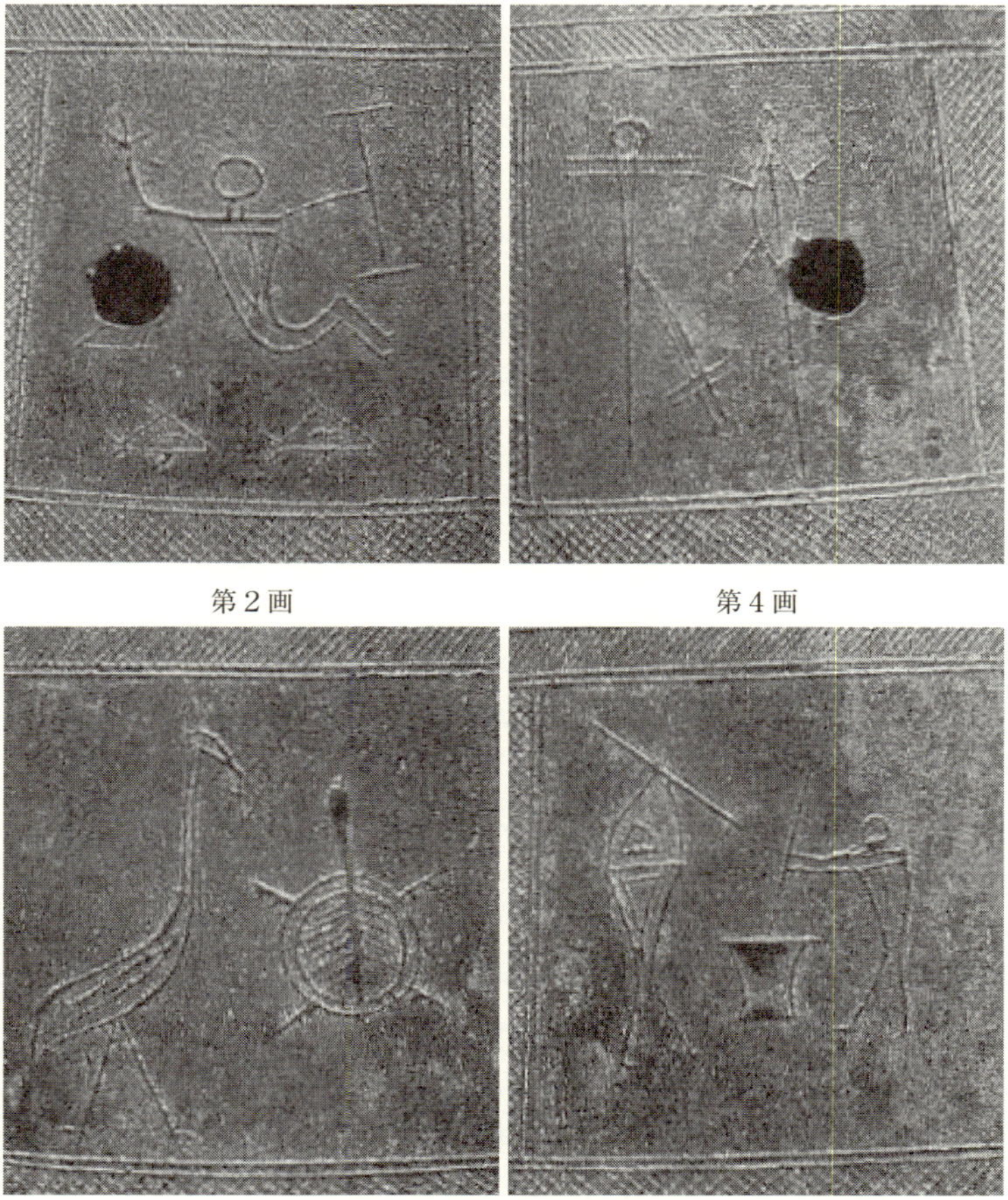

図27　「桜ヶ丘５号銅鐸」第2画
神戸市立博物館（旧神戸市立考古館）提供・国宝桜ヶ丘5号銅鐸（Ｂ面）より略載（文字は本書）

の御魂神の、奴隷、すなわち、ここでは天照大御神の、奴隷の意である。
天照大御神《あまてらすおほみかみ》の奴《やっこ》である。これもそのまま、天照大御神の、奴で、天照大御神の、奴隷の意である。この奴隷は神は絶対なる存在であるから、その信奉者はその奴隷（僕）ということになるので、天照大御神を祖神とする、その民族、部族などであることになる。これはいうまでもなく日本民族であるが、ここではその一の匈奴《きょうど》族である。この匈奴族は一六〇年頃、古代の名族、安曇《あずみ》氏の招誘で日本に渡来した天皇族で、その祖神は天照大御神である。安曇氏は五七年に後漢に入貢、臣従した、あの金印の奴《な》国王の子孫である。当時は西王朝に敗れて、福岡県から新潟県へ遷移していた。邪馬壱国の時代、すなわち、東西王朝の時代が終ると大和朝廷の時代（古墳時代）となる。この大和朝廷の創始者はその東西王朝交戦からその勝者ということになるので、そのいずれかであることになる。また、その天皇（大王）から、天皇族であることになる。狗奴がその天皇族であることは以下順次ご案内する。

匈奴である。その日本音（匈奴音）である。これは匈はヒィウング（hɪuŋ）、奴はナァッグ（nag）で、ヒウナ（hïuna）、その現代音はヒウナである。このヒ（hï）は現代ハ（ha）の行音のï乙類のそれであるが、古代のハ行音はパ（pa）行音〜ファ（fa）行音であるので、古代には存在しない音である。したがって、その当時の人々はこれを発音することができなかったが、その場合、これは後世の奈良時代（七一〇〜七八四年）であるが、例えば、漢《はん》（han）を漢《かん》（kan）というように、ハ（ha）行音をカ（ka）行音で発音しているので、これと同様の方法で発音したことになる。すなわち、ヒウナ（hïuna）はキウナ（kïuna）と発音したことになる。が、このキウナ（kïuna）は古代日本語はそのïuというような母音の連続を嫌ったので、さらに促音化して、クナ（kuna）となったことになる。すなわち、ヒウナ（hïuna）は、ヒウナ（hïuna）～キウナ（kïuna）～クナ（kuna）、と変化して、クナ（kuna）となったという訳である。したがって、匈奴のヒウナ（hïuna）は古代日本ではクナ（kuna）となるので、その狗奴のクナの洒落は匈奴《くな》（kuna）であることになる。匈奴は次節で改めてご案内する。

狗奴の日本音のクナ（kuna）である。これは右から、匈奴《くな》（kuna）の意である。

匈奴の意味

匈奴は「史記《しき》」匈奴列伝の冒頭の条（前九一年成立）に次のようにある。

匈奴、……唐《とう》、虞《ぐ》以上、山戎《さんじゅう》、獫狁《けんいん》、葷粥《くんいく》有り、北蛮に居て、畜牧に随《したが》いて転移す。（和刻本正史「史記」二《汲古書院・昭和四十七年》。以下、「史記」は同正史による）

匈奴はあの聖帝の尭《ぎょう》（唐）、舜《しゅん》（虞）以前には右三種族があり、その中国北方の未開の地で遊牧していたという。尭、舜はその詳細の程はいずれ機会を得てご案内するが、神話、伝説の類ではなく実在の人物で、その年代は既述の「丁公陶文」（前二二五〇～二一四三年頃）の時代で、前二二二〇～二一四三年頃である。したがって、匈奴はその三種族の子孫で、その別れであることになる。

とすると、その葷粥《くんいく》である。その日本音（葷粥音）である。これは葷はヒィゥァン（hïuən）、粥はティォック（tiok）で、ヒウティ（hiüti）で、その現代音はヒウチである。匈奴はヒウナ（hiüna）であった。両者はヒウティ、ヒウナで、ヒウ（hiü）を共有している。したがって、その同族の族名から、ヒウティはヒウ・ティ、ヒウナはヒウ・ナで、同義語である可能性が高いことになる。

そこで、そのヒウ（hiü）である。これといえば、古代のそれは未詳であるが、後世のそれに空っ風（北風）のヒウ（ヒュー）がある。このヒウ（ヒュー）といえば、同匈奴列伝の頭曼《とうまん》単于《ぜんう》には太子があり、云云の条に、

冒頓《ぼうとん》、乃ち鳴鏑《めいてき》を作為し、其の騎射を習勤す。

とあり、匈奴には鏑矢《かぶらや》がある。鳴鏑《めいてき》は鏑矢をいう。鏑矢は矢の先端に蕪の根のような球形をした鏑《かぶら》（蕪）をつけ、その先に雁股《かりまた》などの強力な矢尻をつけた矢をいう。この鏑（蕪）は角、木、竹などで作り、中を刳り貫いて空洞にして、数個の穴が開けてある。したがって、空中を飛ぶとその鏑（蕪）が風を切って、まるで空っ風（北風）のようなかなり大きな、ヒュー（ヒユウ）という音を発する。この鏑矢は一般に中国北方の匈奴などの騎馬民族がその発祥とされている。匈奴は右に明らかなように中国北方の騎馬遊牧民族である。したがって、鏑矢をその族名としたことが考えられるので、そのヒウ（hiü）は鏑矢の飛翔音と解される。

では、そのティ（ti）とナ（na）である。これはその飛翔音から、これ関係のものであることになる。前者である。その飛翔音は空っ風（北風）のような音であった。風といえば、風はティ（ti）という。現代音はチである。したがって、ティ（ti）は風《ち》（ti）と解される。後者で

ある。同様にその飛翔音は空っ風（北風）のように鳴っている。したがって、ナ（na）は音がする意の四段活用の動詞、鳴《な》る、の語幹の鳴《な》で、以下からその原義の音《な》の意の、鳴《な》（na）と解される。既述引用同書、日本古典文学大系「万葉集一」の補注三・音すなり・三二四〜三二六頁によれば、音《な》は日《か》（ka）、日《け》（kë）などの、a〜ë、の母音交替から類推される、音《な》（na）〜音《ね》（në）〜音《ね》（ne）、の変化から、音《ね》の古形であるという。

まとめると、ヒウ・ティはヒウ・風《ち》で、ヒウの風、すなわち、ヒウと鳴って吹くその風で、鏑矢の飛翔音のことであるが、これは鏑矢のそれであるからここでは転じて、鏑矢の意である。ヒウ・ナはヒウ・鳴《な》で、ヒウの音、すなわち、ヒウと鳴って吹くその風の音で、鏑矢の飛翔音のことであるが、これも同様に鏑矢のそれであるから、ここでは転じて、鏑矢の意である。したがって、その日本音はヒウ風《ち》で、鏑矢の意である。

字義（原義）である。葷は韮《にら》などの味の辛い菜、粥は米に沢山の水を入れて柔らかく煮た食べ物の意をいう。まとめると、葷の粥で、韮などの味の辛い菜の米のお粥の意であるが、その日本音から以下の洒落による洒落名称である。

葷粥《ひうち》——韮《かみら》（kamira）の粥《かゆ》——日霊炉《かみら》（kamira）の日揺《かゆ》——ヒウ風《ち》（hiüti）——鏑矢《ひうち》（hiüti）

葷粥《ひうち》である。葷はカミラ（kamira）、粥はカユ（kayu）という。その原義は共に未詳である。したがって、その洒落は右である。

韮《かみら》の粥《かゆ》である。これはその原義が未詳なので、とりあえずその洒落は語呂合わせである。

日霊炉《かみら》の日揺《かゆ》である。日霊炉《かみら》である。これは日の霊の、炉で、太陽の神霊の、日真門《かまど》、すなわち、日神の、太陽の真実の門で、天界の神門（天の石屋戸）の意である。日揺《かゆ》である。これは日の揺で、太陽の震動の意である。揺《ゆ》は未詳であるが、後世の震動（振動）する意の四段活用の動詞、揺《ゆ》る、の語幹を推定した。まとめると、天界の神門（天の石屋戸）の、太陽の震動で、大の斎晴れの瞬間の意である。したがって、その洒落はこれ関係のものであることになる。とすると、大の斎晴れの瞬間は天地が鳴動する、そこで、その洒落はその天地鳴動の音と解される。

なお、韮と粥の原義である。洒落名称の洒落は原義（語源）のそれが多い。したがって、右は語呂合わせではなく、原義の洒落である可能性がある。そうであれば、韮の原義は日霊炉《かみら》、粥《かゆ》は日揺《かゆ》ということになる。そこで、ご参考までにご案内すると、前者は、

韮《かみら》——辛《から》——日《か》ら——日霊炉《かみら》

の洒落による洒落名称である。韮は食すと辛い。日《か》らは日射する意の四段活用の動詞、日《か》る、の未然形の名詞化で、日射の意である。この日射は天界の神門（天の石屋戸）である。後者は、

粥《かゆ》——クツ——日出《くつ》——日揺《かゆ》

の洒落による洒落名称である。粥はグツグツと煮る。クツはそのグツグツで、未詳であるが、後世のそれを推定した。日出《くつ》は日が出で、太陽が出現する、すなわち、大の斎晴れの瞬間の意である。日は未詳であるが、日《か》（ka）——日《く》（ku）、のa〜uの母音交替で、太陽の意である。後章の狗邪《こうじゃ》韓国でまたご案内する。この大の斎晴れの瞬間は日揺《かゆ》する。

ヒウ風《ち》である。これは鏑矢飛翔音である。したがって、大の斎晴れの瞬間のその天地鳴動はヒウ（ヒュー）と鳴ることになる。何と荘厳雄大な劇的表現であろうか。

以上、葷粥は字義の洒落名称を兼ねた音訳で、その日本音はヒウ風《ち》で、鏑矢の意、その字義（原義）は韮の粥で、洒落名称で、鏑矢の意で、ヒウ風《ち》で、鏑矢の意である。

そこで、匈奴である。その日本音である。これはヒウナ（hiüna）であった。ヒウナ（hiüna）は右から、ヒウ鳴《な》（hiüna）で、鏑矢の意である。

字義（原義）である。匈は騒ぐ、奴は奴隷の意をいう。まとめると、匈の奴で、騒ぐ奴隷の意であるが、その日本音から以下の洒落による洒落名称である。

匈奴《ひうな》――騒《さわ》ぐ奴《やっこ》――ヒウ鳴《な》（hiüna）――鏑矢《ひうな》（hiüna）

騒《さわ》ぐ奴《やっこ》である。これといえば、その騒ぎ声はその奴隷が下賤であることから、まるでヒューヒュー鳴る空っ風（北風）のように騒々しいものであることになる。したがって、その洒落は連想である。

ヒウ鳴《な》である。これはまた、鏑矢飛翔音である。

以上、匈奴は字義の洒落名称を兼ねた音訳で、その日本音はヒウ鳴《な》で、鏑矢の意、その字義（原義）は騒ぐ奴隷で、洒落名称で、鏑矢の意で、ヒウ鳴《な》で、鏑矢の意である。

この匈奴の意味は葷粥と同じである。したがって、匈奴は葷粥の子孫ということになるので、その別れで、中国北方の騎馬遊牧民であることになる。また、その古代日本語から、日本民族であることになる。

図28　家屋文鏡
宮内庁提供より転載

匈奴は天皇族

鏑矢はご覧の「家屋文鏡《かおくもんきょう》」が明記している。鏡は青銅製、奈良県北葛城郡河合町佐味田《さみた》の佐味田宝塚古墳出土、年代は三世紀後半～四世紀後半頃、その絵画は一般に文様（図柄）とされていて、未解読である。

この「家屋文鏡」は一見すると文字通りのただの単なる家屋の文様（図柄）のように見えるが、しかしよく見ると実に奇妙な絵である。まず、第一はその附属の文様である。ご覧のように建物の回りには訳の分からない絵が散在している。これらはいずれも建物とは直接何の関係もなさそうなものばかりである。したがって、「家屋文様」が文字通りの単なる家屋の文様（図柄）だとすれば、当然その存在の必然性が問われることになる。

第２画

図29　「家屋文鏡」第1画・第2画　　図28（115頁）模写（文字は本書）

第二はその附属の文様の衣笠《きぬがさ》である。これはご覧の第二画（図29）と第三画にある。左側の長柄の笠（傘）がそれである。衣笠は天皇や貴族が外出の際、背後から差し翳した長柄の笠をいう。したがって、王侯貴族の象徴となるので、ここでは大王（天皇）を象徴したものと解することができる。とすれば、第二画の大きな建物は宮殿ということになる。が、第三画の方はこれは立穴式住居で一般庶民のそれであるから、そうはいかない。ということは何か別のもので、大王（天皇）に関するものであることになる訳であるから、当然のことながら判じ絵ということになる。

　という次第で、「家屋文鏡」は古代日本語の絵文字と結論される。

　では、その鏑矢である。これは第三画であるが、その文章は第一画～第三画である。第一画は中央の四本の木、第三画は第二画の反対側である。その詳細の程はいずれ機会を得てご案内するが、次の通りである。順に、第一画である。これは四本の木である。したがって、その絵言葉《えことば》は四木《しき》で、その洒落は以下の通りである。絵言葉は以下、絵の言葉の意で、その絵文字の読み方のことである。これが分からないとその解読は不可能である。

　四木《しき》（sikï）――息木《しき》（sikï）――磯城《しき》（sikï）

四木《しき》である。四《し》である。これは一般に、その一～十の数は漢語が日本語化したものとされているが、その詳細の程はいずれ機会を得てご案内するが、そうではなく逆で、日本語が漢語化したもので、古来よりの日本語で、その原義は息《し》で、息吹の意である。例えば、一は斎霊《いち》、二は瓊《に》、三は真産《さむ》、四は息《し》、五は日《ご》で、斎霊《いち》の、瓊《に》の、真産《さむ》の、息の、日《ご》、すなわち、神聖な神霊の、新魂の、真実の生成の、息吹の、日光で、初日の御魂神の、新魂の真実の生成の息吹の、日光の意である。日本民族はこうして、その数を発明し、その神聖な冬至の日を計算して、ドンピシャ割り出し、その新嘗祭を祭祀した。でなければその蘇りは不可能となる。正に必死であったことであろう。したがって、その洒落は原義で、右である。

息木《しき》である。これは息の木で、息吹の木、すなわち、ここでは新魂の神光（日光）が日射する新嘗祭の高御座のその、神木の意味である。したがって、その洒落は原義で、右である。

磯城《しき》である。これは「古事記」綏靖《すいぜい》に、

　師木県《しきのあがた》

とあり、奈良県桜井市、磯城郡、天理市南部、橿原市東北部辺りをいう。師木はシキ（sikï）

である。県《あがた》は大和朝廷の直轄領をいう。その領域は現在の郡に相当する。磯城の原義は未詳である。が、これは後章でご案内するが、邪馬壱国の諸国の一の蘇奴《そど》国がこの磯城であるので、これなどから解明することができる。結論すると、その原義は右の、息木《しき》である。

第二画である。中央である。これは大きな高床式の建物である。右側である。これは二重の枠の中に鳥が止まっているものである。左側である。これは二重の囲いのようなものである。

中央である。この高床式の建物はその衣笠から、大王（天皇）の宮殿であることになる。したがって、その絵言葉は大宮《おほみや》である。

左側である。これはその宮殿から、城柵、土塁、空堀、水堀などを表現したものであることが考えられる。その場合、よく見ると、その上方部が一方的に空いている。これは前三者はその防備上考えにくい。ということは残る水堀ということになる。これは川などからの取水があるので、その空きの部分は川などのそれということになる。したがって、水堀であることになるので、その絵言葉は水垣《みづがき》である。

ここで、第一画と第二画の中央と左側の絵言葉をまとめると、次の通りである。

息木《しき》　の　水垣《みづがき》　の　大宮《おほみや》

この絵言葉の洒落は次の通りである。

息木《しき》（sikï）　の　水垣《みづがき》　の　大宮《おほみや》――磯城《しき》（sikï）　の水垣《みづがき》　の　大宮《おほみや》

「家屋文鏡」の年代は三世紀後半～四世紀後半頃であった。したがって、この「磯城の水垣の大宮」の天皇（大王）は四世紀後半頃以前のそれであることになる。そこで、その歴代天皇

表３　４世紀後半頃までの歴代天皇

代数	天皇(諡号)	代数	天皇(諡号)	代数	天皇(諡号)	代数	天皇(諡号)
1	神《じん》武《む》	6	孝《こう》安《あん》	11	垂《すい》仁《にん》	16	仁《にん》徳《とく》
2	綏《すい》靖《ぜい》	7	孝《こう》霊《れい》	12	景《けい》行《こう》	17	履《り》中《ちゅう》
3	安《あん》寧《ねい》	8	孝《こう》元《げん》	13	成《せい》務《む》	18	反《はん》正《ぜい》
4	懿《い》徳《とく》	9	開《かい》化《か》	14	仲《ちゅう》哀《あい》	19	允《いん》恭《ぎょう》
5	孝昭《こうしょう》	10	崇《す》神《じん》	15	応《おう》神《じん》		

日本古文学大系新装版「古事記祝詞」（岩波書店：1947年）などから作成

を見てみると、唯一、第十代崇神《すじん》が該当する。崇神の宮殿は「古事記」崇神の后妃皇子女の条が次のように記している。

師木水垣宮《しきみづがきのみや》

これは原文で、師木の水垣宮で、磯城の水垣宮の意である。これから、崇神のその宮殿は史実であることになる。

また、同崇神はその崩御干支を次のように記している。

戊寅《つちのえとら》年十二月崩

戊寅は一般に、二五八年、または、三一八年とされている。したがって、これからも妥当であることになる。また、その崩御干支は史実である可能性が高いことになるので、同書のそれは史実と解することができることになる。

以上から、この「家屋文鏡」の天皇（大王）は第十代崇神と解される。なお、第二画の右側であるが、これはいずれ機会を得てご案内する。

さて、第三画（図30）である。中央である。これは立穴式住居である。中央の上側である。これは二つの何かの動物らしきものである。右側である。これは二重の枠の中にいる上半身の人である。左側である。これは衣笠である。

第３画

図30 「家屋文鏡」第3画　　図29（116頁）同

中央である。これは日本古来よりのものであるが、なぜかその内側をわざわざ見せている。ご覧のように内も外もさして変わらない粗末なものである。ということは当然何かを意図していて然るべきであるから、ご覧の通りの内も外も全部丸丸粗末な家であることを表現したもので、荒屋を表意したものであることになる。したがって、その絵言葉は全醜《うつしこ》屋《や》である。これは全の、醜の屋で、全部丸丸の、醜い屋、すなわち、全部丸丸の、粗末な屋で、荒屋の意である。

中央の上側である。これは全く不鮮明で判別不能なので、割合する。

右側である。これは要するに、枠の中にいる人である。したがって、その絵言葉は枠子《わくご》である。これは枠の子で、枠の人の意である。子はまた人の意をいう。なお、その二重の枠は後節で改めてご案内する。

左側である。これは大王（天皇）を象徴するものであった。したがって、その絵言葉は大王《おほきみ》（天皇）である。

まとめると、その絵言葉は右側、中央、左側で、次の通りである。

枠子《わくご》　の　全醜屋《うつしこや》　の　大王《おほきみ》（天皇）

その洒落は次の通りである。

枠子《わくご》　の　全醜屋《うつしこや》　の　大王《おほきみ》（天皇）——若子《わくご》　の　全醜矢《うつしこや》　の　大王《おほきみ》（天皇）——少年《わくご》　の　鏑矢《くな》　の　大王《おほきみ》（天皇）——少年《わくご》　の　匈奴《くな》（鏑矢）　の　大王《おほきみ》（天皇）

若子《わくご》の、全醜矢《うつしこや》の、大王《おほきみ》（天皇）である。若子《わくご》である。これは若の子で、若の人、すなわち、少年の意である。少年は「日本書紀」崇神《すしゅん》元年前秋七月条の分注に

古《いにしへ》の俗《ひと》、年少児《わらは》の年《とし》、十五六《とをあまりいつつむつ》の間は、束髪於額《ひさごはな》す。十七八《とをあまりななつやつ》の間は、分けて角子《あげまき》にす。今亦然り。

とあり、数え年で十七、八歳、満で十六、七歳までをいう。

全醜矢《うつしこや》である。これは全の、醜の矢で、醜はここでは強く恐ろしいことで、全部丸丸の、強く恐ろしい矢、すなわち、全く、強く恐ろしい矢で、以下から、鏑矢の意である。全醜矢といえば、「古事記」神代の葦原中国《あしはらなかつくに》の平定の、天若日子《あめのわかひこ》の条に、

是《ここ》を以《も》ちて高御産巣日神、天照大御神、……天之波波矢《あめのははや》を天若日子《あめのわかひこ》に賜ひて遣はしき。

とあり、この天之波波矢《あめのははや》がある。これは原文で、天の波波矢の意である。この矢は右両神が天若日子に下賜したものである。両神は蛇神（竜神）であった。したがって、天の羽波矢は天

の大蛇矢《ははや》の意と解される。これは天の、大蛇の矢で、天界の、大蛇の矢、すなわち、天界の、初日の御魂神の矢で、以下から、天界の、鏑矢の意である。初日の御魂神は雷神でその雷象は全醜、また、その冬至の天地鳴動は鏑矢飛翔音である。したがって、天の大蛇矢は全醜矢で、鏑矢ということになる。

少年《わくご》の、鏑矢《くな》の、大王《おほきみ》（天皇）である。鏑矢《くな》である。これは日本国ではヒウナではなく、クナとなる。また、匈奴《くな》の原義である。

以上、第一画〜第三画をまとめると、次の通りである。

磯城《しき》の　水垣《みづがき》の大宮《おほみや》　の　少年《わくご》の匈奴《くな》（鏑矢）の大王《おほきみ》（天皇）

右から、匈奴は天皇族である。また、第十代崇神は実在の天皇（大王）で、十六、七歳未満の頃即位したことになる。この崇神の没年はその崩御干支戊寅から二五八年である。これは三世紀の邪馬壱国時代である。したがって、その天皇（大王）から、東王朝王の匈奴が西王朝の邪馬壱国を撃って、日本を平定、統一したことになる。また、したがって、後世の歴代天皇は実際は匈奴に始まるものであることになる。

匈奴皇帝の称号

第一代神武以下の歴代天皇はなぜか無姓である。王者たる者が無姓というのは世界的にも珍しい。が、匈奴はその歴代天皇であるが、姓がある。「漢書《かんじょ》」匈奴伝（七八年頃成立）が次のように記している。
　云く、単于《ぜんう》姓は攣鞮《れんてい》氏。（和刻本正史「漢書」二《汲古書院・昭和四十七年》。以下同）
匈奴の単于《ぜんう》の姓は攣鞮《れんてい》という。単于は匈奴の皇帝の称号をいう。まず、単于である。その日本音（匈奴音）である。これは単はディァン（dhian）、于はウィゥァッグ（ɦuag）で、ディウィ（diwï）、以下、ヂヰ（diwi）で、その現代音はヂイである。wï乙類はわが国の古代日本語では未詳なので、以下、wi甲類とする。また、ɦ（hの濁音）のその日本音は以下、wa行音とする。
字義（原義）である。単は尽きる、于は往《ゆ》く意をいう。まとめると、単の于で、尽きるの往くの意であるが、その日本音から以下の洒落による洒落名称である。
　単于《ぢゐ》——尽《つ》くの往《ゆ》く——黄泉国《よみのくに》——霊居《ぢゐ》（diwi）——霊座《ぢゐ》（diwi）
尽《つ》くの往《ゆ》くである。これはそのまま、尽くの往くで、尽きるの往く、すなわち、ここでは人の命が尽きるの往くで、死ぬの往く、といえばあの世へ行くことであるから、黄泉国《よみのくに》へ往く意である。黄泉国は死者の国をいう。
黄泉国《よみのくに》である。これは「古事記」神代の伊邪那岐命と伊邪那美命の、黄泉国の条に、
　是に其の妹伊邪那美命《いもいざなみのみこと》を相見《あひ》むと欲《おも》ひて、黄泉国《よみのくに》へ追ひ往《ゆ》きき。……頭《かしら》には大雷《おほいかづち》居《を》り、胸には火《ほの》雷居り、腹には黒《くろ》雷居り、陰《ほと》には拆《さき》雷居り、左の手には若《わか》雷居り、右の手には土《つち》雷居り、左の足には鳴《なり》雷居り、右の足には伏《ふし》雷居り、并《あは》せて八雷神《やはしらのいかづちがみ》成り居りき。
とあり、この八雷神がいる。この黄泉国はその詳細の程はいずれ機会を得てご案内するが、

死者の国であると共に、また、その死者が現世に蘇る為のその復活の養生をする所でもある。雷神は発芽と結実の神であった。死者はその死後黄泉国へ往く。が、右同条に、

黄泉戸喫《よもつへぐひ》

とあり、これをしないとただの死者で、黄泉国の人になって養生をして、現世に復活することができない。黄泉戸喫《よもつへぐひ》は黄泉《よも》、つ、戸喫《へぐ》ひで、黄泉、の、竈食《へぐ》ひ、すなわち、黄泉国の竈で煮炊きしたものを食べることをいう。この黄泉国の人になるということは死者がただの死者から黄泉国の人の死者に蘇るということである。これにはその雷神の発芽の霊力が不可欠である。また、その養生は黄泉つ竈食ひなどをすることであるが、これは要するにその復活の結実をすることであるから、これまたその結実の霊力が不可欠となる。

ということで、その八雷神が黄泉国にいるのはその死者復活の為であることになる。また、これから黄泉国は雷神の居所であることになる。したがって、その洒落は連想で、右である。

この黄泉国とその黄泉つ竈食ひなどはその詳細の程はいずれ機会を得てご案内するが、ご覧のエジプトの「アハ王のラベル」中段がその古代日本語の絵文字（ヒエログリフ）で明記している。エジプト国ナカーダ出土、年代は前三十世紀初期頃、ラベル（札）は油壺のそれで、未解読である。

中段は右、中、左の三区画である。右は上部は黄泉国の神門の忍び返しを見ている人で、現世に引き返せないことを表意、下部は神門を入って来たアハ王と高御産巣日神、神産巣日神、天照大御神で、その黄泉国入国を表意したものである。中は死者養生の食事を作る高御産巣日

図31　アハ王のラベル
編著者松本弥「古代エジプトの遺宝『カイロ・エジプト博物館・ルクソール美術館への招待」（弥呂久・1997年）より転載

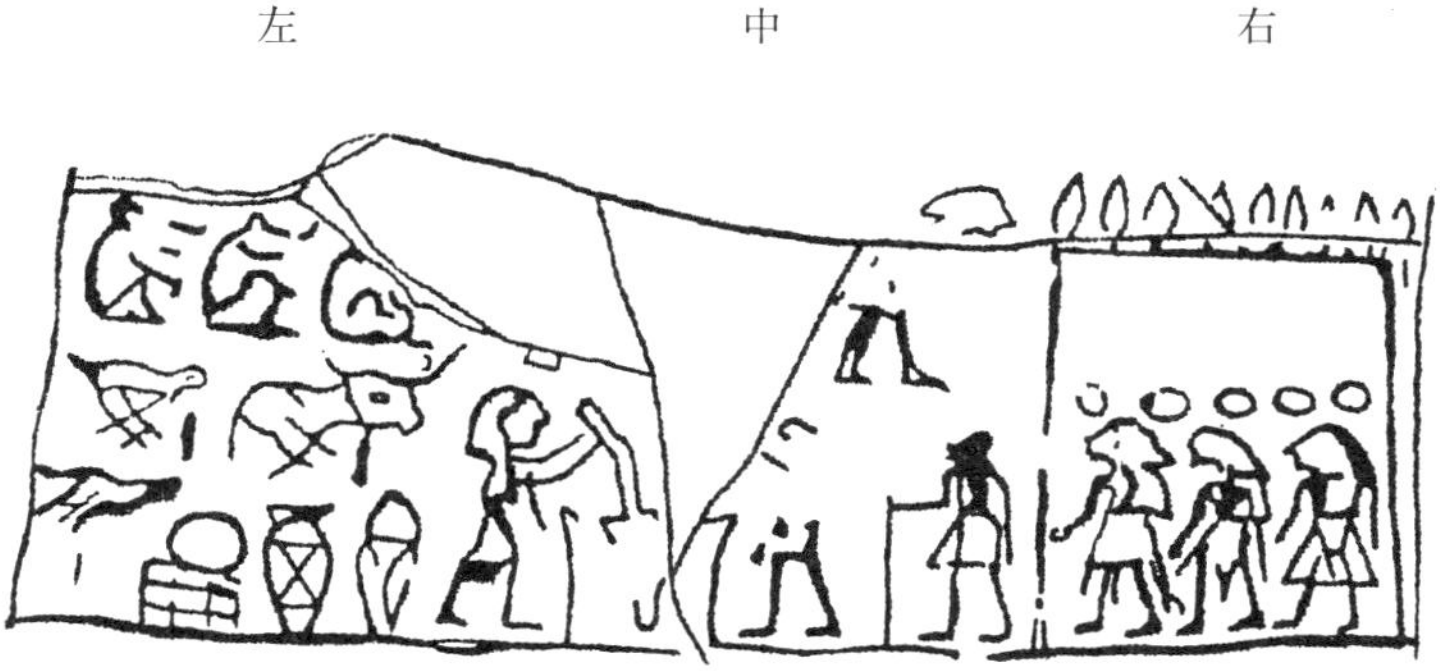

図32 「アハ王のラベル」中段
図31より転載（文字は本書）

神と神産巣日神とその大臼で、その作業を表意したものである。左は上部は三人の奴隷《やっこ》で、斎晴れの三神を表意、中部は高御産巣日神と神産巣神と天照大御神で、三神を表意、下部は二つの壺と台の上のパンで、高御産巣日神の神酒《みき》と神産巣神の聖油、天照大御神の聖パンを表意したものである。

　霊居《ぢゐ》である。これは霊の居で、神霊の居所の意である。この居《ゐ》は居る意の上二段活用の動詞、居《う》、の連用形の名詞化である。この居《う》（wu）はまた、座る意の座《う》（wu）でもある。したがって、その洒落は同源で、右である。

二番目の、霊居《ぢゐ》である。これは霊の居で、神霊の座所、すなわち、神座であるが、ここではその神霊は初日の御魂神（雷神）で、新嘗祭のその神木の、神座の意である。

日本音（匈奴音）の、ヂヰ（diwi）である。これは右から、霊居《ぢゐ》（diwe）で、新嘗祭のその神木の、神座の意である。

以上、単于は字義の洒落名称を兼ねた音訳で、その日本音は霊居《ぢゐ》で、新嘗祭の神木の神座の意、その字義は単の于で、洒落名称で、同じくその神座の意である。この称号は匈奴皇帝がその神座の主、天照大御神の子孫であるところからのものである。

匈奴皇帝の姓

その姓の攣鞮《れんてい》である。その日本音（匈奴音）は攣はリゥアン（luan）、鞮はテル（ter）で、リウテ（lïute）、その現代音はリウテである。la行音は古代日本では未詳である。したがって、以下、la行音はra行音とする。また、その場合、rï乙類は未詳なので、lïはri甲類で、リウテ（riute）である。

匈奴の祭祀は「後漢書《ごかんじょ》」南匈奴列伝の匈奴の俗云云の条（四二六年頃成立）に、

匈奴の俗、歳ごとに三の竜祠有り、正月、五月、九月の上戊《かみのぼ》の日を以って、天神を祭る。

（和刻本正史「後漢書」―《汲古書院・昭和四十八年》。以下、後漢書は同史本による）

とあり、この天神と竜祠から、天照大御神以下の初日の御魂神祭祀であることになる。竜祠は竜の祠で、竜はここでは竜神、祠は神が降臨する仮設小屋や祭壇などの社《やしろ》（屋代）で、竜神の社の意である。したがって、この初日の御魂神祭祀から、そのリウテのリウは竜《りう》神の意であることが考えられることになる。これから、リウテは竜《りう》神・テということになる。

匈奴の単于の姓はまた、右同列伝の単于の姓は云云の条に、

単于姓は虚連題《きょれんだい》

とあり、南匈奴の単于の姓を虚連題という。匈奴は四八年に北匈奴と南匈奴に分裂した。したがって、これはその時南匈奴が改姓したものである。日本渡来の匈奴は北匈奴皇帝の嫡流皇孫である。

その日本音（匈奴音）である。これは虚はヒィアッグ（hıag）、連はリィアン（lıan）、題はデッグ（deg）で、ヒリデ（hïride）、その現代音はヒリデである。ha行音は古代日本には存在しなかった。したがって、匈奴音のha行音は年代的にpa行音に相当することになるが、以下、

そのままとする。このヒリデはその改姓と初日の御魂神祭祀から、リウテと同義である可能性が高い。とすれば、リウテは竜神《りう》・テで、その竜神は斎晴れの三神であるから、これ関係のものであることになるので、ヒリデ（hïride）は放り出《ひで》（hïride）ということになる。これは放り《ひ》の出《で》で、噴出の出現、すなわち、大の斎晴れの瞬間の意である。放り《ひ》は未詳であるが、「新撰《しんせん》字鏡《じきょう》」巻第二・尸部第三十二（八九八〜九〇一年頃成立）に、

放屁　戸比留《へひる》（京都大学文学部国語学国文学研究室編「天治本『新撰字鏡』」《臨川書店・昭和五十四年》。以下同）

とあり、この後世の比留《ひる》を推定した。戸比留《へひる》は屁放《へひ》るで、放《ひ》るは体外へ排泄する意の四段活用の動詞、放《ひ》る、をいう。放《ひ》りはその連用形の名詞化で、ここではその放屁から、噴出（放出）の意である。発音は古代のそれは未詳であるが、その匈奴音から、pïriということになる。

この放りはご覧の中国の「竜虬荘陶文」第二画・右（前二十一世紀初期頃）が明示している（図33）。その詳細の程はいずれ機会を得てご案内するが、左は既述のアルタイ語族の宗教的垂直的世界観のその世界が天地鳴動した様で、大の斎晴れの瞬間、中は釣人で、漁《いざ》り、右は肛門から冬至形を噴出（放出）している仰向けの魚で、放り出《ひで》の冬至《はつはる》の逆《さか》の魚《うを》というもので、その洒落は以下の通りである。

大《おほ》の斎晴《いは》れの瞬間《きは》　の　漁《いざ》り（idzari）　の　放り出《ひで》の冬至《はつはる》の逆《さか》の魚《うを》——大《おほ》の斎晴《いは》れの瞬間《きは》

の　誘《いざ》り（idzari）の　放り出《ひで》の冬至《はつはる》の真日《さか》の初神光《うを》——大《おほ》の斎晴《いは》れの瞬間《きは》の、新魂《あらたま》の神光《を》

大《おほ》の斎晴《いは》れの瞬間《きは》の、漁《いざ》りの、放り出《ひで》の冬至《はつはる》の逆《さか》の魚《うを》である。瞬間《きは》（kipa）である。これは

図33「竜虬荘陶文」第2画
図18（83頁）より模写（文字は本書）

未詳であるが、後世の極限の意の際《きは》から類推した。瞬間は要するに極限である。際は一般に、切《き》り端《は》の略とされている。したがって、瞬間《きは》の発音は当時頃はキパ（kipa）で、その旧仮名遣いはキハである。現代ハ行音は一般に、pa行音～fa行音～ha行音、と変化したとされている。

漁《いざ》りである。これは漁をする意の四段活用の動詞、漁《いざ》る、の連用形の名詞化で、漁の意をいう。漁るの原義は未詳である。が、右の洒落から、率《いざ》る（idzaru）ということになる。これは相手を誘う時などに呼びかける感動詞の率《いざ》を活用した四段活用の動詞で、誘う意である。この率《いざ》は誘う意の四段活用の動詞、誘《いざな》ふ（idzanafu）から類推した。誘ふの原義は一般に、率《いざ》なふ（idzanafu）とされている。なふはその行為をする意の動詞をつくる四段活用の接尾語をいう。すなわち、魚などをイザ、イザと釣針、網、仕掛などに誘って、漁をするというものである。なんとも日本的ではある。したがって、これから同源の誘《いざ》る（率る）が類推されるので、その洒落は右である。

冬至《はつはる》の逆《さか》の魚《うを》である。冬至《はつはる》である。これは新年元旦の夜明けであるから、初晴《はつは》るの意である。この初晴るはその初新春から、また、初春《はつはる》でもある。魚《うを》である。その原義は未詳である。が、その前の二十一世紀初期頃の年代から、古来よりの新嘗祭関係のものであることになるので、その洒落名称である可能性が高い。とすれば、魚は水中にいる食料であるから、水《みづ》（midu）の食《か》ということになる。この洒落は、

水《みづ》（midu）の食《か》――霊蛇《みづ》（midu）の日《か》――初神光《うを》（uwo）――魚《うを》（uwo）

ということで、魚《うを》となる。この魚はまた、魚《を》（wo）ともいう。この場合は神光《を》（wo）ということになる。

水《みづ》の食《か》である。水《みづ》である。その原義は未詳である。が、水は蛇神（竜神）の賜物であるから、右の洒落からも、霊蛇《みづ》（midu）と解される。これは霊の蛇で、神霊の蛇、すなわち、蛇神（竜神）の意である。

霊蛇《みづ》の日《か》である。これは蛇神（竜神）の日光で、ここでは初日の御魂神の日光、すなわち、大の斎晴れの瞬間の神光の意である。したがって、その洒落は以下右である。ということで、右の洒落名称と解される。

字義（原義）である。虚は偽り、連は連なる、題は突端の意をいう。まとめると、虚の連の、題で、偽りの連なるの、突端の意であるが、その日本音の放り出から以下の洒落による洒落名称である。

虚連題《ひりで》――偽《いつは》り（itupari）の連《つら》なるの、真先《まさき》――斎蛇張《いつは》り（itupari）の連《つら》なるの、真先《まさき》――斎蛇晴《いつは》り（itupari）の連《つら》なるの、真先《まさき》――放《ひ》り出《で》

偽《いつは》りの連《つら》なるの、真先《まさき》である。偽《いつは》りである。その原義は未詳である。が、右の洒落から、斎《い》蛇《つ》晴《は》り（itupari）の意であることになる。これは斎の蛇の、張りで、神聖の蛇の、膨れ、すなわち、既述の厳《いつ》の神光《を》蛇《は》張《ば》り神《のかみ》と同様の表現で、蛇行（雷光）の意である。蛇行（雷光）はその横動きの運動から、横ということになる。したがって、縦（経）は正、横（緯）は不正とする観念においては不正であることになる。偽は不正の意をいう。したがって、その洒落は原義で、右である。

斎《い》蛇《つ》張《は》りの連《つら》なるの、真先《まさき》である。張《は》りである。これは伸し広げる、はち切れそうに膨らむなどの意の四段活用の動詞、張《は》る、の連用形の名詞化で、ここでは右の膨れの意である。その原義は未詳である。が、その意味は要するに、一方の端から他方の端へ伸び広がる（伸張する）ということであるから、端関係のものであることになる。そこで、その端を活用した四段活用の動詞、端《は》る、と解される。とすると、晴《は》るである。これは空が晴れる意をいうが、その原義は未詳である。が、その晴れる状態は晴れ間が伸張する様であるから、端《は》るであることになる。これから、張《は》ると晴《は》るは同源であることになる。したがって、その洒落は同源で、右である。

斎《い》蛇《つ》晴《は》りの連《つら》なるの、真先《まさき》である。斎《い》蛇《つ》である。これは斎の蛇で、神聖の蛇、すなわち、ここでは初日の御魂神の意である。晴《は》りである。これは未詳であるが、空が晴れる意の下二段活用の動詞、晴《は》る、から類推される同意の四段活用の動詞、晴《は》る、の連用形の名詞化で、空が晴れることであるが、ここでは空は夜空で、夜空が晴れることの意である。連《つら》なるである。これはここでは連なる物の意である。真先《まさき》である。これは真の先で、真は純粋な状態の意を添える接頭語で、純粋な先端、すなわち、最先端の意である。まとめると、初日の御魂神の夜空が晴れることの連なる物の、最先端で、冬至の夜明けの連なる物の、最先端、すなわち、といえばその連なる物は新魂の神光（日光）であるから、新魂の神光（日光）の、最先端で、放《ひ》り出《で》の意である。

以上、虚連題は字義の洒落名称を兼ねた音訳で、その日本音は放《ひ》り出《で》で、大の斎晴れの瞬間の意、その字義は虚の連の、題で、洒落名称で、同じく大の斎晴れの瞬間の意である。

では、竜神・テである。これは右から、大の斎晴れの瞬間の意であることになる。したがって、竜神・テは竜神出《りうて》の意と解される。これは竜神の出で、竜神の出現、すなわち、初日の御魂神の出現で、大の斎晴れの瞬間の意である。出《て》は未詳であるが、現れる意の下二段活用の動詞、出《づ》、から類推されるその清音の、出《つ》、の連用形の名詞化である。

字義（原義）である。攣はずるずると引っ張る、攣は平らな皮革の意をいう。まとめると、攣の鞮で、ずるずると引っ張るの、平らな皮革、すなわち、引っ張って伸ばして鞣した、鞣皮であるが、その日本音の竜神出《りうて》から以下の洒落による洒落名称である。

攣鞮《りうて》——鞣《なめし》（nametsi）——滑為《なめし》（nametsi）——竜神出《りうて》

鞣《なめし》である。これは未詳であるが、後世のそれを推定した。鞣皮の意をいう。その原義は一般に、滑為《なめし》の意とされている。これは滑に為で、滑らかに為ることの意である。

次の、滑為《なめし》である。滑《なめ》である。これは滑らかなことの意をいう。したがって、滑滑《すべすべ》に同義である。これは滑るように滑らかな様の意をいう。この滑《すべ》はその原義は未詳であるが、四段活用の動詞、滑《すべ》す、滑《すべ》る、の語幹である。前者は滑らせる意をいう。したがって、滑降を意味する。この滑滑、滑す、滑るは皆未詳であるが、後世のそれを推定した。これから、滑《なめ》はまた滑《すべ》で、滑降を意味することになる。為《し》である。これは為《す》る意のサ行変格活用の動詞、為《す》、の連用形で、為る意である。まとめると、滑《なめ》を為《し》で、滑降を為る意である。

この滑降はその詳細の程はいずれ機会を得てご案内するが、その大の斎晴れの瞬間の意からこれをする為のものであることになる。この大の斎晴れの瞬間は天界と地界の境界にある天界の神門（天の石屋戸）で行われる。その天界と地界は日本民族は何時の頃からか、丸いと考えていた。これはおそらく、日神のその太陽が丸いことから天界は丸い、地界はその天界と対称に向き合っているとして、丸いとそう考えたのであろう。したがって、日本民族は古来より地球は丸いとそう考えていたことになる。この事実は前掲の「竜虬荘陶文」第三画・左（図19・八三頁）のそのアルタイ語族の宗教的垂直的世界観が明示している。その天界と地界は弧線で表現されている。ということは両者は球形状であることになる。これから、その斎晴れの三神はその丸い天界は滑降することになるので、滑降して、天界の神門（天の石屋戸）へ来て、大の斎晴れの瞬間をすることになる。したがって、滑降をするということは大の斎晴れの瞬間をするということであるから、滑為《なめし》は大の斎晴れの瞬間を意味することになる。ということで、その洒落は同義で、右である。

以上、攣鞮は字義の洒落名称を兼ねた音訳で、その日本音は竜神出《りうて》で、大の斎晴れの瞬間の意、その字義は虚の連の、題で、洒落名称で、同じく大の斎晴れの瞬間の意である。

右から、匈奴皇帝の姓はこの竜神出《りうて》である。
なお、既述の「家屋文鏡」第三画・右（図30・一二〇頁）の、二重の枠である。これは右から、その洒落は次の通りである。

二《ふ》の枠《わく》――震《ふ》の涌《わ》く――竜神出《りうて》――竜神出氏《りうてうぢ》

震《ふ》の涌《わ》くである。震《ふ》である。これは震動する意の四段活用の動詞、震《ふ》る、の語幹で、震動であるが、ここでは天地鳴動の意である。したがって、震の涌くは天地鳴動の涌出するで、大の斎晴れの瞬間の神光が涌出する、すなわち、大の斎晴れの瞬間の意である。これは竜神出《りうて》である。したがって、その洒落は以下同義と連想で右である。なお、竜《りう》（竜神）である。これは一般にその漢音が日本語化したものとされているが、右からそうではなく、古来よりの日本語である。

卑弥弓呼の名称解釈

「魏志」倭人伝はその東西王朝の交戦とその後を次のように記している。

其の八年、太守王頎《おうき》官に到る。倭女王卑弥呼《ひみこ》と狗奴《こうど》国男王卑弥弓呼《ひみきゅうこ》とは素《もと》より和せず、倭の載斯烏越《さいしうえつ》等を遣わして郡に詣《いた》りて相攻撃する状を説く。……卑弥呼以《すで》に死し、大いに冢《つか》を作り、径百余歩、徇葬する者奴婢《ぬひ》百余人。男王に更《か》え立てしも、国中服さず、更《さら》に相誅殺し、時に当りて千余人を殺す。

日本国女王卑弥呼は二四七年（正始八年）以後に死亡している。そして、その死後、日本国王は男王となったが、日本国中が服従せず、戦乱となったという。

この卑弥呼死亡後の経緯はその東西王朝交戦から、両王朝によるものであることになる。そうであれば、その男王は東王朝の、狗奴国男王の卑弥弓呼《ひみきゅうこ》ということになる。すなわち、天皇族の匈奴王の卑弥弓呼が日本国（倭国）を平定、統一したことになる。ということは卑弥弓呼は歴代天皇の一人であることになる。では、それは何天皇であろうか。

そこで、まずはその卑弥弓呼の解釈である。まず、その日本音である。これは卑はピィエッグ（pieg）、弥はミィエアル（miĕr）、弓はキィゥアング（kɪuaŋ）、呼はハァッグ（hag）で、ピミキハ（pimikiha）、その現代音はヒミキハである。ハ（ha）である。ha行音は古代日本には存在しない。が、誤記の類ではない。例えば、卑弥呼、不呼国、呼邑国がある。では、存在しないはずのものがなぜ、存在するのであろうか。この「魏志」倭人伝は中国の史書である。したがって、その原文は魏使ということになるので、魏使が聞き間違えたことになる。では、どう聞き間違えたのであろうか。

ハ行音は、pa行音〜fa行音〜ha行音、と変化した。万葉時代（四世紀中頃〜八世紀頃）はfa行音である。したがって、邪馬壱国時代（三世紀頃）はその前であるから、例えば、この卑弥呼や卑弥呼などのpa行音から、当時のハ行音はpa行音〜fa行音への移行過渡期にあったことになる。そうした場合、コリャードの「日本文典」読者に寄する序（一六三二年刊）に、

fは、日本のある地方ではラテン語におけるように発音されるが、他の地方ではあたかも

不完全なｈのように発音される。しかし経験によって容易に知られるであろうが、ｆとｈの中間の音であって、口と唇とは、完全にではなく幾分重ね合せて閉じられる、例、fito（人）。（大塚高信訳「コリャード日本文典」《風間書房・昭和三十二年》。以下同）

とあるので、これなどからそのハ行音はこの不完全なｈのようなｆとｈの中間音のｆ音のハ（fa）行音などが混在していた可能性がある。また、当時、隋、唐初（五八一年～七世紀初期頃）以前の漢音にはｆ類の音がなかった。とすれば、そのハ行音は外国人の魏使にとっては非常に曖昧で紛らわしいものであったことになる。ということで、魏使はそのハ行音をha行音に聞き間違えたものと結論される。したがって、そのhaは実際は過渡期のそれということになるので、以下pfa、pha、fhaの類いのハ行音のそれで、ピキミハ（pimikïha）は実際はピキミファ（pimikïfa）で、その現代音はヒミキハである。

字義（原義）である。卑は卑しい、弥は弥栄、弓は弓矢の弓、呼は呼ぶ意をいう。まとめると、卑の弥の弓が、呼で、卑しい弥栄の弓が、呼ぶ意であるが、その日本音から以下の洒落による洒落名称である。

卑弥弓呼《ひみきは》——卑《いや》しき弥栄《いやさか》の弓《ゆみ》が、呼《よ》ぶ——大《おほ》の斎晴《いは》れの瞬間《きは》の弓《ゆみ》が、呼《よ》ぶ——梓弓《あづさゆみ》が、呼《よ》ぶ——大《おほ》の斎晴《いは》れの瞬間《きは》——日霊木蛇《ひみきは》（pimikïfa）

卑弥弓呼《ひみきは》である。この名称は卑弥呼《ひみこ》のそれと類似している。卑弥呼の場合は卑の弥が、呼で、卑しい弥栄が、呼ぶ意である。したがって、卑弥呼ではその卑しい弥栄なるものが何かを呼ぶことになる。また、卑弥弓呼ではその卑しい弥栄の弓なるものが何かを呼ぶことになる。が、とはいえこれでは判じ物同然である。

　そこで、まず、卑弥呼である。卑弥呼は日本国女王（倭女王）である。ということは必然的に日本国新嘗祭の祭主であることになる。これはいずれ機会を得てご案内するが、ご覧の「桜ヶ丘五号銅鐸」第二面・第一画、第二画（二四七〜三三〇年頃・神戸市出土）が古代日本語の絵文字でそう明記している。

　大日本国王　の　日霊端《ひみは》（三神《み》初《う》神光《を》）　は　新嘗祭祭主（初《う》神光《を》奇《く》日《ひ》取《と》り）　の　巫女《みこ》
　卑弥呼は日本国新嘗祭の祭主である。この新嘗祭はその大豊作（大豊饒）、死者復活から弥栄なるものである。とすれば、その弥栄なるものは新嘗祭関係のものであることになる。が、それは卑しい弥栄なるものである。新嘗祭で卑しいといえば、新魂の神光（日光）がある。これは女陰から誕生する訳であるから、卑しいということになる。とすれば、大の斎晴れの瞬間はこの新魂の神光を日射する。したがって、大の斎晴れの瞬間は弥栄なるものであるから、卑しい弥栄であることになる。これから、卑弥呼は洒落名称で、卑しい弥栄が、呼ぶで、大の斎晴れの瞬間が、呼ぶ、すなわち、といえばその新魂の神光（日光）であるから、大の斎晴れの瞬間の神光の意であることになる。

　右から、卑弥弓呼は大の斎晴れの瞬間の弓が、呼ぶ意であることになる。したがって、その洒落は以下同義で、右である。

　大《おほ》の斎《いは》晴れの瞬間《きは》の弓《ゆみ》が、呼《よ》ぶである。この弓はその天地鳴動から、鏑矢の弓であることになる。鏑矢の弓は「古事記」応神の大山守命《おおやまもり》の反逆の条の歌謡に次のようにある。

第１画

第２画

図34　「桜ヶ丘5号銅鐸」第2面第1,2画　　図27（108頁）より転載

梓弓《あづさゆみ》

原文は阿豆佐由美で、アヅサユミ（adutsayumi）である。梓弓は梓の木で作った弓をいう。梓は本州以南の山地に自生する落葉高木をいう。この梓（adutsa）の原義は未詳であるが、その弓の用材から、明出矢《あづさ》（adutsa）の意と解される。これは明《あ》きの略の、出の、矢で、夜明けが出現するの、矢、すなわち、ここでは大の斎晴れの瞬間の、矢で、ヒウ鳴《な》の、矢、すなわち、鏑矢の意である。明《あ》きは未詳であるが、明るくなる、閉じてあるものを開くなどの意の下二段活用の動詞、明《あ》く、と、閉じていたものが開くなどの意の四段活用の動詞、明《あ》く、から類推される、明るくなる意の四段活用の動詞、明《あ》く、の連用形の名詞化で、ここでは夜明けの意である。したがって、その洒落は同類で、右である。

梓弓《あずさゆみ》が、呼ぶである。この弓の矢は鏑矢で、その飛翔音はヒウ鳴《な》、そのヒウ鳴は天地鳴動の大の斎晴れの瞬間のその音である。ということは梓弓はその鏑矢を発射して、ヒウ（ヒュー）と鳴動させて、大の斎晴れの瞬間と言わせることになる訳であるから、その大の斎晴れの瞬間を呼ぶことになる。したがって、その洒落は連想で、右である。

大《おほ》の斎晴《いは》れの瞬間《きは》である。これといえば、高御産巣日神である。同神は高木神で、その高木は新嘗屋の神木であった。この神木は初日の御魂神のそれであるから、日霊木《ひみき》ということになる。これは日の霊の木で、太陽の神霊の木、すなわち、初日の御魂神の木で、新嘗屋の神木の意である。また、その初日の御魂神は蛇神（竜神）であるから、蛇ということになる。これから、高御産巣日神は日霊木蛇《ひみきは》であることになる。したがって、その洒落は連想で、右である。

以上、卑弥弓呼《ひみきは》は字義の洒落名称を兼ねた音訳で、その日本音は日霊木蛇《ひみきは》で、高御産巣日神の意、その字義は卑の弥の弓が、呼で、洒落名称で、同じく高御産巣日神の意である。

統一日本初代天皇は誰か

さて、右から、日霊木蛇《ひみきは》なる名称の天皇がその統一日本の初代天皇であることになる。が、この名称の天皇は見当たらない。ということは同義の名称の天皇であることになる。では、それは何天皇であろうか。

卑弥呼の死は二四七年以後、第十代崇神《すじん》の「古事記」崩御干支は戊寅《つちのえとら》で二五八年であった。したがって、その該当天皇は二四七〜二五八年の間の天皇ということになるので、第九代開化か、第十代崇神であることになる。

では、いずれであろうか。この湯合、「古事記」崇神の初国知《はつくにし》らしし天皇の条が次のように記しているので、まずは第十代崇神からということになる。

故《かれ》、其の御世を称《たた》へて、初国知《はつくにし》らしし御真木天皇《みまきのすめらみこと》と謂《い》ふ。

崇神は初国知《はつくにし》らしし天皇であるという。初国知らししは最初の国を統治なされしの意をいう。したがって、その統一日本は正に初国であるから、その該当天皇は崇神であることになる。

そこで、崇神の名称である。これは同書崇神の后妃皇子女の条に次のようにある。

御真木入日子印恵命《みまきいりひこいにゑのみこと》

名称は未詳である。実際、幻の古代の新嘗祭の知識がないと解読不可能である。名称は御真《みま》木入日子《きいりひこ》斎土彫命《いにゑのみこと》で、御真木の、入日子の、斎土彫の、命の意である。御真木《みまき》である。これは御の真の木で、畏敬の真実の木、すなわち、ここでは新嘗屋の神木の意である。

入日子《いりひこ》である。これ入りの、日の子の意である。入りである。これは入ることで、ここでは梅雨の入り、彼岸の入りなどのそれで、ある周期のその最初の日、すなわち、ここでは冬至の意である。日の子である。これはここでは以下から、太陽の息子で、天照大御神の息子の意である。天照大御神の子は同書神代の天照大御神と須佐之男命の、天安河《あめのやすのかわ》の誓約の条に、

是《ここ》に天照大御神、速須佐之男命《はやすさのをのみこと》に告りたまひしく、「是《こ》の後《のち》に生《あ》れし五柱の男子《をのこご》は、物実《ものざね》我が物に因《よ》りて成れり。故《かれ》、自《おのづか》ら吾《あ》が子ぞ。先に生れし三柱の女子《をみなご》は、物実汝《いまし》が物に因りて成れり。故、乃ち汝が子ぞ。」如此《かく》詔《の》り別《わ》けたまひき。

とあり、五柱あり、皆男子である。物実《ものざね》は物事の起る元の意をいう。ここでは右同条のその頭髪、頭髪飾り、手に巻いた八尺《やさか》の勾玉《まがたま》の五百箇《いほつ》の御統《みすまる》の玉《たま》という古代の宝石の装身具である。まとめると、冬至の、天照大御神の息子の意である。これはといえば、その息子は天照大御神の祭祀者であるから、冬至の、天照大御神の祭祀者ということになるので、新嘗祭の男神官の意である。

斎土彫《いにゑ》である。これは斎の土を、彫りで、神聖の土を、掘り、すなわち、以下の祟神の事績からのもので、神土掘りの意である。これはその詳細の程はいずれ機会を得てご案内するが、「日本書紀」神武即位前三年九月五日条に、

夢《みゆめ》に天神《あまつかみ》有して訓へまつりて曰《のたま》はく、「天香山《あまのかぐやま》の社《やしろ》の中の土《はに》を取りて、天平瓮《あまのひらか》八十枚《やそち》を造り、并《あは》せて厳瓮《いつへ》を造りて、天神地祇《あまつかみくにつかみ》を敬ひ祭れ。亦厳呪詛《またいつのかしり》をせよ。如此《かくのごとく》せば、虜《あた》自《おの》づからに平《む》き伏《したが》ひなむ」とのたまふ。

とあり、この神武東征の天香山の神土取りのことである。一〇〇年頃、神武は日向国《ひむかのくに》（宮崎県）から水軍を率いて、福岡県～韓国南部（弁韓）～広島県～岡山県～大阪府～奈良県へと東征して、一二六年頃西日本を平定、統一、西日本王朝の始祖となった。が、その東征物語は実際は神武と後世の複数の人物からなるもので、この神土取りの神武は第九代開化である。したがって、その子の第十代崇神の名称が神土取りであるということはこの時のその事績によるものであることになる。

以上、まとめると、新嘗屋の神木の、新嘗祭の男神官の、神土掘りの、命の意である。新嘗屋の神木の、新嘗祭の男神官である。これはといえば、その神木は神座であるから、男新嘗祭祭主の意である。したがって、名称は男新嘗祭祭主の、神土掘りの、命の意である。これから崇神の新嘗祭は天照大御神祭祀ではなく、高御産巣日神祭祀であったことになる。が、その名称は高御産巣日神の意ではない。したがって、その初国は東西王朝統一のそれではなく、より広域の別物ということになるので、崇神はその該当天皇ではないことになる。

右からその該当天皇は第九代開化であることになる。そこで、開化の名称である。これは「古事記」開化の后妃皇子女の条に次のようにある。

若倭《わかやまと》根《ね》子《こ》日子《ひこ》大毘毘《おほびび》命《のみこと》

名称はこれも未詳である。これは若日本国根子彦大日霊命《わかやまとねこひこおほびびのみこと》で、若の、日本国の根の子の、彦の大日霊の、命の意である。若《わか》である。これは若い意のク活用の形容詞、若《わか》し、の語幹で、若いことであるが、ここでは少年の意である。

日本国《やまと》の根《ね》の子である。根である。これは未詳であるが、草木の根で、その根が草木の根本であることから転じて、初め（始め）の意を推定した。子である。これはまた、人の意をいう。まとめると、日本国の、初めの人で、日本国の、初代の意である。

彦《ひこ》の大日霊《おほびび》である。彦（fiko）である。これは男子の美称をいう。その原義は一般に、右原文名称の日子《ひこ》（fiko）の意とされている。が、その解釈は諸説あり判然としない。これは天照大御神の息子の意であった。したがって、息子は男子であるから、転じて、男子の美称となったというものである。大日霊《おほびび》である。これは大の、日の霊で、偉大の、太陽の神霊、すなわち、といえば斎晴れの三神であるから、同三神の意である。まとめると、彦の、斎晴れの三神で、といえばその男神は高御産巣日神であるから、同神の意である。

以上、まとめると、少年の、日本国の初代の、高御産巣日神の、命の意である。したがって、統一日本初代天皇は第九代開化である。開化は少年の時、東日本王朝の王に即位した。その少年はこの事績からのものである。

第七章　邪馬壱国は何者

奇妙な系譜

では、邪馬壱国は何者であろうか。これはその西日本王朝から前章で触れた第一代神武の一族、以下神武族、であることになる。

その第一代神武である。神武の系譜は「古事記」神代がご覧のように記している。神武は天照大御神の子孫で、その第五代である。名称は本書、（　）はその原文、その詳細の程はいずれ機会を得てご案内する。

初代は正勝《まさか》つ吾勝《あか》つ勝《か》ち速日天《はやひあめ》の御息仄御霊命《おしほみみのみこと》（正勝吾勝勝速日天之忍穂耳命《まさかつあかつかちはやひあめのおしほみみのみこと》）である。御霊《みみ》、耳《みみ》はmimiである。命は同書神代の天照大御神と須佐之男命の、天安河《あめのやすのかわ》の誓約の条に次のようにある。

速須佐之男命《はやすさのをのみこと》、天照大御神の左の御角髪《みみづら》に纏《ま》かせる、八尺勾璁《やさかのまがたま》の五百箇《いほつ》の御統《みす》まるの珠《たま》を乞《こ》ひ度《わた》して、瓊音《ぬなと》もゆらに、天の真井《まなゐ》に振り滌《すす》ぎて、さ嚙《が》みに嚙《か》みて、吹き棄《う》つる気《い》吹《ぶき》の狭霧《さぎり》に成れる神の御名《みな》は、正勝吾勝勝速日天之忍穂耳命《まさかつあかつかちはやひあめのおしほみみのみこと》。

皇祖神

天照《あまてらす》大《おほ》御《み》神《かみ》

第1代

正《まさ》勝《か》つ吾《あ》勝《か》つ勝《か》ち速《はや》日《ひ》天《あめ》の御《お》息《し》仄《ほ》御《み》霊命《みのみこと》

第2代

天《あめ》和《にき》息《し》国《くに》和《にき》息《し》天《あま》つ日《ひ》高《たか》日《ひ》子《こ》仄《ほ》の饒饒 命《ににぎのみこと》

第3代

仄《ほ》 折 命《をりのみこと》

第4代

天《あま》つ日《ひ》高《たか》彦《ひこ》渚《なぎさ》武《たけ》鵜《う》茅《がや》葺《ふ》き敢《あ》へず 命《のみこと》

第5代

若《わか》御《み》毛沼命《けぬのみこと》（第1代神武）

図35　第１代神武の系譜

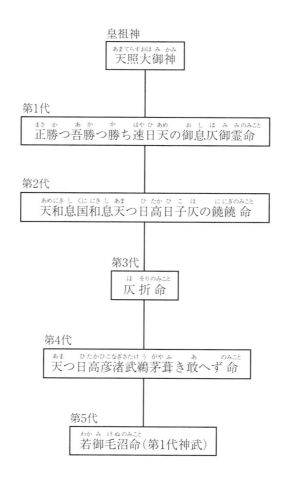

命は天照大御神の左の御角髪《みみづら》に巻いてある、八尺勾玉《やさかのまがたま》（勾璁）の五百箇《いほつ》の御統《みす》まるの珠《たま》から誕生した。御角髪《みみづら》である。角髪は古代の成人男子の髪形の一をいう。頭髪を頭頂で左右に分けて下ろし、両耳の脇で丸くして、束ねて結んだ。八尺勾玉《やさかのまがたま》（勾璁）の五百箇《いほつ》の御統《みす》まるの珠《たま》である。この珠は同書神代の天照大御神と須佐之男命の、天の石屋戸の条に、

天香山《あめのかぐやま》の五百箇《いほつ》真賢木《まさかき》を根《ね》掘《こ》じに掘じて、上枝《ほつえ》に八尺勾璁《やさかのまがたま》の五百箇《いほつ》の御統《みす》まるの玉《たま》を取り著け、

とあり、天の石屋戸物語のその神木の榊（賢木）に飾り付けてある。この物語は弟の武雷象《たけはやすさ》の男命《をのみこと》（建速須佐之男命）の乱暴狼藉に怒って、天の石屋に閉じ籠ってしまった天照大御神を屋外へ招誘するというものである。したがって、天照大御神は太陽神であるから、その閉じ籠りは日食ということになるので、その招誘は日食の夜明け招誘ということになる。

夜明け招誘といえば、新嘗祭も同様である。したがって、新嘗屋の神木にもこの八尺の珠が飾り付けてあったことになる。これからこの八尺の珠は新嘗祭関係ということになるので、命の名称は新嘗祭関係であることになる。珠の名称は八尺《やさか》の勾玉《まがたま》の、五百箇《いほつ》の御統《みす》まるの、珠《たま》で、八尺は長いこと、五百箇は数の多いことで、長い勾玉の、沢山の玉を紐で連ねたものの、玉、すなわち、沢山の大きな勾玉を紐で数珠状に連ねた玉の意である。勾玉は曲玉《まがたま》で、メノウなどの宝石の古代の玉製品の一をいう。胎児のようなアルファベットのC形状をしている。

命の名称である。これは正勝《まさか》つ吾勝《あか》つ勝《か》ち速《はや》の、日《ひ》の、天《あめ》の御息仄《おしほ》の御霊《みみ》の、命の意である。正勝《まさか》つ吾勝《あか》つ勝《か》ち速《はや》である。これは前述の天安河の誓約の条の次の、須佐之男命の勝ちさびの

条に、

尓《ここ》に速須佐之男命、天照大御神に白《まを》ししく、「我《あ》が心清く明《あか》し。故《かれ》、我が生める子は手弱《たわや》女《め》を得つ。此れに因《よ》りて言《まを》さば、自《おのづか》ら我《われ》勝ちぬ。」と云《まを》して　勝《かち》さびに、天照大御神の営《つく》田《だ》の畔《あ》を離《はな》ち、其の溝《みぞ》を埋《うづ》め、亦其の大嘗《おほにへ》を聞看《きこしめ》す殿《との》に屎《くそ》まり散らしき。

とあり、その天照大御神と建速須佐之男命の子産みでの、この女子誕生でその命謀叛の疑念を晴らしたという、勝利宣言からのものである。したがって、正しく勝つ、我は勝つ、勝利迅速の意である。この勝利宣言後、命は乱暴狼藉を働いて、前述の天の石屋戸物語へと展開する。

日《ひ》である。これは日光の意である。

天《あめ》の御《お》息《し》仄《ほ》の御《み》霊《み》である。これは天の、御息の仄の、御霊で、天界の、御息吹の仄かの、御神霊、すなわち、斎晴れの三神の意である。

以上、まとめると、正しく勝つ我は勝つ勝利迅速の、日光の、斎晴れの三神の、命の意である。これは日光の斎晴れの三神といえば、その日射の高御産巣日神であるから、ここでは日霊《ひみ》木《き》蛇《は》で、正しく勝つ我は勝つ勝利迅速の、日霊木蛇の、命の意である。

第二代は天和息《あめにきし》国和息《くににきし》天《あま》つ日高日子《ひたかひこ》仄《ほ》の饒饒命《ににぎのみこと》（天迩岐志《あめにきし》国迩岐志《くににきし》天津《あまつ》日高日子《ひたかひこ》番能《ほの》迩迩《にに》芸命《ぎのみこと》）である。和、迩岐はniki、饒饒、迩迩芸はninigiである。命は同書神代の迩迩芸命の、天孫の誕生の条に次のようにある。

尓《ここ》に其の太子《ひつぎのみこ》正勝《まさかつ》吾勝《あかつ》勝速日《かちはやひ》天忍穂耳命《あめのおしほみみのみこと》、答へ白《まを》したまひしく、「僕《あ》は降《くだ》らむ装束《よそひ》しつる間《あひだ》に、子《こ》生《あ》れ出《い》でつ。名は天迩岐志《あめにきし》国迩岐志《くににきし》天津《あまつ》日高日子《ひたかひこ》番能《ほの》迩迩芸命《ににぎのみこと》ぞ。此の子を降すべし。」とまをしたまひき。此の御子《みこ》は、高木神《たかぎのかみ》の女《むすめ》、万幡豊秋津師比売命《よろづはたとよあきづしひめのみこと》に御合《みあひ》して、生みませる子、天火明命《あめのほあかりのみこと》。次に日子番能迩迩芸命《ひこほのににぎのみこと》なり。

命の父は初代、母は高木神の娘の、万幡豊秋津師比売命《よろづはたとよあきづしひめのみこと》である。母の名称は万幡豊《よろづはたとよ》明《あ》き出《づ》風《し》姫命《ひめのみこと》の意である。明き、秋はaki、姫、比売はfimeである。これは万の旗の、豊の明きが出の風の、姫の、命の意である。万《よろづ》の旗《はた》である。これは一人一旗とすると、騎馬の場合は万騎ということになるので、ここでは万騎の意である。

豊《とよ》の明《あ》きが出《づ》の風《し》である。これは豊饒の夜明けが出現するの風で、大の斎晴れの瞬間の風、すなわち、といえばヒウ鳴であるからこれであるが、ここでは、ヒウ鳴——匈奴《ひうな》（鏑矢）、の洒落名称で、匈奴の意である。

姫《ひめ》である。これは一般に、男子の美称の彦に対するもので、女子の美称とされている。したがって、その原義は日子《ひこ》に対して、日女《ひめ》である。が、日子同様その語義は判然としない。姫（fime）の原義は日妻《ひめ》（fime）である。これは日の妻で、太陽の妻、すなわち、太陽は高御産巣日神で、高御産巣日神の妻、といえばその新嘗祭の天照大御神と高御産巣日神の乗り移りの神婚から新嘗祭の女祭主ということになるので、女新嘗祭祭主の意である。したがって、その女最高祭祀者が転じて、女子の美称となったものである。

以上、まとめると、万騎の、匈奴の、姫の、命の意である。万騎である。これは「史記」匈奴列伝の是の時漢の兵云云の条（前九一年成立）に次のようにある。

云く、左右の賢王《けんおう》、左右の谷蠡王《ろくりおう》、左右の大将《たいしょう》、左右の大都尉《だいとい》、左右の大当戸《だいとうこ》、左右の骨都侯《こつとこう》を置く。匈奴、賢を謂《い》いて屠耆《とき》と曰《い》う。故に常に太子を以って左屠耆王と為す。左右の賢王の如き自《よ》り以下当戸に至るは、大は万騎、小は数千、凡《およ》そ二十四長。号を立て、万騎という。

左右の賢王以下谷蠡王、大将、大都尉、大当戸の二十四長は万騎～数千騎を率いていたが、皆全て万騎を称したという。したがって、万騎はその賢王以下の称号である。左右はその下文に、

諸《こ》の左方の王将は東方に居り、上谷《じょうこく》を以って往くに直《あた》るは、東は穢《わい》、貉《かく》、朝鮮《ちょうせん》に接す。
右方の王将は西方に居り、上郡《しょうぐん》を以って西に直り、月氏《げつし》、氐《てい》、羌《きょう》に接す。

とあり、左は東方で、河北省の上谷郡以東、満州（中国東北地方）辺り、右は西方で、陝西省の上郡以西、甘粛省辺りである。したがって、その詳細の程はいずれ機会を得てご案内するが、天皇族の匈奴はその日本渡来から地理的に東方の賢王以下ということになるので、その万騎の称号は北匈奴皇太子の左賢王（左屠耆王）のそれであることになる。

右から、初代は西日本王朝（邪馬壹国）ではなく、天皇族の匈奴で、東日本王朝であることになる。したがって、その神武の系譜は本来のものではなく、実際は後世の捏造によるもので、両王朝のその系譜を混合させたものであることになる。なんとも奇妙な次第となったが、天照大御神は匈奴の祖神であるから、その息子の初代が匈奴であるのは必然ではある。したがって、第二代は匈奴ということになるので、命の名称はこれを踏まえたものであることになる。

名称は天《あめ》の和息《にきし》の国の和息《にきし》の、天《あま》つ日高《ひたか》の、日子《ひこ》の火《ほ》の饒饒《ににぎ》の、命の意である。天《あめ》の和息《にきし》の

国《くに》の和息《にきし》である。これは天の和の息の、国の和の息で、天界の穏やかな息吹の、地界の穏やかな息吹、すなわち、天地の穏やかな息吹の意である。

天《あま》つ日高《ひたか》である。これは天、つ、日の高で、天界、の、日光の高いこと、すなわち、日光の高いことは冬至形のΛのその最高点のことで、冬至で、天界の冬至の意である。

日子《ひこ》の仄《ほ》の饒饒《にぎにぎ》である。これは日の子の、仄の饒饒《にぎにぎ》の略で、太陽の子供の、仄かの大豊饒、すなわち、初日の御魂神の仄かの大豊饒の意である。

以上、まとめると、天地の穏やかな息吹の、天界の冬至の、初日の御魂神の仄かの大豊饒の、命の意である。これは、といえばその大の斎晴れの瞬間の様は正にこれであるから、大の斎晴れの瞬間ということになるので、大の斎晴れの瞬間の、命で、ここでは竜神出《りうて》の、命の意である。

命の名称はいうまでもなく、その出自が匈奴皇帝一族の竜神出氏であるところからのものである。とすると、初代の名称、日霊木蛇《ひみきは》も同様のものであることになる。すなわち、日霊木蛇（高御産巣日神）といえば大の斎晴れの瞬間の竜神出であるから、

竜神出氏《りうてうぢ》――竜神出《りうて》――日霊木蛇《ひみきは》

の洒落による洒落名称という訳である。これから、第九代開化のそれも同様のものであることになる。また、初代はその初代から、日本渡来の匈奴皇帝の初代であることになる。

なお、これはいずれ機会を得てご案内するが、この皇統神話が後世の捏造であることから、「古事記」の神話の多くは古来よりのそれを借用したなどの、史実の判じ物の創作神話であること

になる。

第三代の出自

では、第三代はどうであろうか。匈奴であろうか、それとも神武族であろうか。

第三代は仄折命《ほをりのみこと》（火遠理命《ほをりのみこと》）である。命は第二代と神阿《かむあ》多《た》つ姫《ひめ》（神阿多都比売《かむあたつひめ》）の子である。姫、比売はfimeである。以下同。その結婚と命誕生の次第は「古事記」神代の迩迩芸命の、天孫の誕生の条以下が次のように記している。

尓《ここ》に天照大御神、高木神の命《みこと》以《も》ちて、太子《ひつぎのみこ》正《まさ》勝《か》つ吾《あ》勝《か》つ勝《か》ち速《はや》日《ひ》天《あめ》の御《お》息《し》仄《ほ》御霊命《みみのみこと》に詔《の》りたまひしく、「今、葦原中国《あしはらのなかつくに》を平《ことむ》け訖《を》へぬと白《まを》せり。故《かれ》、言依《ことよ》さし賜ひし随《まにま》に、降《くだ》り坐《ま》して知《し》らしめせ。」とのりたまひき。

天照大御神と高御産巣日神（高木神）は日本国平定終了の復命を受けて、初代の命に天界から地界へ降臨して日本国を統治せよと勅命した。が、命は第二代が誕生したということで、第二代の降臨を進言した。そこで、

是《ここ》を以《も》ちて白《まを》したまひし随《まにま》に、日子仄《ひこほ》の饒饒命《ににぎのみこと》に詔科《みことおほ》せて、「此《こ》の豊葦原水穂国《とよあしはらみづほのくに》は、汝《いまし》知《し》らさむ国ぞと言依《ことよ》さし賜ふ。故《かれ》、命《みこと》の随《まにま》に天降《あまくだ》るべし。」とのりたまひき。

ということになって、第二代は、

故尓《かれここ》に天《あま》つ日子仄《ひこほ》の饒饒命《ににぎのみこと》に詔《の》りたまひて、天《あま》の石位《いはくら》を離れ、天の八重棚雲《やへたなぐも》を押し分けて、

厳《いつ》の道《ち》分《わ》き道分きて、天浮橋《あめのうきはし》に浮《う》き島《じま》在り、隆起《そり》立たして、筑紫日向《つくしのひむか》の高千穂《たかちほ》の奇息降《くじふ》る岳《たけ》に天降《あまくだ》りまさしめき。

という勅命で、宮崎県西臼杵郡高千穂《たかちほ》町の高千穂山の山頂に降臨した。そして、

是《ここ》に詔《の》りたまひしく、「此地《ここ》は韓国《からくに》に向ひ、笠沙岬《かささのみさき》を巻き通りて、朝日の直《ただ》差す国、夕日の日照る国なり。故《かれ》、此地は甚吉《いとよ》き地《ところ》。」と詔りたまひて、底つ石根《いはね》に宮柱太《ふと》領《し》り、高天《たかあま》原《はら》に氷木《ひぎ》高領《たかし》りて坐《ま》しき。

ということで、その高千穂山の高千穂町から南下して、鹿児島県西部へ出て、その川辺郡笠《かさ》沙《さ》町の野間《のま》岬をぐるりと回って、東へ向かい、鹿児島県東部から宮崎県へ入り、同県南部に宮《みや》居《い》した。そして、その後、

是《ここ》に天《あま》つ日高日子《ひたかひこ》火《ほ》の瓊瓊《ににぎ》の命《みこと》、笠沙岬《かささのみさき》に、麗《うるは》しき美人《おとめ》に遇《あ》ひたまひき。尓《ここ》に「誰《た》が女《むすめ》ぞ。」と問ひたまへば、答へ白《まを》ししく、「大山《おほやま》つ霊神《みのかみ》の女《むすめ》、名は神阿多《かむあた》つ姫《ひめ》、亦《また》の名は木花《このはな》之《の》佐久夜毘売《さくやびめ》と謂《い》ふ。」とまをしき。

ということで、野間岬で神阿多《かむあた》つ姫《ひめ》と出会い、結婚した。姫はその後妊娠した。が、命は、

尓《ここ》に詔《の》りたまひしく、「佐久夜毘売《さくやびめ》、一宿《ひとよ》にや妊《はら》める。是《こ》れ我が子には非《あら》じ。必ず国つ神の子ならむ。」とのりたまひき。

との理由で、その妊娠を疑った。そこで、姫は、

尓《ここ》に答へ白《まを》ししく、「吾《あ》が妊《はら》みし子、若《も》し国つ神の子ならば、産むこと幸《さき》からじ。若し天つ神の御子《みこ》ならば、幸からむ。」とまをして、即《すなは》ち戸無き八尋殿《やひろどの》を作りて、其の殿の内に

入り、土を以ちて塗り塞ぎて、産む時に方《あた》りて、火を其の殿に著《つ》けて産みき。

ということで、火の中で出産した。その子は、

故《かれ》、其の火の盛りに焼《もゆ》る時に生める子の名は、火照命《ほでりのみこと》、次に生める子の名は、火須勢理《ほすせりの》命《みこと》。次に生める子の御名は、火遠理命《ほをりのみこと》。亦《また》の名は天津日高日子穂穂手見命《あまつひたかひこほほてみのみこと》。

三人で、その名称はその火中出産からのものである、という。したがって、命の名称はこれを踏まえて解釈することになる。

順に、第一子の火照命《ほでりのみこと》である。命は火が勢いよく燃え始めた時に生れた。したがって、火《ほ》照《で》りの命《みこと》の意である。これはその燃え始めの状態を表現したもので、火が照りの、命で、火が赤赤と燃え光る、命、すなわち、燃焼開始の、命の意である。

第二子の火須勢理命《ほすせりのみこと》である。命は第一子の燃焼開始から次の段階ということになるので、火が火勢を増して盛んに燃えている時に生れたことになる。したがって、火進反《ほすせ》り命《のみこと》の意である。これはその烈火の状態を表現したもので、火が進《す》の語幹の反りの、命で、火が進行反り返りの、命、すなわち、烈火の、命の意である。

第三子の火遠理命《ほをりのみこと》である。命は同様に、第二子の烈火から次の段階ということになるので、火勢が衰えて下火になった時に生れたことになる。したがって、火折《ほを》り命《のみこと》の意である。これはその下火の状態を表現したもので、火が折りの、命で、火が折れ曲がることの、命、すなわち、下火の、命の意である。

さて、三子の名称はさして問題がなさそうである。が、第三代のその別称、

天津日高日子穂穂手見命《あまつひたかひこほほてみのみこと》

が問題がある。この名称は一見して、その火中出産とは関係がなさそうである。この天津日《あまつひ》高《たか》は第二代のそれと同じで、天つ日高で、天界の冬至の意であった。したがって、日子以下はその関連ということになるので、火中出産ではなく、新嘗祭関係であることになる。そこで、その名称をみてみると、天つ日高彦仄仄出見命《あまひたかひこほほてみのみこと》の意ということになる。彦、日子はfiko、以下同。天つ日高《あまひたか》である。これは天、の、日の高で、天界、の、冬至形のΛのその最高点、すなわち、天界の冬至の意であった。彦仄仄出見《ひこほほてみ》である。これは彦の、仄の仄の、出を、見で、彦の、仄かの仄かの、出現を、見守り、すなわち、彦の、仄かの仄かの、出現は、彦は高御産巣日神のことで、大の斎晴れの瞬間で、大の斎晴れの瞬間を見守りの意である。まとめると、天界の冬至の、大の斎晴れの瞬間の見守りの、命で、天界の、活き目神宮の、命の意である。

活き目《いま》神宮はその詳細の程はいずれ機会を得てご案内するが、幻の古代の新嘗祭（国家新嘗祭）の祭主の次位の神官名称である。既述の「魏志」倭人伝の冒頭の条の、邪馬壹国の官名に次のようにある。

官に伊支馬《いしば》有り、次は弥馬升《びばしょう》と曰い、次は弥馬獲支《びばかくし》と曰い、次は奴佳鞮《どかてい》と曰い、

伊支馬《いしば》がそれである。これは第一位の官である。その日本音である。これは伊はイヲル（ɪər）、支はキィエッグ（kiɛg）、馬はマァッグ（mɑ̆g）で、イキマ（ïkima）、その現代音はイキマである。が、単独ï：乙類は未詳なので、以下i甲類で、イキマ（ikima）である。邪馬壹国はその国家新嘗祭の神官名称を借用してその官名とした。したがって、イキマはこれを踏まえて解釈

することになる。

新嘗祭の祭主はその新魂の神光を拝受する。この神光はその大の斎晴れの瞬間のそれが最も神聖で新鮮である。したがって、祭主の次位の神官、すなわち、イキマはこれを見守ることになる。そこで、イキマ（ikima）は活《い》き目《ま》（ikima）の意であることになる。これは活きの目で、活き活きとした目、すなわち、その大の斎晴れの瞬間の神光を絶対見逃さずに見守る、その活き活きとした目の意である。

そうすると、火遠理命は判じ物名称で、また、この活き目神官関係のものであることになる。これは仄折命《ほをりのみこと》の意である。名称は仄の折の、命で、仄かのその時の、命、すなわち、ここでは大の斎晴れの瞬間の、命の意である。

命が活き目神官であるということはその祭主が女性であったということである。そこで、その女性であるが、これは命の母である。前述の「古事記」神代の迩迩芸命の、木花之佐久夜毘売の条に、

「大山津見神《おほやまつみのかみ》の女《むすめ》、名は神阿多都比売《かむあたつひめ》、亦《また》の名は木花之佐久夜毘売《このはなのさくやびめ》と謂《い》ふ。」とまをしき。

とあり、命の母の別称は木花之佐久夜毘売《このはなのさくやびめ》という。名称は木花《このはな》の咲《さ》く屋日妻《やびめ》の意である。日妻《びめ》、毘売《びめ》はbimeである。以下同。これは木花の咲く屋の、日妻の意である。木花《このはな》の咲《さ》く屋《や》である。これといえば、既述の「古事記」雄略の歌謡に、
真木咲《まきさ》く　桧《ひ》の宮殿《みかど》　新嘗屋《にひなへや》に
とある、この新嘗屋ということになる。したがって、木の花の咲く新嘗屋の意である。日妻《びめ》

である。これは姫の原義であるが、ここでは日の妻で、太陽の妻の意である。まとめると、木の花の咲く新嘗屋の、太陽の妻で、女新嘗祭祭主の意である。したがって、命が活き目神官であるのは母が祭主であった為であることになる。

命の母は右の佐久夜毘売の条に、

大山津見神《おほやまつみかみ》の女《むすめ》、

とあり、国神の娘である。大山津見神《おほやまつみのかみ》は大山《おほやま》つ霊神《みのかみ》の意である。これは大山、つ、霊の、神で、大山、の、神霊の、神、すなわち、大山の神霊の、神の意である。したがって、匈奴は天神であるから、命の母は非匈奴族ということになる。

では、何族であろうか。右のその火中出産の、火照命《ほでりのみこと》の分注に、

此《こ》は隼人阿多君《はやひとあたぎみ》の祖《おや》。

とあり、第一子の火照《ほで》り命《のみこと》（火照命）は隼人《はやひと》の阿多君《あたぎみ》の祖である。隼人は一般に九州南部の先住民とされている。したがって、命は匈奴であるから、その祖は母に由来するものであることになる。阿多君《あたぎみ》は阿多の君の意である。阿多《あた》は一般に、古代の鹿児島県西部の阿多国の称で、隼人の国とされている。君《きみ》は古代の称号、姓《かばね》の一をいう。命の母の名称は前述の木花之佐久夜毘売の条に、

神阿多都比売《かむあたつひめ》

とあり、神阿多《かむあた》つ姫《ひめ》の意である。これは神阿多、つ、姫で、神の阿多、の、姫の意である。したがって、この阿多から、命の母は鹿児島県西部の阿多国の姫で、隼人であることになる。

そこで、隼人《はやひと》である。その原義は未詳である。が、その用字の隼《はやぶさ》はその飛翔が速い。とすれば、その隼人は何かが隼のように速いところからのもので、速人《はやひと》の意であることになる。速人といえば、同書神武の東征の条に、

故《かれ》、其の国より上《のぼ》り幸《い》でましし時、亀の甲《せ》に乗りて、釣為乍《つりしつつ》打ち羽挙《はぶ》き来る人、速吸門《はやすひのと》に遇《あ》ひき。

とあり、この奇妙な釣人がいる。神武は徳島県鳴門市と淡路島間の鳴門《なると》海峡で、亀に乗って鳥のように羽撃いて来る釣人と出会った。この釣人はその羽撃きから、速人《はやひと》である。また、非現実的人物である。したがって、判じ物ということになるので、神武がこの釣人であること、すなわち、速人であることを判じ物したものであることになる。

この神武はこの後、既述の難波《なにわ》国（好古都）からその潟湖の日下江《くさかえ》に入り、日下の楯津《たてつ》（大阪府東大阪市日下町）に布陣する、撓霊《とみ》の長髄彦《ながすねびこ》（登美能那賀須泥毘古《とみのながすねびこ》）と交戦する。したがって、その速人の由来は神武がこの長髄彦と交戦する為のその迅速進軍の事績によるものであることになる。この神武はその詳細の程はいずれ機会を得てご案内するが、第一代神武ではなく、その子孫である。したがって、隼人《はやひと》は先住民云云のものではなく、この人物が右の迅速進軍の速人《はやひと》であったというその事績に由来するもので、その原義は速人《はやひと》で、迅速進軍の人の意であることになる。

右から、隼人は第一代神武の子孫であるから、神阿多つ姫（神阿多都比売）当時の阿多国は隼人の国ではないことになる。が、その第一代神武の子孫から、神武族の国であることになる。

したがって、命の母は隼人ではなく、神武族であることになる。

さて、そうすると、その火中出産物語はその結婚は東日本王の第二代の命と西日本王の大山つ霊神の娘の神阿多つ姫の政略結婚で、その子は三人で、その第一子の実際の出生が神武族であることを判じ物したものであることになる。したがって、第二子以下は匈奴ということになるので、第三代は匈奴であることになる。

第四代の出自

第四代は天《あま》つ日《ひ》高彦《たかひこ》渚《なぎさ》武《たけ》鵜《う》茅《がや》葺《ふ》き敢《あ》へず命《のみこと》（天津《あまつ》日《ひ》高《たか》日《ひ》子《こ》波限《なぎさ》建《たけ》鵜《う》葺草《がや》不合《ふきあへず》命《の》）である。命は第三代と豊玉姫《とよたまびめ》命《のみこと》（豊玉毘売命《とよたまびめのみこと》）の子である。その結婚と命誕生の次第は「古事記」神代の火遠理命の、海幸彦と山幸彦の条以下が次のように記している。

故《かれ》、火照命《ほでりのみこと》は海幸彦《うみさちびこ》と為《し》て、鰭《はた》の広物《ひろもの》、鰭の狭物《さもの》を取り、火遠理命《ほをりのみこと》は山幸彦《やまさちびこ》と為て、毛《け》の麤物《あらもの》、毛の柔物《にこもの》を取りたまひき。

既述の火中出産の第一子、火照《ほで》り命《のみこと》（火照命）は海幸彦《うみさちびこ》として大小の魚を取り、第三子の火折《ほを》り命《のみこと》（火遠理命）は山幸彦《やまさちびこ》として、獣類を取って生活していた。ある日、

尓《ここ》に火遠理命、其の兄火照命に、「各《おのおの》猟具《さち》を相易《あひか》へて用《もち》ゐむ。」と謂《い》ひて、三度《みたび》乞ひたまへども、許さざりき。然れども遂に纔《わづ》かに相易ふることを得たまひき。

ということで、両者はその猟具を交換して、山幸彦は海で釣りをした。が、その釣針を無く

してしまった。山幸彦は、

亦《また》一千《ち》鉤《はり》を作りて、償《つぐの》ひたまへども受けずて、「猶《なほ》其の正本《もと》の鉤を得む。」と云ひき。

と、針を作って弁償したが、海幸彦は元の針を返えせと迫った。

是《ここ》に其の弟、泣き患《うれ》ひて海辺に居《ゐ》ましし時に、塩椎神《しほつちのかみ》来て、問ひて曰《い》ひしく、「何《いか》にぞ虚《そ》空津日高《らつひたか》の泣き患《うれ》ひたまふ所由《ゆゑ》は。」といへば、

山幸彦は事の次第を塩椎神に話した。すると、塩椎神は、

尓《ここ》に塩椎神《しほつちのかみ》、「我《あれ》、汝命《いましみこと》の為に善《よ》き議《はかりごと》を作《な》さむ。」と云ひて、

山幸彦を小船に乗せて、海神の国へ送り込んだ。と、海神が、

尓《ここ》に海神《わたのかみ》、……即《すなは》ち其の女《むすめ》、豊玉姫《とよたまびめ》を婚《まぐはひ》せしめき。故《かれ》、三年《みとせ》に至るまで其の国に住みたまひき。

山幸彦と娘の豊玉姫を結婚させた。山幸彦はその後三年間海神国に住んだ。そして、そのある夜、

尓《ここ》に其の大神に、備《つぶさ》に其の兄の失せにし鉤《つりばり》を罰《はた》りし状《さま》の如く語りたまひき。

と、海神に釣針の一件を話した。海神は魚を集めて、その釣針を飲み込んだ魚から釣針を取り出して、山幸彦に差し出した。そして、遺恨の海幸彦に勝利する呪詛を授けた。山幸彦は帰国した。

是《ここ》を以《も》ちて備《つぶさ》に海神《わたのかみ》の教へし言《こと》の如くして、其の鉤《つりばり》を与へたまひき。故《かれ》、尓《そ》れより以後《のち》は、稍兪《やや》に貧しくなりて、更《さら》に荒き心を起して迫《せ》め来ぬ。

山幸彦が釣針を返すと、呪詛の効験で海幸彦は次第に貧しくなって、怒って、山幸彦を攻撃して来た。が、結局、山幸彦が勝利した。その後、

是《ここ》に海神《わたのかみ》の女《むすめ》、豊玉姫命《とよたまびめのみこと》、自《みづか》ら参出《まゐで》て白《まを》しく、「妾《あ》は已《すで》に妊身《はら》めるを、今産む時に臨《な》りぬ。此《こ》を念《おも》ふに、天つ神の御子は、海原《うなばら》に生むべからず。故《かれ》、参出到《き》つ。」とまをしき。

ということで、豊玉姫命が山幸彦の元に来て、

尓《ここ》に即ち其の海辺《うみべ》の波限《なぎさ》に、鵜《う》の羽《は》を葺草《かや》に為《し》て、産殿《うぶや》を造りき。是《ここ》に其の産殿、未だ葺《ふ》き合《あ》へぬに、御腹《みはら》の急《あわただ》しさに忍《しの》びず。故《かれ》、産殿に入り坐《ま》しき。

ということになって、第四代を出産して、

是《ここ》を以ちて其の産みまし御子《みこ》を名づけて、天津日高日子波限建鵜葺草葺不合命《あまつひたかひこなぎさたけうがやふきあへずの》と謂《い》ふ。

という次第となった、という。したがって、その名称はこれを踏まえて解釈することになる。名称は右から、天《あま》つ日高彦渚《ひたかひこなぎさ》武《たけ》鵜茅葺《うがやふ》き敢《あ》へず命《のみこと》の意である。これは天つ日高の、彦の渚の武の、鵜茅葺き敢へずの、命の意である。天《あま》つ日高《ひたか》である。これは天、つ、日の高で、天界の冬至の意であった。

彦《ひこ》の渚《なぎさ》の武《たけ》である。これはそのまま、彦の、渚の武で、彦の、渚の勇猛の意である。が、この名称は奇妙な名称である。それは彦である。彦の、渚の勇猛というからには、姫の、渚の勇猛があったことになる。もし、そうでなかったとしたら、命は彦であるから、渚の勇猛だけで十分なはずであるから、何もわざわざ彦など付ける必然性などはない。また、勇猛である。勇猛というからにはその渚で何らかのそれらしき勇猛、例えば合戦などがあったことになる。が、

その物語にはそれらしきものはない。ということはこの名称はその単なる出産物語からのものではなく、何かの史実からの判じ物名称であることになる。そもそも、神武族の王統の天辺に匈奴の皇統がどかんと乗っかっていること自体が異常であるから、判じ物名称でない方がおかしい。

鵜茅葺《うがやふ》き敢《あ》へずである。これはその出産からのもので、鵜の茅を、葺き敢へずで、鵜の羽の茅を、葺くことができず、すなわち、鵜の羽の茅を全部葺き終らない内に出産してしまったという、その急な出産からのもので、ここでは鵜の羽の茅葺き終らずの意である。

以上、まとめると、天界の冬至の、彦の渚の勇猛の、鵜の羽の茅葺き終らずの、命の意である。

命の名称はその彦の渚の勇猛から既述の創作神話の判じ物名称であることになる。順に、天界の冬至である。これは冬至といえば、大の斎晴れの瞬間であるから、これ関係が考えられることになるが、その場合、下の名称とは直結せず単独であるので、何か命の出自に関するものである可能性があることになる。

そこで、父の山幸彦である。山幸彦は海神国に三年滞在している。ということは匈奴第三代の仄折命は海外、すなわち、外国に三年滞在したことになる。が、第三代は東日本王であるから、身分的にも地理的にも三年もの外国滞在というのは不自然である。当然、山幸彦と仄折命は別人であることが考えられることになる。そうした場合、その外国とは何処かということになる。匈奴の日本渡来は一六〇年頃であった。したがって、第三代は二〇〇年前後頃からということになるので、卑弥呼と同時代ということになる。この頃の外国といえば「魏志」倭人伝からまずは朝鮮半島である。とすれば、それは同伝の冒頭条に、

郡より倭に至るには、海岸に循《したが》いて水行し、韓国を歴《へ》て、乍《さ》南乍東し、其の北岸狗邪韓国《こうじゃかんこく》に到る。七千余里。

とある、この狗邪《こうじゃ》韓国であることになる。同国は西日本王朝の邪馬壱国の領土で、韓国東南部の慶尚南道辺りであった。したがって、海の向こうの国であるから、外国であることになる。そうすると、山幸彦は西日本王朝の邪馬壱国の人物であることになる。とすれば、皇統に登場する程であるから、かなりの大物、すなわち、卑弥呼と同時代から卑弥呼の重臣であることになる。では、その重臣である。これといえば、同伝の其の国本亦云云条に、

男弟有りて佐《たす》けて国を治《おさ》む。

とあり、この卑弥呼の弟がいる。この人物は卑弥呼の次位であるから邪馬壱国の宰相であることになる。ということはその第一位の官の活き目で、その新嘗祭の活き目神官であることになる。

そこで、その人物である。これは同伝の其の八年条に、

塞曹掾史《さいそうえんし》張政等を遣《つか》わすことに因《よ》りて詔書、黄憧《こうどう》を齎《もた》らし、難升米《なんしょうべい》に拝仮《はいか》し、檄《げき》を為《つく》りて之《これ》に告喩《こくゆ》す。

とあり、この難升米《なんしょうべい》である。難升米は卑弥呼の代理として、その詔書と黄幢（軍旗）を拝受している。ということは難升米は卑弥呼の次位ということになるので、その弟で、宰相であ

ることになる。

名称の難升米である。その日本音である。これは難はナン（nan）、升は‘ティォング（thiaŋ）、米はメエル（mer）で、ナチメ（na tʃi më）、その現代音はナシメである。ナチメ（na tʃi më）は甚し目《なめ》（na tʃi më）の意である。これは甚しの目で、甚だしい目、すなわち、ここではその活き目神官の活き目から、大目の意である。甚《な》しは甚だしい意の形容詞ク活用型の接尾語をいうが、右から古くは形容詞でもあったことになる。大目はその大の斎晴れの瞬間を目を大きく見開いて絶対見逃さずに見守るというところからのものである。したがって、甚し目はその活き目神官からの洒落名称である。

字義（原義）である。難は詰る、升は枡、米は穀物の米の意をいう。まとめると、升の米を難で、枡の米を詰る意であるが、その日本音から以下の洒落による洒落名称である。

難升米《なしめ》――大目《おほめ》（öfomë）――大目《おほめ》（öfomë）――甚し目《なめ》（na tʃi më）

難升米《なしめ》である。この枡の米を詰るは米の買手がその売手に、枡の米の分量が少ないと詰るというものである。例えば、売手は太い親指を枡の中に入れてその親指分浮かすとか、手の掌で抉って均らしてその分浮かすとか、回数が多いと馬鹿にならないので、あの手この手の遣り口で少しでも儲けようとするが、これを買手がじーっと見ていて、やれ、騙《だま》し取ったの、掠り取ったの、汚ねえぞなどと詰るというものである。したがって、売手としてはこの手の買手は何かと煩いことになるので、その枡の米を多少多目に盛ることになる。

大目《おほめ》である。これは大の目で、大は多は大、少は小からのもので、多目の意である。目《め》は分量の古代のそれは未詳であるが、後世のそれを推定した。

次の大目《おほめ》である。これは大の目で、大きな目の意である。甚し目《なめ》である。これは前述のそれで、大目の意である。

以上、難升米は字義の洒落名称を兼ねた音訳で、その日本音は甚し目《なめ》で、大目の意、その字義は升の米を難で、洒落名称で、大目の意である。

右から、山幸彦はこの甚し目である。したがって、第四代の命は甚し目の子であることになる。これからその天界の冬至は父の甚し目が活き目神官であるところからのものであることになる。

彦の渚の勇猛である。これはその出産から母の豊玉姫命と父の甚し目の事績からのものであることになる。そこで、その事績である。これはその渚の勇猛から、何処かの渚での有名な合戦からのものであることになる。では、その合戦である。渚の有名な合戦といえば、既述の迅速進軍の神武は「古事記」神武の東征の条に、

故《かれ》、其の国より上《のぼ》り行《い》でましし時、浪速《なみはや》の渡《わたり》を経《へ》て、青雲の白肩津《しらかたのつ》に泊てたまひき。此の時、登美能那賀須泥毘古《とみのながすねびこ》、軍《いくさ》を興《おこ》して待ち向へて戦ひき。

とあり、この日下《くさか》の楯津《たてつ》（青雲の白肩津）で合戦をしている。この地は既述の仄方《ほかた》国（好古都国）の東隣の大阪府東大阪市日下町で、その潟湖（日下江《くさかえ》）の渚（岸辺）にある。したがって、合戦はこの合戦で、その迅速進軍の神武は甚し目であることになる。また、その事績はこれからのものであることになる。なお、これから隼人の祖は甚し目である。

その事績である。甚し目軍は敵前上陸して交戦している。したがって、豊玉姫命はこの交戦中に産気付いて出産したことになる。が、とはいえ臨月妊婦の参戦は異常である。そこで、豊玉姫命である。甚し目の神武は右同条に、

　亀甲《かめのせ》に乗りて、釣為乍《つりしつつ》打ち羽挙《はぶ》き来る人、

とあり、亀に乗っている。この亀はその詳細の程はいずれ機会を得てご案内するが、既述で触れた「桜ヶ丘五号銅鐸」第二面・第二画（二四七～三三〇年頃）に、

　亀《かめ》（kamë）――亀卜《かめ》（kamë）――巫女《みこ》

の洒落で、巫女とある。したがって、その亀は豊玉姫命を判じ物したもので、姫であることになる。

豊玉姫命は巫女である。この巫女は神懸りの神託や呪詛などをする。したがって、その参戦は敵全滅の呪詛の為であったことになる。また、したがって、その事績はこの時の出産からのものであることになる。

以上から、第四代の出自は西日本王朝の王族で、神武族である。したがって、匈奴皇統の第四代ではない。

そうすると、その山幸彦の物語は例えばご覧の図のように、既述などのその匈奴皇統の第六代が天つ日高彦渚武鵜茅葺き敢へず命の子に摺り替ってしまったことを判じ物したものであることになる。東西両王朝は既述の第一代の妃の万旗豊《よろづはたとよ》明《あ》き出風《づし》姫命、第二代の妃の神阿多《かむあた》つ姫から政略結婚をしている。したがって、このような摺り替りは有り得ることである。が、と

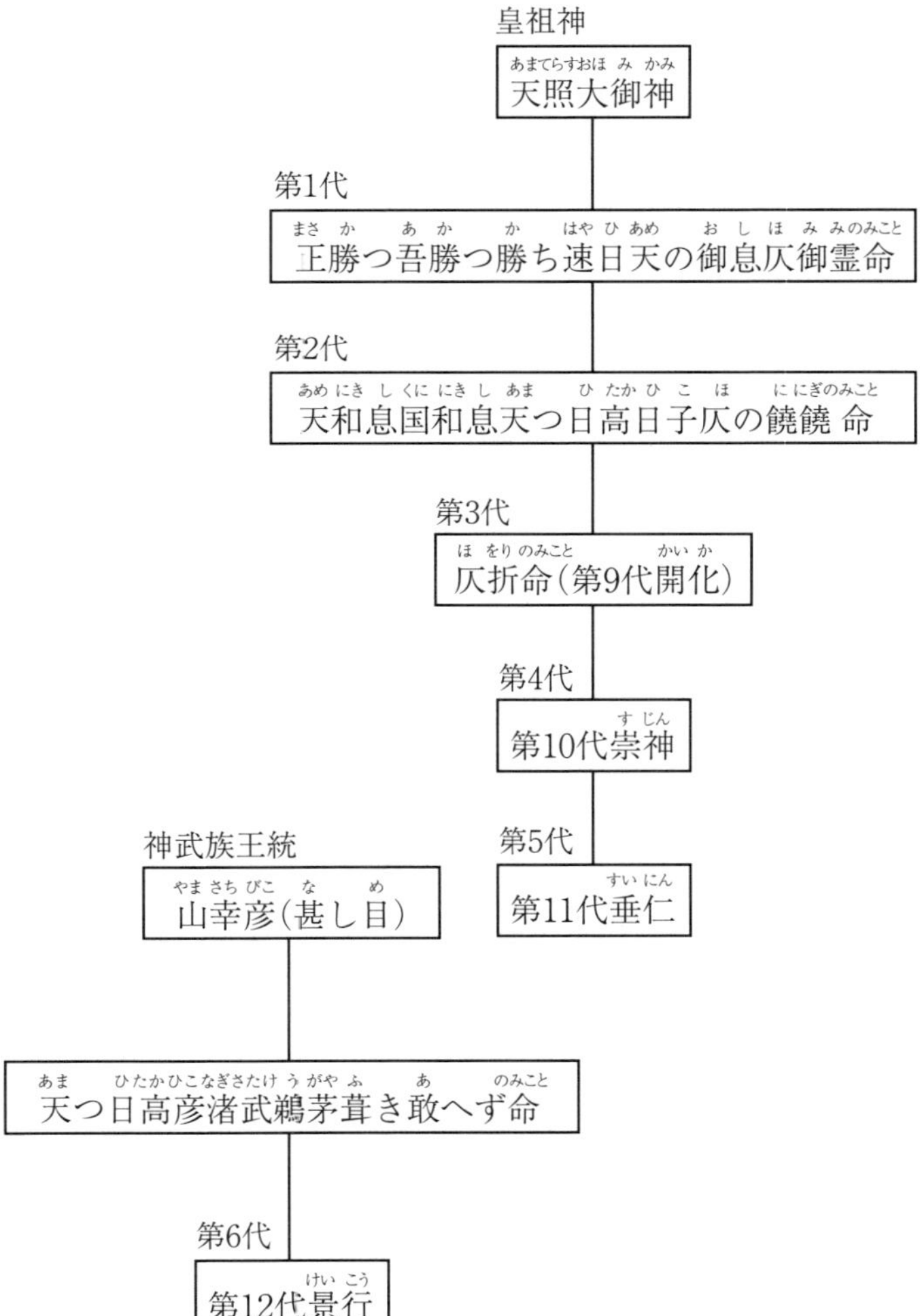

図36　匈奴皇統摺り替り

はいえ、皇統はその統一日本から匈奴皇統であるから、このような次第が許されるはずがない。いずれにしても、後世の皇統が神武族王統とは驚愕ではある。なるほど、匈奴皇統が神武族王統のてっぺんに乗っかっている訳である。なお、その真実の皇統はいずれ機会を得てご案内する。

第一代神武

第五代である。これは前節から神武族王統の初代で、第一代神武である。その父と母は未詳である。名称は「古事記」神代の火遠理命の、鵜葺草葺不合命の条に次のようにある。

是《こ》の天《あま》つ日《ひ》高彦《たかひこ》渚《なぎさ》武《たけ》鵜《う》茅《がや》葺《ふ》き敢《あ》へず命《のみこと》、其の姨《をば》玉依毘売命《たまよりびめのみこと》を娶《めと》して、生みませる御子の名は、五瀬命《いつせのみこと》。次に稲氷命《いなひのみこと》。次に御毛沼命《みけぬのみこと》。次に若御毛沼命《わかみけぬのみこと》。亦《また》の名は豊御毛沼命《とよみけぬのみこと》、亦の名は神倭伊波礼毘古命《かむやまといはれびこのみこと》。

名称は若御毛沼命《わかみけぬのみこと》である。別称は豊御毛沼命《とよみけぬのみこと》と神倭伊波礼毘古命《かむやまといはれびこのみこと》である。三者は一見して、若御毛沼命と豊御毛沼命が御毛沼を共有していることから同義のものである可能性が高い。とすれば、残る別称の神倭伊波礼毘古命《かむやまといはれびこのみこと》はひとまず、神日本《かむやまと》斎《い》晴《は》れ彦命《びこのみこと》の意と解することができるので、この斎晴《いは》れ関係のものであることになる。斎晴れ、伊波礼はifareである。したがって、これを踏まえて解釈することになる。

名称の、若御毛沼命《わかみけぬのみこと》である。これは若の、御の毛の沼の、命の意である。若《わか》である。これは若いことで、ここでは少年の意である。この少年は神武が少年の時神武族王に即位したというその事績からのものである。

御《み》の毛《け》の沼《ぬ》である。これは畏敬の、毛の沼の意である。毛《け》の沼《ぬ》である。この沼はその御の畏敬から単なる水溜り的なものではなく、霊水が涌出する神泉であることになる。とすると、涌出の霊水といえば、大の斎晴れの瞬間の神光（日光）がそれであるから、この毛の沼は天照大御神の女陰を指すことになる。したがって、毛の沼は恥毛の神泉で、天照大御神の女陰の意である。

これといえば、大の斎晴れの瞬間関係である。したがって、その名称はこれからの洒落名称であることが考えられるので、その洒落は以下の通りである。

御毛沼《みけぬ》——天照大御神《あまてらすおほみかみ》の女陰《ほと》(fotö)——天照大御神《あまてらすおほみかみ》の仄撓《ほと》(fotö)——大《おほ》の斎《い》晴《は》れの瞬間《きは》

天照大御神《あまてらすおほみかみ》の女陰《ほと》である。女陰《ほと》である。その原義は未詳である。したがって、その洒落は連想である。

天照大御神《あまてらすおほみかみ》の仄撓《ほと》である。仄撓《ほと》である。これは仄の撓で、仄の豊饒、すなわち、ここでは大の斎晴れの瞬間が仄かの豊饒の様であるところからのもので、その、大の斎晴れの瞬間の意である。撓《と》は未詳であるが、以下からのものである。

「万葉集」巻十・二三一五に次のようにある。

あしひきの　山道《やまぢ》も知らず　白橿《しらかし》の　枝《えだ》も等乎々《とをを》に　雪の降れれば　(「万葉集三」)

等乎々《とをを》は擬態語で、枝などが撓みしなう様をいう。発音はトヲヲ（töwowo）である。この

等乎々はその分注に、

或は云はく、枝も多和々々《たわたわ》

とあり、また、多和々々《たわたわ》という。発音はタワタワ（tawatawa）である。したがって、トヲヲ（töwowo）はトヲトヲ（töwotöwo）の略で、タワタワ（tawatawa）〜トヲトヲ（töwotöwo）、のa〜öの母音交替であることになる。とすると、枝などが撓みしなう様といえば、それは草木の豊かな実りや繁茂であるから、豊饒の様であることになるので、このタワ、トヲは豊饒を意味することになる。そこで、タワ（tawa）は撓《た》わ（tawa）、トヲ（töwo）は撓《と》を（töwo）で、わ（wa）、を（wo）は接尾語で、豊饒（豊作）の意と解される。したがって、撓《た》（ta）、撓《と》（tö）は豊饒（豊作）の意であることになる。

以上、まとめると、洒落名称で、少年の、大の斎晴れの瞬間の、命の意である。

別称の、豊御毛沼命《とよみけぬのみこと》である。これは右から、豊の、御の毛の沼の、命の意である。豊《とよ》である。これは豊饒（豊作）の意をいう。

御《み》の毛《け》の沼《ぬ》である。この場合はその涌出の霊水は右の豊饒（豊作）から、早熟（結実）の神産巣日神の小の斎晴れの瞬間の神光（日光）ということになるので、神産巣日神の女陰の意である。したがって、同様に洒落名称で、小の斎晴れの瞬間の意である。

以上、まとめると、豊饒（豊作）の、小の斎晴れの瞬間の、命の意である。

別称の、神倭伊波礼毘古命《かむやまといはれびこのみこと》である。これは前二称から、神弥真撓斎晴れ彦命《かむやまといはびこのみこと》の意である。名称は神の弥真撓の斎晴れの、彦の、命の意である。原文の倭《やまと》である。これは日本国の意をい

う。日本である。これは「日本書紀」神代上・第四段の訓注に、
日本、此《これ》をば邪麻騰《やまと》と云ふ。
とあり、邪麻騰《やまと》という。発音はヤマト（yamatö）である。この日本は一般に、彼の聖徳太子の、「隋書《ずいしよ》」倭国伝（六三六年成立）の、
日出《ひいづ》る処の天子、書を日没する処の天子に致す。恙《つつが》無しや云云。（和刻本正史「隋書（二）」《汲古書院・昭和四十八年》）
の、この日出《ひいづ》る処などから、日の出る本の国で、東、東方の国の類の意とされている。が、日の字義に、日が出るというものはない。したがって、誤解であることになる。
そこで、ヤマト（yamatö）である。この日本とヤマトは「万葉集」巻三・三一九（八世紀中頃成立）に次のようにある。
日本之《ひのもとの》　山跡国乃《やまとのくにの》
これは日《ひ》の本《もと》の、ヤマトの国の、で、日の本のはヤマトの枕詞をいう。日本は日の本の意である。したがって、日は日光（日差し）、本は始めで、日光（日差し）の始め、すなわち、冬至の夜明けの瞬間のことで、大の斎晴れの瞬間の意である。これから、ヤマト（yamatö）は弥真撓《やまと》（yamatö）の意であることになる。これは弥の真の撓で、弥栄の真実の豊饒、すなわち、その神神しい様からのもので、一は大の斎晴れの瞬間、一は大の斎晴れの瞬間の神光（日光）の意である。したがって、日本（倭）の原義はこの弥真撓の意であることになるので、倭《やまと》は右である。なお、日本（倭）の原義のその詳細の程はいずれ機会を得てご案内する。

神《かむ》の弥真撓《やまと》の斎晴《いは》れである。これは神の弥真撓の、斎晴れの意である。神《かむ》の弥真撓《やまと》である。これは神の弥栄の真実の豊饒で、といえば天照大御神と神産巣日神のその日射（日照）と神光（日光）があるので、ここでは天照大御神と神産巣日神の弥栄の真実の豊饒の意である。まとめると、天照大御神と神産巣日神の弥栄の真実の豊饒の、斎晴れで、大の斎晴れの瞬間と小の斎晴れの瞬間、すなわち、大、小の斎晴れの瞬間の意である。

以上、まとめると、大、小の斎晴れの瞬間の、彦の、命の意である。したがって、名称は若御毛沼命と豊御毛沼命のそれを合わせたものであることになる。

この神武の別称は要するに日光関係である。日光関係といえば、既述の「古事記」神代の迩迩芸命の、天孫降臨の条に、

　此地《ここ》は韓国《からくに》に向ひ、笠沙《かささ》の岬《みさき》を巻き通りて、朝日の直《ただ》差す国、夕日の日照る国なり。故《かれ》、
　此地は甚吉《いとよ》き地《ところ》。

とあり、この此地《ここ》、すなわち、天孫降臨の日向国《ひむかのくに》（宮崎県）がある。神武はこの日向国の王である。したがって、その名称はこれからのものであることが考えられることになる。

そこで、日向《ひむか》（fimuka）である。名称は日産日《ひむか》（fimuka）の意である。これは日の、産の日で、太陽の、生成の日射、すなわち、ここでは天照大御神と神産巣日神のその大、小の斎晴れの瞬間の意である。日《か》は日射する意の四段活用の動詞、日《か》る、の語幹で、日射の意である。したがって、別称は日向国の、彦の、命の意ということになる。これから、別称は日向国王からのものであることになる。

倭面土国王帥升

既述の「魏志」倭人伝の其の国本亦の条は次のように記している。

其の国本亦《もとまた》男子を以って王と為し、住《とど》まること七、八十年、倭国乱れ、相《あい》攻伐すること年を歴し、乃《すなわ》ち共に一女子を立てて王と為し、名づけて卑弥呼《ひみこ》と曰う。

邪馬壱国、すなわち、神武族の初代は男子で、その年代は卑弥呼即位の七、八十年前であるという。したがって、卑弥呼即位の年代が分かれば、その初代の年代、すなわち、第一代神武の年代が分かることになる。が、その即位年は未詳である。

そこで、卑弥呼の即位年である。卑弥呼の没年は記述の同伝の其の八年の条に、

塞曹掾史《さいそうえんし》張政等を遣わすことに因《よ》りて詔書、黄幢《こうどう》を齎《もた》らし、難升米《なんしょうべい》に拝仮《はいか》し、檄《げき》を為《つく》りて之《これ》に告喩《こくゆ》す。卑弥呼以《すで》に死し、

とあり、二四七年（正始八年）、宰相の甚し目（難升米）が卑弥呼の代理として、その詔書、黄幢を拝受しているので、その卑弥呼以に死しと、その前文の、

倭の女王卑弥呼と狗奴《こうど》国の男王卑弥弓呼《ひみきゅうこ》とは素《もと》より和せず、倭の載斯烏越《さいしうえつ》等を遣わして、郡に詣《いた》りて相《あい》攻撃する状を説《と》く。

の、この帯方郡への遣使から、二四七年である。とすると、右冒頭の「名づけて卑弥呼と曰う」に続いて、

年已《すで》に長大なるも夫壻《ふせい》無く、

とあり、卑弥呼は高齢である。したがって、弥生時代（前三〇〇～後三〇〇年頃）の成人の平均寿命は一般に四十歳程とされているので、二四七年当時の卑弥呼の年齢はその倍の八十歳程を想定することができる。これから、卑弥呼の生誕は一六七年頃であることになる。そこで、十五～三十歳頃の時即位したとすると、その即位年は一八二～一九七年頃であることになる。したがって、第一代神武の年代はこの七、八十年前であるから、一〇二～一二七年頃であることになる。が、これはいずれ機会を得てご案内するが、その実際のところは卑弥呼の即位年は二〇八年頃、また、第一代神武の年代は一二六年頃である。神武の年代はまた後述する。

さて、そうするとこの年代は後漢（二五～二二〇年）の時である。そこで、「後漢書《ごかんじょ》」倭人伝（四二六年頃成立）をみてみると、

安帝の永初元年、倭国王帥升《すいしょう》等生口《せいこう》百六人を献じ、願いて見《まみ》えんことを請《こ》う。（同「後漢書」三）

とあり、この倭国王帥升《すいしょう》がいる。一〇七年（安帝の永初元年）、帥升は後漢に入朝した。この倭国王帥升は「翰苑《かんえん》」蕃夷部・倭国条（六六〇年頃成立）に、

倭国上国師升（竹内理三・校訂、解説「翰苑」《吉川弘文館・昭和五十二年》。以下同）

「通典《つてん》」辺防一・第一東夷上・倭条（八〇一年頃成立）に、

倭面土地王師升（「通典」《国立中央図書館蔵明刊本影印》。以下同）

とあり、一般に、倭面土《わめんど》国王帥升《すいしょう》で、倭国の、面土国の王の、帥升とされている。

この倭面土国王師升はその年代から第一代神武である可能性が高い。そこで、その名称の解釈である。まず、面土国である。面土である。その日本音である。これは面はミィアン（mian）、土はタァッグ（t'ag）で、ミタ（mita）、その現代音は同じくミタである。

字義（原義）である。これは面は顔、土は五行の一で、その方角の、中央の意をいう。まとめると、面の土で、顔の中央の意であるが、その日本音から以下の洒落による洒落名称である。

　面土《みた》――顔《かほ》の御中《みなか》――日仄《かほ》の冬至《はつはる》――大《おほ》、小《こ》の斎晴《いは》れの瞬間《きは》――三神撓《みた》（mita）

面土《みた》である。土である。その中央は御中《みなか》という。

顔《かほ》の御中《みなか》である。顔である。その原義は未詳である。が、右の洒落から、日仄《かほ》の意であることになる。これは日の仄で、日光の仄か、すなわち、ここでは夜明けの意である。夜明けは最初はポッと赤く明るくなり、そして、暗い夜空が晴れて、青空となり青くなる。顔は赤くなったり、青くなったりする。したがって、顔は夜明けと同じということで、日仄ということになる。御中《みなか》である。これはまた、冬至《はつはる》（初晴る・初春）の意であった。

日仄《かほ》の冬至《はつはる》である。これは日の仄の、冬至で、日光の仄かの、冬至の意である。これといえば、その大、小の斎晴れの瞬間である。

大《おほ》、小《こ》の斎晴《いは》れの瞬間《きは》である。これはその様は日本《やまと》（倭）の弥真撓《やまと》同様、斎晴れの三神のその豊饒なる様である。

三神撓《みた》である。これは三神の撓で、ここでは斎晴れの三神の豊饒、すなわち、その大、小の斎晴れの瞬間の意である。

日本音のミタ（mita）である。これは右から、三神撓《みた》（mita）の意である。右に同意で、斎晴れの三神の豊饒、すなわち、大、小の斎晴れの瞬間の意である。

以上、面土は字義の洒落名称を兼ねた音訳で、その日本音は三神撓《みた》で、大、小の斎晴れの瞬間の意、その字義は面の土で、洒落名称で、同じく大、小の斎晴れの瞬間の意である。したがって、面土《みた》国は三神撓《みた》国である。

帥升である。その日本音である。これは帥はスィエル（siër）、升はティォング（thiəŋ）で、スィチ（suïtʃi）、その現代音はシシである。スィ（suï）、チ（tʃi）は共に万葉音シ（si）である。したがって、スィチ（suïtʃi）はsï乙類は未詳なので、suïは以下suï甲類で、シシ（suïtʃi）とする。

シシ（suïtʃi）である。第一代神武は「古事記」神武の東征の条に、

神倭伊波礼毘古命《かむやまといはれびこのみこと》、其の同母兄《いろせ》五瀬命《いつせのみこと》と二柱、高千穂宮《たかちほのみや》に坐《ま》して議《はか》りて云《の》りたまひけらく、「何地《いづこ》に坐さば、平らけく天下《あめのした》の政《まつりごと》を聞《きこ》し看《め》さむ。猶《なほ》東に行かむ。」とのりたまひて、即ち日向《ひむか》より発たして筑紫《つくし》に幸行《い》でましき。

とあり、日向国から東征している。そして、結局、同条に、

故《かれ》、かく荒ぶる神等《かみども》を言向《ことむ》け平和《やは》し、伏《まつろ》はぬ人等《ひとども》を退《そ》け撥《はら》ひて、畝火《うねび》の白檮《かし》原宮《はらのみや》に坐《ま》しまして、天下《あめのした》治《し》らしめき。

とあり、西日本を平定統一して、大和国の畝火山の麓の橿原《かしはら》、すなわち、奈良県橿原市久米《くめ》町辺りに都した。したがって、この東征、西日本平定から、神武が智将、猛将であったことが

考えられることになる。そこで、シシ（suitʃi）は猪《しし》（suitʃi）の意と解される。猪は獰猛《どうもう》である。

したがって、転じて、猛将を意味する。

字義（原義）である。帥は将軍（大将）、升は枡の意をいう。まとめると、帥の、升で、将軍（大将）の、枡の意であるが、その日本音から以下の洒落による洒落名称である。

帥升《しし》――将軍《いくさのきみ》（ikutsanökimi）の、枡《ます》（matsu）――活矢《いくさ》（ikutsa）の男霊《きみ》（kimi）の、

真巣《ます》（matsu）――高御産巣日神《たかみむすひのかみ》の、真巣《ます》――井《ゐ》（wi）――猪《ゐ》（wi）――猪《しし》

将軍《いくさのきみ》の、枡《ます》である。将軍《いくさのきみ》である。これは軍《いくさ》の君《きみ》で、軍勢の将軍の意をいう。軍《いくさ》である。

これは戦争、戦士（武人）、軍勢などの意をいうが、その原義と発音は未詳である。が、右の洒落から、活矢《いくさ》（ikutsa）の意と解される。これは活の矢で、活力ある矢、すなわち、鏑矢の意である。この鏑矢はそのヒウ鳴の飛翔音から、戦闘の合図に使用されたものと解される。したがって、その意はこれからのものである。君《きみ》（kimi）である。これは王《きみ》（kimi）と同源であるが、その原義は未詳である。が、これも右の洒落などから、男霊《きみ》（kimi）の意と解される。これは男の霊で、男の神霊、すなわち、ここでは高御産巣日神の意である。この名称は国家新嘗祭からのものである。すなわち、祭主が男王の場合はその神婚から高御産巣日神ということになるので、その男の神霊からのものである。枡《ます》である。その原義は未詳である。が、これも右の洒落などから、真巣《ます》の意と解される。これは真の巣で、真実の鳥の巣、すなわち、鳥《とり》（töri）――照《と》り（töri）、の日照の洒落名称で、ここでは真実の日照の神座、すなわち、天の石屋の日照の神座の意である。

図37　クフ王のピラミッドの王の間の石棺
監訳者矢島文夫 訳者吉田春美「ピラミッド」(河出書房新社・1998年)より転載

活矢《いくさ》の男霊《きみ》の、真巣《ます》である。これはそのまま、活矢の男霊の、真巣で、ヒウ鳴の男の神霊の、天の石屋の日照の神座、すなわち、ヒウ鳴はまた大の斎晴れの瞬間のその天地鳴動の音であるから、高御産巣日神の、天の石屋の日照の神座の意である。

高御《たかみ》産巣《むす》日神《ひのかみ》の、真巣《ます》である。これはその詳細の程はいずれ機会を得てご案内するが、ご覧のクフ王のピラミッドの王の間の石棺（前二五五二年頃）である。この石箱は棺でありながらなぜか蓋がない。しかも、向かって左側上部が欠損している。そして、石棺内部は空で、そのミイラ（遺体）はない。また、石棺の向かって右側前方になぜか石棺とは無縁のはずの岩（石）がある。何とも珍妙な石棺である。その欠損である。この石棺に注水して満水にすると、そこから水が涌出する。したがって、この石棺は涌出を表意していることになる。岩（石）である。これといえば、天の石屋である。したがって、この岩（石）はこの石棺が天の石屋のそれであることを表意していることになる。

　そこで、この石棺はその形状は空箱状であるから石棺ではなく、日《か》ら蛇《は》日《こ》の神座（真巣）は空箱《からはこ》という、
　日《か》ら蛇《は》日《こ》（fakö）――空箱《からはこ》（fakö）

の洒落によるもので、右と解される。日《か》ら蛇《は》日《こ》である。これは日らの、蛇の日で、日射の、初日の御魂神の日光、すなわち、ここでは大の斎晴れの瞬間の神光の意である。空箱《からはこ》である。これのそのまま、空の箱の意である。箱の原義は未詳であるが、その発音はその洒落から右ということになる。大の斎晴れの瞬間の神光は涌出する。

井《ゐ》である。これは涌出の意である。この涌出の様は威勢がよい。

猪《ゐ》である。これはその獰猛から威勢がよい。また、シシという。

以上から、倭面土《わみた》国王帥升《しし》は日本《わ》国三神撓《みた》国王猪《しし》で、日本国の、三神撓国王の、猪の意である。さて、そうすると、この三神撓国である。何所であろうか。このミタなる国名は後世のそれには見当たらない。が、この三神撓はまた、日産日《ひむか》の意である。したがって、三神撓国は日向国であることになる。これから、日本《わ》国三神撓《みた》国王猪《しし》は日本国日向国王猪であることになる。したがって、日本国三神撓国王猪は第一代神武と結論される。第一代神武は一般に、後世の大和朝廷が創作、捏造した架空の人物とされているが、実在の人物であったのである。これから、その神武東征、西日本王朝は史実であることになる。

　そこで、第一代神武の年代である。これは神武東征の西日本平定、統一の年代である。その

神武東征の所用年数は同東征の条が次のように記している。

　即《すなは》ち日向《ひむか》より発《た》たして筑紫《つくし》に幸行《い》でましき。……筑紫の岡田宮《をかだのみや》に一年《ひととせ》坐《ま》しき。……安芸《あきの》国《くに》の猛《たけ》り宮《のみや》に七年《ななとせ》坐しき。……吉備《きび》の高島宮《たかしまのみや》に八年《やとせ》坐しき。

　第一代神武は日向国（宮崎県）から東征して、筑紫《つくし》を侵略し、その岡田宮に一年滞在した。筑紫は広義には九州、狭義には福岡県北西部（筑前）、同南部（筑後）辺りをいう。したがって、北九州平定はこの頃であることになる。これから、一〇七年の後漢入朝はこの後のこととなる。この二世紀初頭頃、北九州の甕棺墓《かめかんぼ》が一斉に消滅する。この甕棺墓は縄文時代（前一〇〇世紀～三〇〇年頃）からその墓制の中心をなす伝統的な甕状の棺のそれをいう。したがって、その消滅は東征によるものであることになる。これから、北九州平定の年代はその入朝には一年程を要したであろうから、一〇五年頃であることになる。

　その後漢からの帰国は翌一〇七年か、一〇八年頃が推定される。したがって、その後の東征はその準備もあり、その二、三年後の、一一〇年頃が推定されることになる。そこで、その後漢入朝である。これといえば、「後漢書」倭人伝に、

　建武中元二年、倭《わ》の奴《な》国奉貢して朝賀す。使いの人、自ら大夫《たいふ》と称す。倭国の極南界也り。光武賜うに印綬を以ってす。

とあり、その五十年前の五七年（建武中元二年）、奴《な》国が後漢に入朝して印綬を下賜されている。彼の漢委奴《かんわな》国王の金印がそれである。この漢委奴国王は一般に、漢の、委の、奴国の王で、漢の、日本国の、奴の国の王の意とされている。奴国は一般に、既述の「魏志」倭人伝の

奴国で、福岡県（福岡県福岡市）辺りとされている。この当時、朝鮮半島南部の沿海部に防塞的高地性集落が出現している。この集落はその詳細の程はいずれ機会を得てご案内するが、奴国の侵略に対する防塞である。したがって、奴国の後漢入朝はその支配権獲得の為であったことになる。これから、第一代神武のその入朝もこれを継承したものであることになる。当時の朝鮮半島南部は製鉄の産地であった。両者はこれを支配しようとしたのである。

帰国後の一一〇年頃からの東征である。これは安芸《あき》国の猛《たけ》り宮の七年滞在である。安芸国は広島県西半をいう。したがって、第一代神武はここを拠点として、その周辺諸国を七年かけて平定したことになる。その平定年代は一一七年頃である。

次は吉備《きび》国の高島《たかしま》宮の八年滞在である。吉備国は岡山県、広島県東半をいう。したがって、同様に神武はここを拠点として、その周辺諸国を平定したことになる。その年代は一二五年頃である。

次である。これは既述の「古事記」神武の東征の条の、

故《かれ》、其の国より上《のぼ》り幸《い》でましし時、亀甲《かめのせ》に乗りて、釣為作打《つりしつつ》ち羽挙《はぶ》き来る人、

となり、迅速進軍の隼人の甚し目となって、日下《くさか》の楯津《たてつ》（日下の蓼津《たでつ》）の合戦となる。が、

是《ここ》に登美毘古《とみびこ》と戦ひたまひし時、五瀬命《いつせのみこと》、御手《みて》に登美毘古が痛矢串《いたやぐし》を負ひたまひき。

ということで、兄の五瀬命が負傷して、敗退となり、南隣の和歌山県へ南下する。そして、同県東牟婁《むろ》郡、新宮市辺りから逆に北上して奈良県へと向かい、熊野山中を踏破して、奈良盆地南端へ出て、その背後を突き、結局勝利して、その東征は完了する。が、この奇襲戦は一見

して見え見えのそれであるから、第一代神武の事績ではなく、神武軍の別働隊のそれであることになる。これならば神武軍本陣が大阪辺りにあれば、正に奇襲戦となる。そこで、その間の所用年数であるが、同条は明記していない。ということはその奇襲戦が短期間であったということになる。

以上から、第一代神武の年代は一二六年頃と結論される。

神武族は何者

では、神武族は何者であろうか。神武族の本貫は日向国で、宮崎県辺りである。当時、二世紀頃の先進弥生文化圏は一般に、福岡県を中心とする北九州と、奈良県を中心とする関西とされている。したがって、神武族はその日本の両雄を倒して、西日本を平定、統一したことになる。当然、神武族はこれに匹敵する一大勢力であったことになる。が、考古学的にはそのような存在は未詳である。文献資料と考古学資料が一致しない。奇妙なことである。が、とはいえ、宮崎県辺りの一土着勢力が西日本を征服するという構図は考えにくいので、神武族は何か特別な一大勢力であったことになる。

そこで、まず、その神武軍をみてみる。これは「古事記」は明記していないが、「日本書紀」神武元年前七年冬十月丁巳朔辛酉条に次のようにある。

天皇《すめらみこと》、親《みづか》ら諸《もろもろ》の皇子《みこたち》、船師《ふないくさ》を帥《ひき》ゐて東を征《う》ちたまふ。

神武軍は船師《ふないくさ》、すなわち、水軍である。水軍といえば、第一代神武は朝鮮半島南部を侵略している。また、朝鮮半島経由で後漢に入朝している。これには水軍が必須である。したがって、神武軍は後世の倭寇のような海陸両用の水軍であったことになる。実際これは考古学的にも妥当である。

ご覧の図は弥生系高地性集落址全国的分布である。弥生系高地性集落は水田耕作の普及にともなって低湿地集落が一般化していく弥生時代（前三〇〇～後三〇〇年頃）にあって、見晴しの効く台地や山上に造られた武力抗争の為の逃城的な防御集落をいう。図は昭和四十七、八年、全国各地の考古学者が国の助成を受けてその集落址の研究を行ったもので、その全国的分布と推定年代は次の通りである。以下、図同書二一二～二一五頁参考。

第一期　前三、四世紀頃　　博多湾周辺を除く西北九州
第二期　前一、二世紀頃　　北九州、山口県、広島県の瀬戸内海側
第三期　二世紀頃　　瀬戸内海周辺一帯、及び、中部、関東の一部と東北地方
第四期　三世紀頃　　瀬戸内海周辺一帯、及び、中部、関東の一部と東北地方

神武東征は二世紀初期頃であるから、第三期である。ご覧のように瀬戸内海周辺一帯に分布している。ということはその武力抗争の為の防御集落（防塞）から、当時の瀬戸内海周辺一帯は戦乱地帯であったことになる。したがって、その年代の合致から、その戦乱は神武東征によるものであることになる。これから、神武軍はその瀬戸内海周辺一帯から水軍であったことになる。

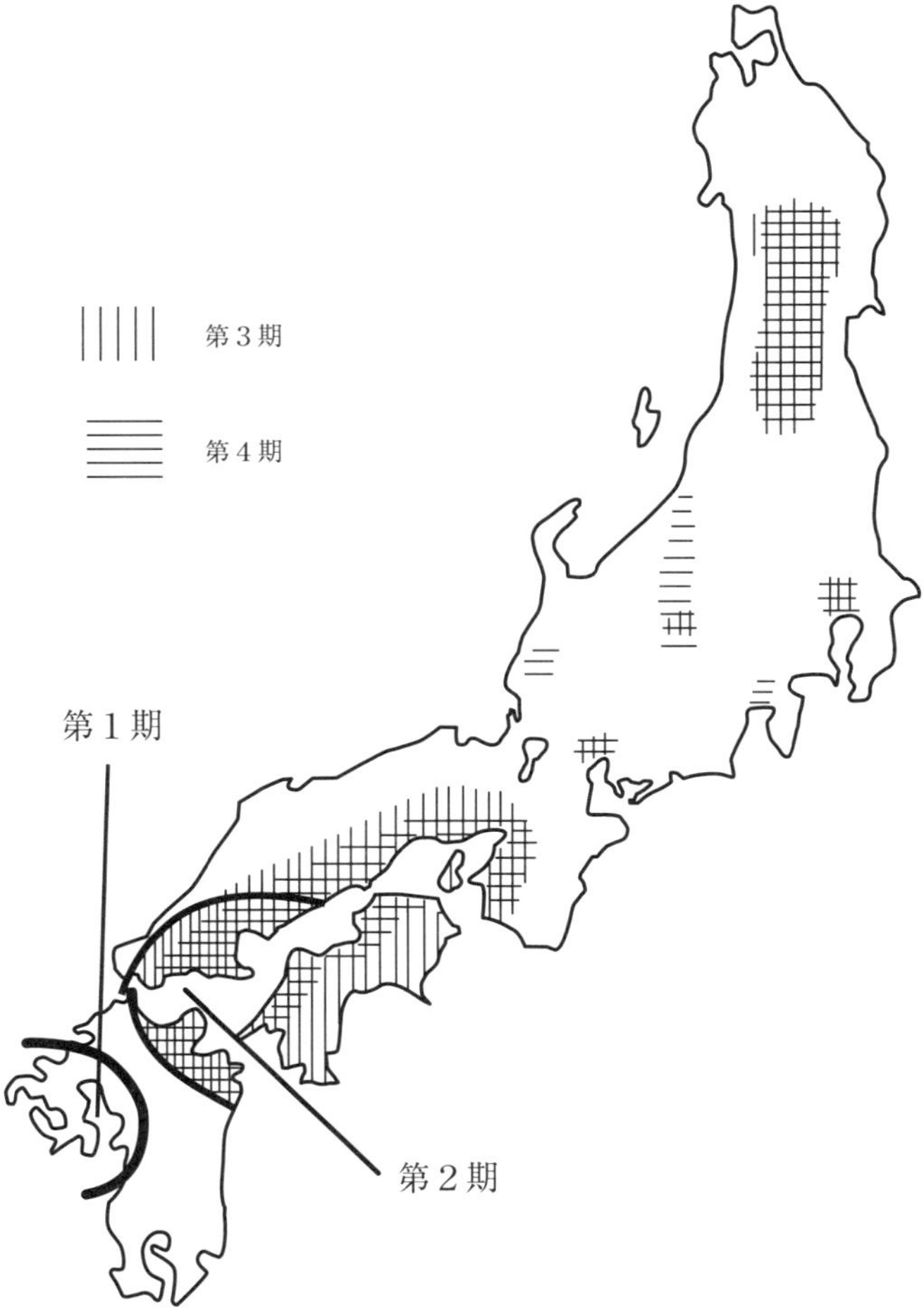

図38　弥生系高地性集落址全国的分布
小野忠凞「高地性集落論」その研究の歩み（学生社・昭和59年）
図45高地性集落遺跡全域分布図より作成

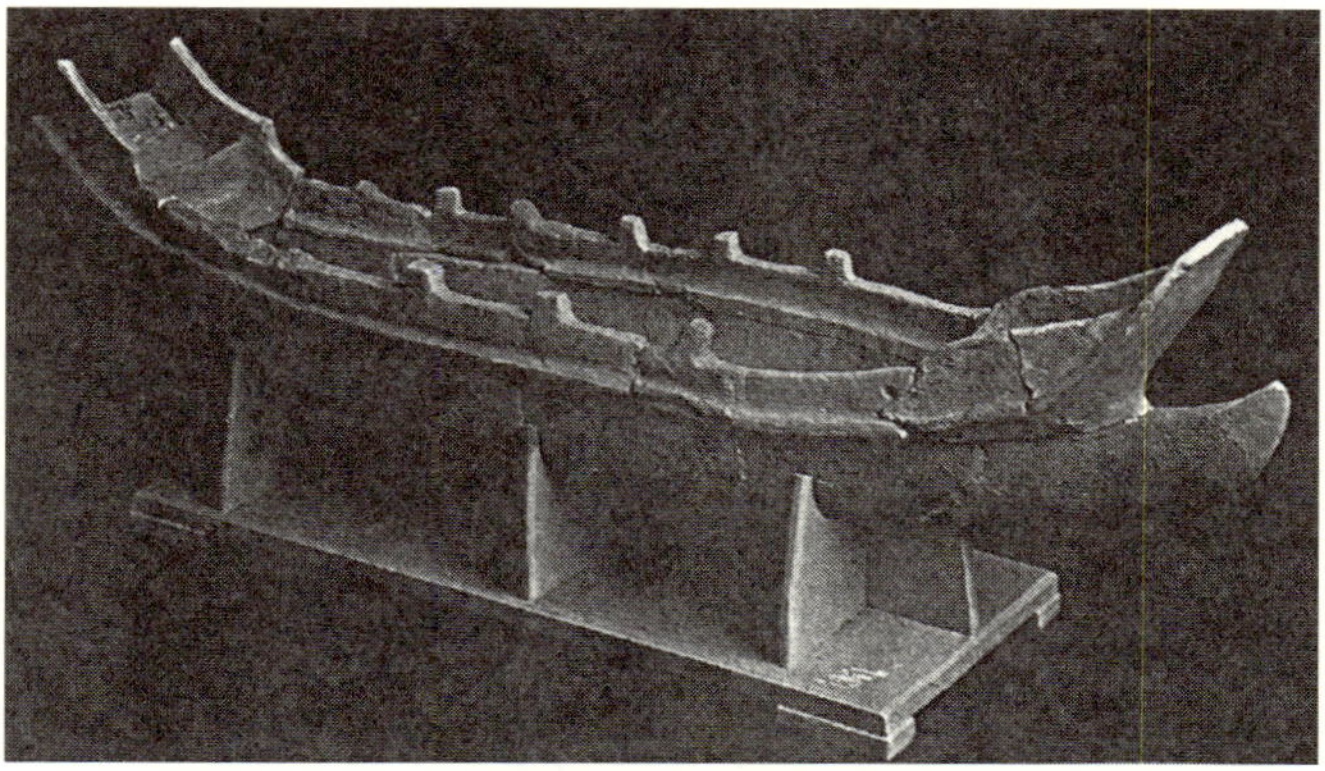

図39　古代の軍船
「古代史発掘」'88～'90新遺跡カタログVOL3
（朝日新聞社・1991年）20頁より転載

そこで、当時の軍船（船）である。これはご覧の図から推定される。図は五世紀前半のニゴレ古墳（京都府京丹後市弥栄町鳥取・丹後半島）出土の船形埴輪である。図同書・二〇頁によれば、この船は再現すると、原始的な刳《くり》船（丸木船）の上部に波除けの板を張った、全長十五米程の準構造船の軍船で、五、六十人は乗れたという。これからその五世紀前半の年代から、五世紀以前の古代の軍船はこの程度のものということになるので、当時のそれも同様であったことになる。

この軍船は当時としては大型船である。大型船は「日本書紀」神功《じんぐう》摂政前冬十月己亥朔辛丑条に、

則《すなは》ち大きなる風順《おひかぜ》に吹きて、帆舶《ほつむ》波に随《したが》ふ。

とあり、舶《つむ》という。が、その原義は未詳である。舶《はく》は船舶の舶で、大型船をいう。

ツムといえば、ツブ（tubu）～ツム（tumu）、

のb~mの子音交替で、粒《つぶ》（tubu）がある。粒は小さくて丸いものをいう。これといえば、砂《じゃ》利《り》（小石）がある。この砂利（小石）は古代のそれは未詳であるが、後世は子供の意をいう。子供が砂利（小石）のように小さいところからのものである。そこで、古代も同様であったとすると、子供は粒であることになる。すなわち、粒《つぶ》（tubu）~粒《つむ》（tumu）、のb~mの子音交替で、子供は粒《つむ》であることになる。したがって、これから船《つむ》の原義は粒で、子供の意と考えることができる。

神武当時以前で、子供、大型船といえば、既述の徐福等の日本渡来がある。徐福等の船はその日本渡来から外洋船であるから、大型船であることになる。子供は既述の「魏志」呉王伝の二年春正月条の、

秦の始《し》皇帝、方士徐福《じょふく》を遣わし、童男童女数千人を将《ひき》いて、海に入りて、蓬萊《ほうらい》神山及び仙薬を求めしむ。

の、この童男童女数千人のことである。道教の僧、徐福は数千人の男女の幼児を引き連れて日本に渡来した。「史記」秦始皇《しこう》本紀・二十八年条に、

斉人徐市《せいひとじょふつ》等上書《じょうしょ》して言う。海中に三神山有り、名づけて蓬萊《ほうらい》、方丈《ほうじょう》、瀛洲《えいしゅう》と曰う。僊人《せんにん》之《これ》に居《お》る。請《こ》う斎戒して童男女と与《とも》に之を求むることを得ん、と。是《ここ》に於《お》いて徐市に童男女数千人を発し、海に入りて僊人を求め遣《つかわ》しむ。（和刻本正史「史記」一）

とあり、始《し》皇の二十八年、すなわち、前二一九年のことである。徐福は右では徐市《じょふつ》とある。両者は一般に同一人物とされている。実際その詳細の程はいずれ機会を得てご案内するが、「古

事記」神代の判じ物などが徐市（徐福）等の日本渡来を明記している。すなわち、舶《つむ》は子供《つむ》（粒）が乗った大型船であるところからのもので、子供の意と解される。

徐市（徐福）等は右「魏志」呉主伝に、

亶洲《たんしゅう》は海中に在り。長老伝えて言う。秦の始皇帝方士徐福を遣わし、……此の洲《くに》に止《とど》まりて還らず。世相《よよ》い承《う》けて数万家有り。

とあり、亶洲《たんしゅう》に渡来した。そして、土着して、その子孫が繁栄し、数万家という一大勢力となった。

この亶洲は日本列島、またはその一地方であった。そこで、これをみてみる。まず、その日本音である。これは亶はタン（tan）、洲はティオッグ（tiog）で、タティ（tati）、その現代音はタチである。

字義（原義）である。亶は物が多く集積されていて沢山ある様をいう。したがって、ここでは豊饒（豊作）の意である。洲は川の中の小島（洲《す》）をいう。まとめると、亶の洲で、豊饒（豊作）の川の中の小島（洲）の意であるが、その日本音から以下の洒落による洒落名称である。

亶洲《たち》——豊饒《とよ》の川中島《かわなかじま》——豊饒《とよ》の日蛇冬至息間《かはなかじま》——大《おほ》、小《こ》の斎晴《いは》れの瞬間《きは》——撓千《たち》

豊饒《とよ》の川中島《かはなかじま》である。川《かは》である。その原義は未詳である。が、右の洒落などから、日蛇《かは》の意であることになる。これは日の蛇で、太陽の蛇、すなわち、川が蛇のように蛇行しているところからのもので、初日の御魂神の意である。中《なか》である。これはまた、冬至の意である。島《じま》である。その原義は未詳である。が、島は周囲を水で囲まれた陸地をいう。したがって、水間《しま》の意

と解される。これは水の間で、水の一区画、すなわち、島が水の中にあるところからのもので、水の中にある一区画の陸地の意である。水《し》は未詳であるが、大の斎晴れの瞬間のその息吹の息《し》（神光）がまた、涌水であるところから、息《し》はまた水《し》ということになるので、これなどからのものである。したがって、その洒落は、島《じま》（水間《じま》）——水間——息間《じま》、の連想の洒落で、右である。水間《じま》である。これは水の間で、涌水の時間帯、すなわち、大の斎晴れの瞬間の意である。息間《じま》である。これは息の間で、息吹の時間帯、すなわち、神光（日光）の時間帯の意である。豊饒《とよ》の日蛇《かは》冬至《なか》息間《じま》である。これは豊饒の、日蛇の冬至の、息間で、豊饒の、太陽の蛇の冬至の、息吹の時間帯、すなわち、豊饒の、初日の御魂神の冬至の、息吹の時間帯で、大、小の斎晴れの瞬間の意である。

大《おほ》、小《こ》の斎晴《いは》れの瞬間《きは》である。これは大豊饒の様で、また、大豊饒を生成する。したがって、大豊饒であることになる。

撓千《たち》である。これは撓が千で、豊饒が沢山、すなわち、大豊饒の意である。

日本音のタティ（tati）である。これは右から、撓千《たち》（tati）の意である。右に同意で、大豊饒の意である。

以上、亶洲は字義の洒落名称を兼ねた音訳で、その日本音は撓千《たち》で、大豊饒の意、その字義は亶の洲で、洒落名称で、同じく大豊饒の意である。

右から、亶洲は広義では大豊饒の弥真撓《やまと》（yamatö）で、日本《やまと》（yamatö）、すなわち、日本国、狭義では大豊饒の三神撓《みた》（mita）で、日産日《ひむか》（fimuka）、すなわち、面土《みた》（mita）国の日産日国で、宮崎県辺りの日向《ひむか》（fmuka）国であることになる。
という次第で、神武族は徐市等一行、すなわち、徐市と童男童女等の子孫であることになる。

徐市と童男童女等は何者

では、その徐市と童男童女等は何者であろうか。まず、徐市等である。徐市は前節の「史記」秦始皇本紀・二十八年条に、

　斉人《せいひと》徐市等上書して言う。

とあり、斉人《せいひと》である。斉は斉国で、山東省辺りをいう。したがって、徐市は漢民族であることになる。また、徐市の仲間達も同様であることになる。徐市は一九八二年の中国江蘇省韓楡《かんゆ》県の地名調査によれば、同県金山郷後徐阜村の出身であるという。この後徐阜村はかつては徐福村であったという（池上正治編訳「不老を夢みた徐福と始皇帝」《勉誠社・平成九年》）。この徐市の出身地は山東省の南隣である。

　童男童女等である。これも当然のことながら漢民族であることになる。が、そうはいかない。というのはその数千人から、徐市等一行の主体ということになるので、後世の神武族はこの童男童女等の子孫ということになるからである。そうであれば、もし漢民族であればその遺伝子は漢民族であるから、現在の日本人の多くがその子孫ということになるので、数千万人の漢民族が存在することになる。が、そのような事実は皆無である。神武族の子孫はなぜか皆日本民

図40　日本民族４族

族である。ということは童男童女等は日本民族であったことになる。

日本民族はその詳細の程はいずれ機会を得てご案内するが、かつて四族存在した。日本列島の縄文族（縄文人）、中国大陸の彼の中国史書が蛮族とする、北狄《ほくてき》族、東夷《とうい》族、西戎《せいじゅう》族である。

縄文族は一般に、前一万年頃、ロシア国沿海州辺りから北回りの樺太《からふと》（サハリン）経由、南回りの朝鮮半島経由で日本に渡来したとされている。採集狩猟原始農耕民である。

北狄《ほくてき》族は騎馬遊牧民である。中国の北方、万里の長城辺りからモンゴル国、南シベリア辺りに居住した。天皇族の匈奴はこの北狄族である。

東夷《とうい》族は農耕牧畜民である。中国の東方、山東《さんとう》、江蘇《こうそ》、安徽《あんき》、浙江《せっこう》省辺りに居住した。

図41　良渚文化陶文
図18（83頁）同書106頁・図９より転載

わが国に稲作を将来したのはこの東夷族である。これは次述する。

西戎《せいじゅう》族は騎馬遊牧民と農耕牧畜民である。中国の西方、甘粛《かんしゅく》、青海《せいかい》省、陝西《せんせい》省西部辺りに居住した。中国神話に登場する五竜《ごりゅう》氏、燧人《すいじん》氏、太皞庖犠《たいこうほうぎ》氏は西戎族、女媧《じょか》氏は北狄族、有巣《ゆうそう》氏、日下《じっか》氏は東夷族である。皆、神話ではなく実在した。しかも中国文明（前五〇〇〇年頃～）の創始者で、五竜氏、燧人氏、太皞皞庖犠氏、女媧氏は王朝を創立し、古代中国に二千年程君臨した。すなわち、五竜王朝は前四十八世紀初期頃～四十三世紀末頃、燧人王朝は前四十三世紀末頃～三十九世紀末頃、太皞庖犠王朝は前三十九世紀末頃～三十四世紀末頃、女媧王朝は前三十四世紀末頃～二十九世紀中頃である。

　わが国の稲作農耕は一般に東夷族の地から将来したとされている。ご覧の図は、「良渚《りょうしょ》文化陶文」である。その詳細の程はいずれ機会を得てご案内するが、中国浙江省余杭市南湖出土、年代は良渚文化時代で前三三〇〇〜二三〇〇年頃である。良渚文化は江蘇、浙江省辺りの新石器文化をいう。浙江省莫角山遺跡から宮殿址らしきものが、また同省反山遺跡から王権の象徴である玉琮《ぎょくそう》などが出土しており、すでに国家の段階に達しているという（「朝日新聞・平成十二年六月十三日朝刊」一六面・浙江省の良渚遺跡群《朝日新聞東京本社》）。図は模写で、黒陶罐（酒器）の上部に描かれている。古代日本語の絵文字で、その全文は上下の二列で、女媧王朝と太皞庖犠王朝を明記している。

女媧王朝（女希王朝）は大凶作、凶作か豊作、大豊作　　太皞庖犠王朝は平年作

右から、童男童女等は東夷族であることになる。では、その東夷族の何族であろうか。秦は前二二一年、中国を平定統一した。したがって、童男童女等の日本渡来は前二一九年であるから、この統一頃以前からの東夷族であることになる。とすると、前述秦始皇本紀・二十五年条に、

王翦《おうせん》遂に荊《けい》の江南《こうなん》の地を定む。越《えつ》の君を降し、会稽郡《かいけい》を置く。

とあり、前二二二年、秦は王翦を将軍として楚《そ》国の江南地方を攻略平定し、越《えつ》国の越族諸王を降服せしめて、浙江省、福建省北部辺りに会稽郡を設置した。楚国（荊国）は長江中、下流域周辺の湖北、河南、安徽、江蘇、貴州、湖南、江西、浙江省辺り、江南はその安徽、江西、浙江省、江蘇省南部辺り、越国は浙江省辺りをいう。この越国は一般に非漢民族で、原住民の越族の国とされている。したがって、越族はその東夷族の地から、東夷族の一であることになる。すなわち、童男童女等は東夷族の一の越族であることになる。

そうすると、右同書南越尉佗列伝の冒頭に、

秦の時、已《すで》に天下を并せ、揚越《ようえつ》を略定し、桂林《けいりん》、南海《なんかい》、象《しょう》郡を置き、謫徒《たくと》を以って民とし、越と雑処させること十三歳。（和刻本正史「史記」二）

とあり、秦はその翌年の前二二一年、中国を平定統一するとさらに南侵して、広西省辺りに桂林郡、広東省辺りに南海、象郡を設置して、地方左遷者を移民として移住させて、越族と雑居させた。ということは秦はその侵攻中に南北から挟撃される恐れがある訳であるから、会稽郡の越族諸王がそうしないように手を打つ必要がある。このような場合、普通は人質を取る。実際、同書東越列伝・元封元年冬条に、

是に於て天子曰く、東越《とうえつ》は狭く、阻《そ》多し。閩越は悍《あら》く、数《しばしば》反覆す。軍吏に詔し、皆其の民を将い、江淮《こうわい》の間に徙《うつ》し処《おら》しむ。

とあり、秦の次の前漢王朝（前二〇六～後八年）はその百年程後の前一一〇年、浙江省辺りは地形が険しくて、福建省辺りの越族は慓悍で、前漢王朝に対してしばしば反乱するということで、東越（福建省）の越族を江蘇、安徽省辺りに強制移住させている。ということで、これなどから秦は越族諸王から人質を取ったと結論される。したがって、童男童女等はこの時の越族諸王の幼児の人質とその御供などの関係者であることになる。

この人質は神武族の本来的な事柄であるから、その呼称となった可能性がある。そこで、それらしきものをみてみると、既述の匈奴第二代日子仄《ひこほ》の饒饒《ににぎ》命の妃の、神阿多《かむあた》つ姫《ひめ》の阿多《あた》がある。これは鹿児島県西部の阿多国の名称で、その語義は未詳であった。阿多《あた》は人質の意と解さ

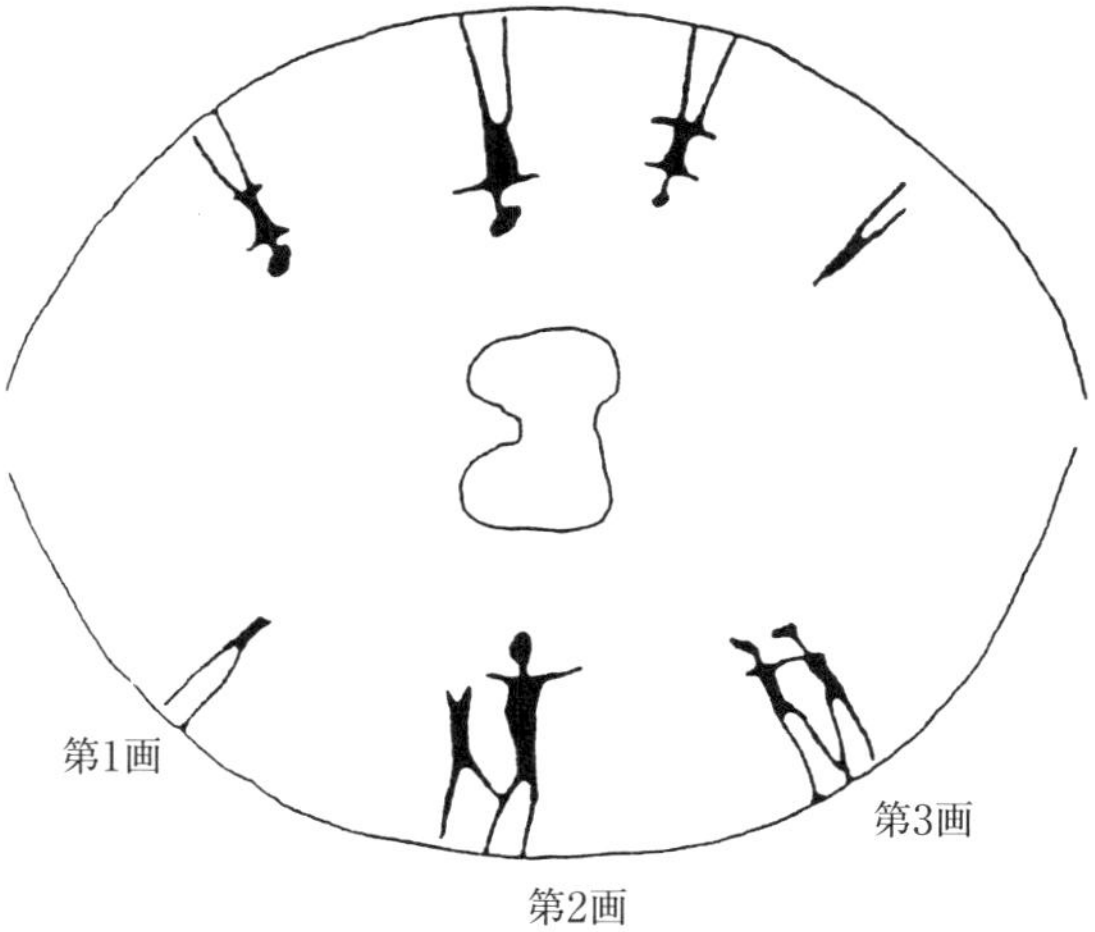

図42　「5個の同笵鍋鐸」第3面
佐原眞　日本の原始美術7「銅鐸」（講談社・昭和54年）15頁より転載
（転倒・文字は本書）

れる。人質《あた》は未詳であるが、その原義は相当する意の四段活用の動詞、当《あた》る、の語幹の当《あた》で、相当の意である。人質はその質に相当する人である。したがって、当《あた》（相当）ということになる。が、この呼称はその本来のそれではない。

　神武族のその本来の名称はご覧の「五個の同笵《どうはん》銅鐸」第三面・第一列、第一画が明記している。同笵銅鐸は同じ鋳型から造った銅鐸をいう。図はその兵庫県神戸市灘区桜ヶ丘町、滋賀県守山市新庄町、鳥取県東伯郡泊村出土の三鐸と出土地不明の二鐸による。年代は二五九～三三〇年頃である。第三面は銅鐸の上面（舞《まい》上面）で、二列あり、第一列は下側である。

　第一画である。絵は一見して、上部は短い小さな銅、下部は長い大きな足状のもの、である。とすると、これは頭部がないことになるので、その短小胴から、下部の長い大きな足を強調したものであることになる。そこで、絵は長い大きな足を表現したもので、大足を表意したものと解される。したがって、第一画の絵言葉は「大足《おほあし》」、その洒落は、

大足《おほあし》――大《おほ》アシ

で、大《おほ》アシの意と解される。大《おほ》アシである。これは大のアシの意である。大である。これは神武族王がその諸部族長の長であるところからのもので、諸部族長の小に対する大の意である。アシである。これが神武族のその本来の名称である。まとめると、大なる神武族のアシ族、すなわち、神武族王の部族名の意である。アシの意味である。これは明記するところがなく未詳である。そこで、その解明であるが、これは幾つか手掛りがある。例えば、その絵言葉の大足である。これは単なる絵言葉ではなく、大アシの原義のそれであることが考えられる。ということで改めて後述する。

第二画である。絵は一見して、二人の人で、その身長差から、右が男、左が女であるが、両者のその足と上体には躍動観があるので、踊りを踊っている、男と女、である。そこで、絵は踊りを踊っている男と女を表現したもので、踊りを表意したものと解される。したがって、第二画の絵言葉は「踊《をど》り」、その洒落は、

踊《をど》り（wodöri）――神光照《をど》り（wodöri）――佳井《えゐ》（yewi）

で、佳井《えゐ》の意と解される。踊《をど》りである。これは未詳であるが、一般に跳躍する意の四段活用の動詞、跳《をど》る（wodöru）、の連用形の名詞化の跳《をど》りとされているので、これから推定した。

神光《をど》照りである。これは神光の照りで、神光の日射（日照）、すなわち、ここでは大の斎晴れの瞬間の意である。照《と》りはその詳細の程はいずれ機会を得てご案内するが、卜甲、乙類両音併存である。

佳井《えゐ》である。これは素晴らしい意の形容詞、佳《え》し（yesi）、の語幹の、井で、感嘆な様の、涌出、すなわち、ここでは大の斎晴れの瞬間の意である。井《ゐ》は泉や流水、地下水から水を汲み取る所をいう。ここではその泉で、この泉は一般に、出《い》づ水《み》で、出る水、すなわち、涌水の意とされている。とすると、泉はまた、水出《みい》づで、水が出るであるから、転じて、涌出であることになる。そこで、井の涌出の意は未詳であるが、これを推定した。

第三画である。これは左、右の人、である。この二人はその身長差から、左は男、右は女である。そこで、絵は左は男、右は女を表現したもので、男と女を表意したものと解される。したがって、第三画の絵言葉は「男《き》、女《み》」、その洒落は、

男《き》（ki）、女《み》（mi）――王《きみ》（kimi）

で、王《きみ》の意と解される。

以上、まとめると次の通りである。

大《おほ》アシ　の　佳井《えい》　の　王《きみ》

この佳井《えい》王は「古事記」、「日本書紀」などのわが国の資料には見当たらない。が、「魏志」倭人伝の卑弥呼以《すで》に死しの条に、

復《ま》た卑弥呼の宗女壱与《いちよ》を立て、年十三で王と為し、国中遂に定まる。

とあり、この卑弥呼の王族の娘の、壱与《いちよ》女王がいる。壱与である。その日本音である。これは壱は・イェット（ˈiet）、与はウィアッグ（ɦiag）で、イェウィ（yewi）、その現代音はエイである。イェウィ（yewi）は右の佳井《えゐ》（yewi）で、大の斎晴れの瞬間の意である。字義（原義）である。壱は数の一、与は与える意をいう。まとめると、壱の与で、一の与える意であるが、その日本音の佳井から以下の洒落による洒落名称である。

壱与《えゐ》――一《いち》の与《あた》ふ――一《いち》の雷神《あ》撓震《たふ》――大《おほ》の斎晴《いは》れの瞬間《きは》――佳井《えゐ》

一《いち》の雷神《あ》撓震《たふ》である。これは一の、雷神の撓の震で、一番目の、雷神の豊饒の天地鳴動、すなわち、大の斎晴れの瞬間の意である。雷神《あ》は次述する。

右から、佳井王は「魏志」倭人伝の壱与女王で、実在の人物である。したがって、その神武族の王族から、神武族のその本来の名称はアシであることになる。

アシの意味である。その絵言葉の大足《おほあし》である。この足《あし》は単なる絵言葉ではなく、原義のそれであることが考えられる。足といえば、雷神の雷鳴の足槌がある。この足槌はその雷鳴から、雷神の象徴となる。したがって、足槌は雷神の足であるから、足槌《あしづち》――足《あし》――雷神《あし》、ということになるので、雷神はアシで、その原義は足《あし》（足槌）と解することができる。これから、足《あし》は足《あ》であるから、雷神はまた、アで、同原義であることになる。

第一代神武の名称である。これは既述の「古事記」神代のそれは若御毛沼命《わかみけぬのみこと》、豊御毛沼命《とよみけぬのみこと》、神弥真撓斎晴れ彦命《かむやまといはびこのみこと》で、大、小の斎晴れの瞬間を意味するものであった。この神武の名称はその神武族初代王から、アシ族関係のものであることが考えられる。とすれば、大、小の夜明けの瞬間は要するに夜明けであるから、明《あ》しということになる。明《あ》しは未詳であるが、既述の明るくなる意の四段活用の動詞、明《あ》く、から類推される同意の四段活用の動詞、明《あ》す、の連用形の名詞化で、夜明けの意である。

右から、アシは雷神《あし》で、その原義は足《あし》（足槌）、また、明《あ》しで、夜明けの意であることが考えられることになる。そこで、いずれかということになるが、これはその詳細の程はいずれ機会を得てご案内するが、「古事記」のアシ族関係の判じ物はなぜか両者を記している。したがって、両者ということになる。が、その場合、その神武の名称などから、明《あ》しが第一、雷神《あし》が第二ということになる。ということで、アシの意味はひとまず、明《あ》しで、夜明けの意、また、雷神《あし》（初日の御魂神）の意と結論される。

以上から、徐市等は中国山東、江蘇省辺りの漢民族と結論される。また、童男童女等は日本民族の一の東夷族のその一の、中国浙江省、福建省北部辺りの越族の明《あ》し族（雷神《あし》族）で、秦の人質のその明し族（雷神族）諸王の幼児とその御供などの関係者と結論される。

第八章　狗邪韓国から北九州へ

狗邪韓国

さて、邪馬壱国の諸国である。ご覧の図は狗邪韓国～一大国のそれである。以下、その諸国は北九州～中国～西関西～東関西、東海～関東、東北の順となる。

順に、第一番目の狗邪《こうじゃ》韓国からである。狗邪韓国はその詳細の程はいずれ機会を得てご案内するが、「魏志」韓伝に、

韓は帯方の南に在り、東西海を以って限りと為し、南、倭と接す。方四千里可《ばか》り。三種有り、一を馬韓《ばかん》と曰《い》い、二を辰韓《しんかん》と曰い、三を弁韓《べんかん》と曰う。（和刻本正史「三国志」二）

とあり、この三韓の一の弁韓《べんかん》の東半辺りで、日本領（邪馬壱国領）である。したがって、その名称は狗邪の、韓国の意である。韓国慶尚南道と慶尚北道西南部辺りで、国府（国都）は釜山市辺りである。

弁韓は本来は朝鮮民族の国であるが、韓国（朝鮮）渡来の徐市と童男童女等の国である。「史記」淮南《わいなん》、衡山《こうざん》列伝・元朔五年条に、

又、徐福《じょふく》に海に入り、神異の物を求めしむ。還《かえ》り、偽《いつわ》りの辞を為《な》して曰く、臣《しん》海中の大神

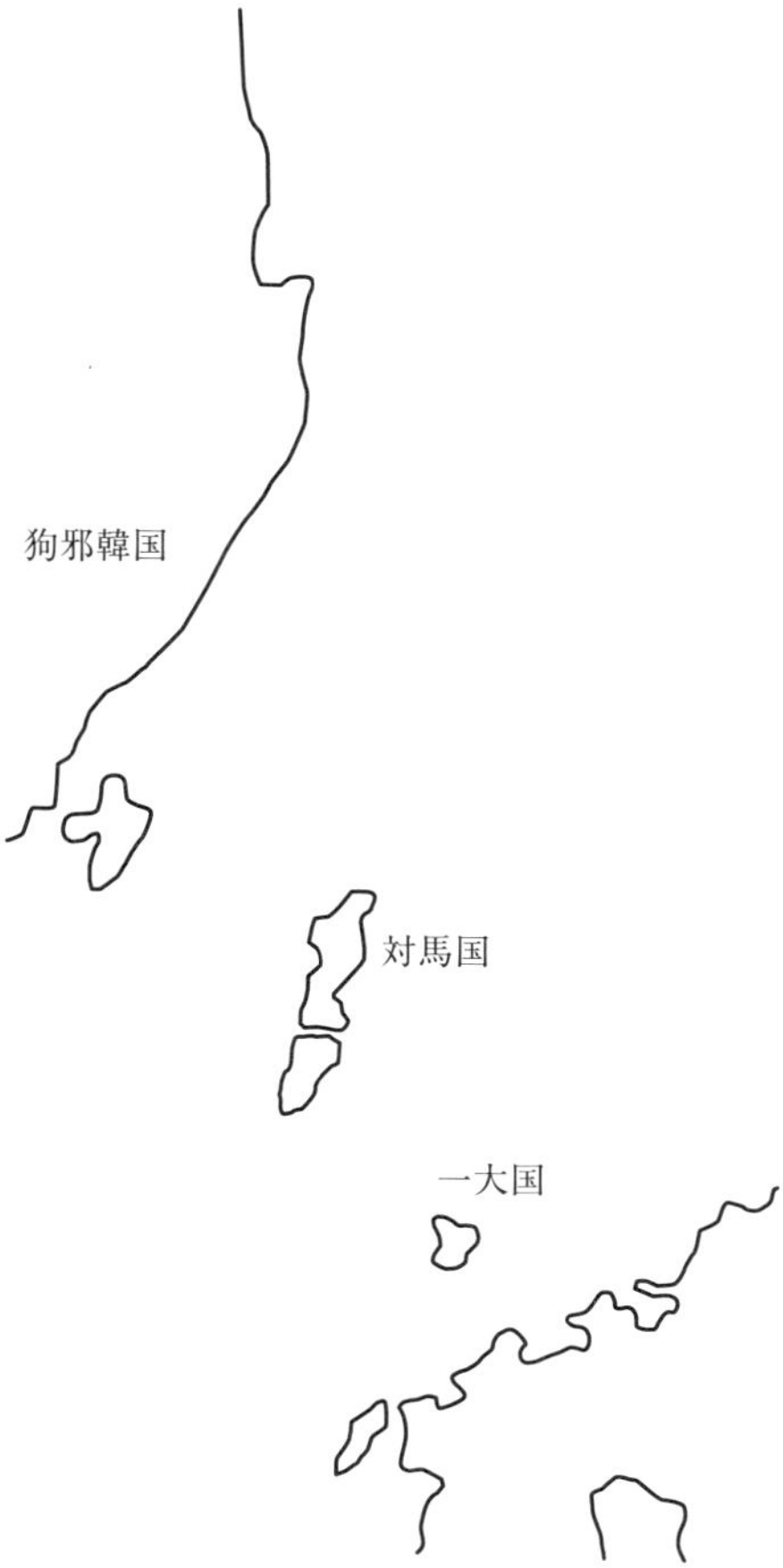

図43　狗邪韓国～一大国

を見る。言いて曰く、汝西皇の使いなりや。臣答えて曰く、然り……秦皇帝大いに説《よろこ》び、振男女《しんだんじょ》三千人を遣《や》り、之に五穀の種種、百工を資《あた》えて行かしむ。（和刻本正史「史記」二）

とあり、徐市（徐福）は前二一九年（秦始皇二十八年）の渡日後、一度帰国して、始皇を誑《たぶら》かし、幼児三千人と穀物の種子、諸々の職人をせしめて、渡韓し、弁韓に土着した。振男女は童男童女の意をいう。その原義は未詳であるが、振は振る意をいうので、童児が髪の毛を振り乱して遊び回るところからのものと解される。その渡韓の年代は同書秦始皇本紀・三十七年条に、

　方士徐市等、海に入りて神薬を求め、数歳なれど得ず。費《ついえ》多し。譴《せ》められんことを恐れ、乃ち詐《いつわ》りて曰く、（和刻本正史「史記」一）

とあり、秦始皇三十七年、すなわち、前二一〇年である。したがって、徐市（徐福）は前二一九年から同二一一年頃まで八年程日本でその神薬を探索したことになる。これはその渡韓から、太平洋側での探索である。すなわち、徐市（徐福）は太平洋側が不発であった為、次は日本海側ということで、弁韓に土着したという訳である。

　狗邪である。その日本音である。これは狗はクッグ（kug）、邪はンギィアッグ（ŋiăg）で、クヤ（kuya）、その現代音は同じくクヤである。

　字義（原義）である。狗は小形犬、邪は不正の意をいう。因に、犬は大型犬をいう。まとめると、狗の邪で、小型犬の不正の意であるが、その日本音から以下の洒落による洒落名称である。

狗邪《くや》——小《こ》（ko）犬《いぬ》の悪《あ》し——子《こ》（ko）犬《いぬ》の悪《あ》し——高御産巣日神《たかみむすひのかみ》の悪《あ》し——日夜《くや》狗邪《くや》である。これは小型犬は小犬、不正は悪いことであるから、悪《あ》しである。悪しは悪い意をいう。

小犬《こいぬ》の悪《あ》しである。小犬はその小形から、また子犬でもある。

子犬《こいぬ》の悪《あ》しである。子犬は子は子供、犬はその原義の新魂（斎瓊《いぬ》）から初日の御魂神の化身で、子供の初日の御魂神、すなわち、ここでは高御産巣日神（武雷象《たけはやすさ》の男《を》命）である。

高御産巣日神《たかみむすひのかみ》の悪《あ》しである。これといえば同神、武雷象の男命の天の石屋戸物語の天照大御神の石屋閉《さ》し籠りである。この石屋閉し籠りは要するに日食である。

日夜《くや》である。これは日の夜で、太陽の夜、すなわち、日食の意である。日《く》（ku）は未詳であるが、日《か》（ka）～日《く》（ku）～日《け》（kë）～日《こ》（kö）、の、a～u～ë～öの母音交替によるものである。

その詳細の程はいずれ機会を得てご案内するが、ご覧の「クフ王の王名枠」の王名のその名称、日蛇《くふ》などにみられる。これは古代エジプトの絵文字で、ヒエログリフ（聖刻文字）という。前三十二世紀頃からの初期のそれは古代日本語の絵文字である。エジプト文明の創始者は日本民族である。エジプト国カイロ市ギゼーのクフ王のピラミッドのその重量拡散装置の第一層の落書きで、年代は前二五五二年頃である。右から左に、表音のkh、送り仮名のu、表音のf、送り仮名のu、で、ク（khu）、フ（fu）と読む。これは日蛇《くふ》（khufu）で、太陽の蛇、すなわち、初日の御魂神であるが、王名枠左側のその付属の文字から、天照大御神の意である。蛇《ふ》（fu）

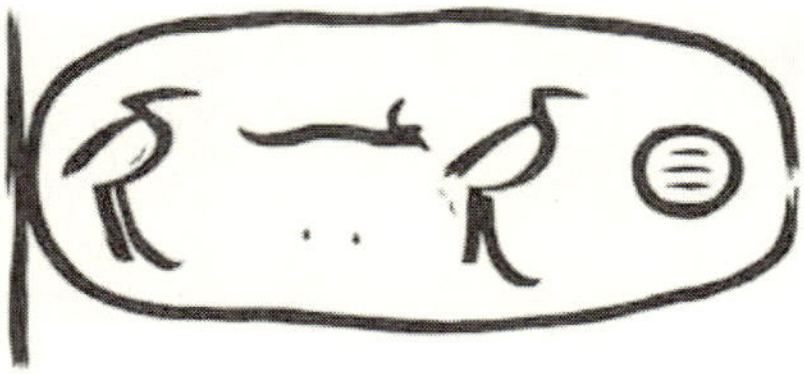

図44　クフ王の王名枠
図37（177頁）同書50頁より転載

図45　クフ王の彫像
週刊朝日百科12/4「世界の歴史３」
紀元前の世界１・人物C-22より転載

は、蛇《は》（fa）～蛇《ふ》（fu）、のa～uの母音交替によるもので、わが国では後世の沖縄方言の毒蛇のハブにみられる。ハブは蛇蛇《はぶ》の意と解される。このようにヒエログリフは古代日本語の絵文字を万葉仮名のように使用した。したがって、日蛇王は日本民族である。その巨大ピラミッドは日本民族とエジプト民族が建造したものである。奇しくも国会議事堂の屋根はピラミッドであった。ご覧のそれは「クフ王の影像」である。その容姿はエジプト民族ではない、日本民族である。

クヤ（kuya）である。これは右から、日夜《くや》（kuya）で、日食の意である。名称は当然のことながら、かって同国に日食があったところからの記念名称と考えられるが、その由来の程は未詳である。また、既述のその諸国に明らかなように、単なる洒落名称であることも十分あり得る。例えば、明し族がまた雷神族であるところからのもので、雷神《あしあ》の明し——雷神《あしあ》の悪し——日夜《くや》、というものである。

以上から、狗邪《くや》韓国は日夜《くや》韓国で、その日夜は日食の意で、韓国慶尚南道と慶尚北道西南部辺りである。

対馬国

次は対馬《たいば》国である。これは以下同「魏志」倭人伝に次のようにあるので、長崎県対馬《つしま》である。

始めて一海を度《わた》り、千余里にして対馬《たいば》国に至る。

対馬《つしま》は「古事記」神代の伊邪那岐命と伊邪那美命の、大八島国《おおやしまぐに》の生成の条に、

　次に津島《つしま》を生みき。亦の名は天之狭手依比売《あめのさでよりひめ》と謂《い》ふ。

とあり、津島《つしま》という。別称は天之狭手依比売《あめのさでよりひめ》である。津島はツシマ（tusima）である。ツシマは一般にその用字から津島《つしま》で、津の島、すなわち、港の島の意とされている。これは対馬が日本から朝鮮半島へ渡航する際の寄港地であるところからのものである。とすると、その別称はこれ関係のものであることになる。そこで、これをみてみると、天之狭手依比売《あめのさでよりひめ》は天《あめ》の小手《さで》由《よ》り姫《ひめ》の意と解される。これは天の、小の手の由りの、姫で、天界の、小さな手に由来する、姫、すなわち、小さな手に由来するといえば子供がそれであるからここでは子供で、天界の、子供の、姫、といえば斎晴れの三神の女神ということになるので、天照大御神と神産巣日神の意である。

　が、これでは津島の意ではないので、判じ物同然である。そこで、津島は右の意ではなく、単なる万葉仮名で、天の小手由り姫は洒落名称であることが考えられることになる。すなわち、

　天《あめ》の小手由《さでよ》り姫――天《あめ》の、子《こ》供の、姫《ひめ》――天照大御神《あまてらすおほみかみ》と神産巣日神《かみむすひのかみ》――蛇息真《つしま》

ということで、津島《つしま》は蛇息真《つしま》の意という訳である。これは蛇の、息の真で、初日の御魂神の、息吹の真実、すなわち、ここでは大、小の斎晴れの瞬間の新魂の神光の意である。

　当然、なぜ対馬が蛇息真なのかということが問題となる。これは、対馬は上島、下島の二つの島からなる。したがって、これからのものである。すなわち、

　対馬《つしま》（津島《つしま》）――二《に》の島《しま》――二《に》の息真《しま》――蛇息真《つしま》

ということで、蛇息真《つしま》という訳である。二《に》の息真《しま》は二つの息吹の真実、すなわち、といえば大、小の斎晴れの瞬間の新魂の神光であるから、これで、この神光の意である。したがって、対馬《たいば》国のその名称はこれを踏まえて解釈することになる。

対馬である。その日本音である。これは対はトゥヲッド（tuɑd）、馬はマァッグ（mǎg）で、トゥマ（tuma）、その現代音はツマである。

字義（原義）である。対は一対、馬は動物の馬の意をいう。まとめると、対の馬で、一対の馬、すなわち、馬は騎馬民の象徴であるから、ここでは騎馬民で、一対の騎馬民の意であるが、その日本音から以下の洒落による洒落名称である。

対馬《つま》——一対《ひとそろひ》の騎馬民《うまのたみ》——燧人氏《ぢにうぢ》——天照大御神《あまてらすおほみかみ》と神産巣日神《かみむすひのかみ》——蛇真《つま》

一対《ひとそろひ》の騎馬民《うまのたみ》である。これといえば、その詳細の程はいずれ機会を得てご案内するが、既述の古代中国第二王朝の燧人氏《すいじん》である。同氏の祖神は天照大御神と神産巣日神である。両神は姉妹であるから一対である。

燧人氏《ぢにうぢ》である。燧人の日本音である。これは燧はディウエル（diuer）、人はニィエン（nien）で、ディニ（dini）、その現代音はヂニで、霊二《ぢに》（dini）の意である。霊二は霊が二で、神霊が二つ、すなわち、ここでは天照大御神と神産巣日神の意である。

天照大御神《あまてらすおほみかみ》と神産巣日神《かみむすひのかみ》である。両神といえば、その新魂の神光である。

蛇真《つま》である。これは蛇の真で、初日の御魂神の真実、すなわち、ここでは蛇息真《つしま》に同じで、大、小の斎晴れの瞬間の神光の意である。

トゥマ（tuma）である。これは右から、蛇真《つま》（tuma）で、大、小の斎晴れの瞬間の神光の意である。

以上から、対馬《つま》国は蛇真《つま》国で、その蛇真は大、小の斎晴れの瞬間の神光の意で、長崎県対馬である。

一大国

次は一大《いちだい》国である。これは次のようにあるので、長崎県壱岐《いき》である。

又南一海を渡る千余里、名を瀚海《かんかい》と曰い、一大国に至る。

この一海は対馬海峡である。瀚海《かんかい》は瀚たること海の如しというところからできた言葉で、広大な様相の如しで、広大な砂漠、ゴビ砂漠の意をいう。対馬海峡には彼の玄界灘《げんかいなだ》があり、冬季は季節風で荒海となる。したがって、瀚海の名称はゴビ砂漠は広大な荒地であるから、冬季の対馬海峡がそのゴビ砂漠同様の荒海であるところからのものであることになる。

壱岐は「古事記」神代の伊邪那岐命と伊邪那美命の、大八島国の生成の条に、
次に伊伎島《いきのしま》を生みき。亦の名は天比登都柱《あめひとつばしら》と謂ふ。

とあり、伊伎島《いきのしま》という。別称は天比登都柱《あめひとつばしら》である。伊伎はイキ（iki）である。イキの原義は未詳である。

別称の、天比登都柱《あめひとつばしら》である。これは当然イキの意かその洒落であって然るべきであるから、

これを踏えて解釈することになる。柱といえば、次の右二神の結婚の条に、天《あめ》の御柱《みはしら》がある。

　其の島に天降《あまくだ》り坐《ま》して、天《あめ》の御柱《みはしら》を見立《みた》て、八尋殿《やひろどの》を見立てたまひき。……尓《ここ》に伊邪那《いざな》岐命《きのみこと》詔《の》りたまひしく、「然《しか》らば吾《あ》と汝《いまし》と是《こ》の天の御柱を行き廻り逢ひて、美斗《みと》の性交為《まぐあひせ》む。」とのりたまひき。

伊邪那岐命《いざなきのみこと》と伊邪那美命《いざなみのみこと》は天界の御柱を見定め、大きな御殿を見定めて、各々その柱の左右から回って出会い、その後神婚して、日本国や諸神を生んだ。両神の名称はその神婚からのもので、すなわち、互いに率《いざ》、率《いざ》と誘い合って神婚したところからのもので、伊邪那岐命は率《いざ》な男《き》命、伊邪那美命は率《いざ》な女《み》命の意である。前者は率《いざ》な男《き》の、命で、率の男の、命、すなわち、招誘の男の、命、後者は率《いざ》な女《み》の、命で、率の女の、命、すなわち、招誘の女の、命の意である。岐、男はki、美、女はmiである。以下同。とすると、その天《あめ》の御柱《みはしら》である。これは神婚といえば新嘗屋の神木の神座があるので、これから、その神木の象徴であることになる。また、美斗《みと》の性交《まぐあひ》である。これは美斗（mito）は原文で、霊門《みと》（mito）の性交《まぐあひ》で、神霊の門の性交、すなわち、神門の性交の意であることになる。したがって、天の御柱は天界の新嘗屋の神座の神木で神門で、その象徴であることになる。

そこで、天《あめ》比《ひ》登《と》都《つ》柱《ばしら》である。これはその天《あめ》、柱《ばしら》から、右の天の御柱ということになる。また、壱岐島は対馬海峡の海中に一つぽつんとある。したがって、名称は壱岐島を天の御柱に見立てたもので、天一《あめひと》つ柱《ばしら》の意であることになる。これは天界の一本柱の意である。比登都、一つはfitötuである。以下同。

とすると、壱岐は神木で神門であるから、神籬《ひもろぎ》であることになる。神籬は「日本書紀」崇神六年条の訓注に、

神籬、此《これ》をば比莽呂岐《ひもろき》と云ふ。

とあり、ヒモロキ（fimöröki）という。モの甲、乙類は「古事記」のみ書き分けているので、右は未詳であるが、以下による。古くは神域の周囲に常緑樹を植えた神霊の神座をいう。したがって、霊諸来《ひもろき》（fimöröki）の意である。これは霊が諸来で、神霊が多数来る意である。また、新嘗屋の神座の神木は高木《たかぎ》であるから、高木神、すなわち、高御産巣日神であることになる。神籬は神籬祭祀、高御産巣日神は高御産巣日神祭祀によるものである。したがって、イキ（iki）はこれを踏まえて解釈することになる。

イキ（iki）である。これは右から、神籬、または高御産巣日神の意であることになる。前者である。これは斎来《いき》（iki）の意である。斎来は斎が来で、神聖が来る、すなわち、神霊が来るで、神籬の意である。後者である。これは斎男《いき》（iki）の意である。斎男は斎の男で、神聖の男、すなわち、ここでは高御産巣日神の意である。

では、一大国である。一大である。これは右の斎来の神籬、斎男の高御産巣日神を踏まえて解釈することになる。その日本音である。これは一はイェット（.iet）、大はダァッド（dad）で、イェダ（yeda）、その現代音はエダである。神籬の場合である。これは枝《えだ》（yeda）の意である。枝は常緑樹のそれで、ここでは転じて、神籬の意である。高御産巣日神の場合である。これは佳撓《えだ》（yeda）の意である。佳撓は素晴らしい意の形容詞、佳《え》し（yesi）の、語幹の、撓で、感

嘆な様の、豊饒、すなわち、ここでは大の斎晴れの瞬間の意である。これは高御産巣日神は大の斎晴れの瞬間の神であるから、転じて同神を意味する。

字義（原義）である。一は順番の一番目、大は大、小の大の意をいう。まとめると、一の大で、一番目の大の意であるが、右の佳撓から、大の斎晴れの瞬間の意である。

以上から、一大《えだ》国は佳撓《えだ》国で、その佳撓は大の斎晴れの瞬間の意で、長崎県壱岐である。

第九章　北九州諸国

末盧国

次は末盧《まつろ》国である。これは次のようにあるので、佐賀県唐津市辺りである。

又一海を渡り、千余里にして末盧国に至る。

この一海は壱岐の一大国から玄界灘である。したがって、狗邪韓国～対馬国、一大国の南行から、そのままの南行が考えられるので、右であることになる。

唐津市辺りは「古事記」仲哀の神功皇后の新羅《しらぎ》征討の条に、

筑紫《つくし》の末羅県《まつらのあがた》の玉島里《たましまのさと》。

とあり、また、「日本書紀」神功元年前一年夏四月甲辰条に、

火前国《ひのみちのくちのくに》の松浦県《まつらのあがた》に到りて、玉島里《たましまのさと》の小河の側《ほとり》に進食《みをし》す。

とあり、この末羅県《まつらのあがた》、松浦県《まつらのあがた》である。両者は唐津市辺りをいう。末羅、松浦はマツラ(matura)である。県《あがた》は古代大和朝廷の現在の郡程の直轄領をいう。したがって、末盧国はこのマツラの県で、右であることになる。

マツラ（matura）である。これはその原義は未詳である。が、その用字の松浦《まつうら》から一般に、

図46　北九州諸国

その略の松浦《まつら》で、松林の入江の意とされている。この解釈は当然のことながらまた、その用字は単なる万葉仮名であることが十分有り得る。その場合、その用字からその本来はマツウラ（matuura）であることになる。では、そうした場合その解釈である。これは以下のように解される。マツウラは玄界灘に面した港の地である。したがって、これからの洒落名称であることが考えられることになる。

マツウラ(matuura)——荒海《あらみ》(arami)の港《みなと》(minato)——現《あ》ら女《み》（arami）の霊《み》な門《と》(minato)——真《ま》蛇《つ》初《う》炉《ら》(matuura)

マツウラである。玄界灘は冬季は荒海であった。現《あ》ら女《み》の霊《み》な門《と》である。これは出現する意の四段活用の動詞、現《あ》る、の未然形の名詞化の女の、霊な門で、出現の女の、神霊の門、すなわち、ここでは天照大御神の神門で、天の石屋戸の意である。

真蛇初炉《まつうら》である。これは真の蛇の、初《うひ》の略の炉で、真実の蛇の、最初の日真門《かまど》、すなわち、初日の御魂神の、冬至の太陽の真実の門で、といえば天照大御神の、冬至の神門ということであるから、天の石屋戸の意である。したがって、末盧国のその名称はこれを踏まえて解釈することになる。

末盧である。その日本音である。これは例外的なそれで、末はムゥアット（muat）、盧はフラァッグ（hlag）で、マトゥフラ（matufura）、その現代音はマツフラである。

字義（原義）である。末は端の部分、盧は壺の意をいう。まとめると、末の、盧で、端の部分の、壺であるが、その日本音から以下の洒落による洒落名称である。

末盧《まつふら》――末《すゑ》の、壺《つほ》――末《すゑ》の、穴《つほ》――真蛇震炉《まつふら》

末《すゑ》の、壺《つほ》である。末である。これは物の先端（端の部分）をいう。壺である。その原義は未詳である。が、その先端は穴状であるから、穴《つほ》の意が推定される。

末《すゑ》の、穴《つほ》である。末である。これはここではその物の先端から、大の斎晴れの瞬間の神光の意である。穴である。これは天界の神門の意である。まとめると、末の、穴で、大の斎晴れの瞬間の神光の、天界の神門、すなわち、天の石屋戸の意である。

真蛇震炉《まつふら》である。これは真の蛇の、震の炉で、真実の蛇の、天地鳴動の日真門、すなわち、初日の御魂神の、大の斎晴れの瞬間の太陽の真実の門で、天の石屋戸の意である。

マトゥフラ（matufura）である。これは右から、真蛇震炉《まつふら》（matufura）で、天の石屋戸の

意である。
以上から、末盧国《まつふら》は真蛇震炉国《まつふら》で、その真蛇震炉は天の石屋戸の意で、佐賀県唐津市辺りである。

斯馬国

次は斯馬国《しば》である。これは既述したが、同国は邪馬壱国への略述行程に続いて次のようにある。

女王国自《よ》り以北は其の戸数、道里は略載を得可《うべ》きも、其の余の旁国は遠絶にして、詳を得可らず。次に斯馬国有り、次に已百支国有り、……此れ女王の境界の尽くる所なり。

この已百支国は既述したが、霊蛇男国《ぢはき》で、山口県西半であった。したがって、斯馬国は同国の前であるから、地理上北九州ということになる。

斯馬である。その日本音である。これは斯はスィエッグ（sieg）、馬はマァッグ（măg）で、スィマ（suima）、その現代音はシマである。スィ（sui）はシ（si）音であった。したがって、以下、シマ（sima）である。

斯馬国は右から、佐賀県唐津市辺りの東～山口県西半間に位置する国であることになる。そこで、そのシマ（sima）の名称をみてみると、「万葉集」巻十五・三六六八以下六首の題詞に、

筑前国志麻郡《しま》

とあり、この志麻《しま》がある。筑前国志麻郡は福岡県糸島市、旧志摩町辺りをいう。したがって、斯馬国は末盧国（真蛇震炉国）の東隣で、右辺りであることになる。志麻はシマ（sima）である。その原義は未詳である。が、斯馬と同音であるので、両者は同義と解される。

シマ（sima）である。この糸島市、旧志摩町辺りは糸島半島にある。同半島はその西隣の末盧国同様、玄界灘に面している。したがって、末盧国同様の洒落名称であることが考えられることになるので、以下と解される。

シマ(sima)——荒海《あらみ》(arami)の崎《さき》(tsaki)——現《あ》ら女《み》(arami)の先《さき》(tsaki)——息間《しま》(sima)

荒海《あらみ》の崎《さき》である。これはそのまま、荒海の崎で、荒海の半島、すなわち、ここでは糸島半島の意である。崎は岬に同じで、海や湖などの水中に突き出た陸地の先端をいう。一般に、その原義は先《さき》で、先端の意とされている。

現《あ》ら女《み》の先《さき》である。これは現らの女の、先で、出現の女の、直前、すなわち、ここでは出現の天照大御神の、直前で、大の斎晴れの瞬間の意である。

息間《しま》である。これは息の間で、息吹の時間帯、すなわち、ここでは大の斎晴れの瞬間の意である。

字義（原義）である。斯は白い、馬は動物の馬の意をいう。まとめると、斯の馬で、白い馬の意であるが、その日本音から以下の洒落による洒落名称である。

斯馬《しま》——白《しら》の馬《うま》——白《しら》の馬《うま》——竜神出氏《りうてうぢ》——竜神出《りうて》——息間《しま》

二番目の、白《しら》の馬《うま》である。白《しら》である。これは未詳であるが、後世の、夜が次第に明けてゆく様を表わす語の、白白《しらしら》の白で、ここでは夜明けの意を推定した。まとめると、白の馬で、夜明けの騎馬民、すなわち、ここでは大の斎晴れの瞬間の騎馬民の意である。

竜神出氏《りうてうぢ》である。同氏は日本民族の天皇族の匈奴族の皇族の騎馬民で、その竜神出は大の斎晴れの瞬間の意であった。

スィマ（suima）である。これは右から、息間《しま》（suima）で、大の斎晴れの瞬間の意である。

以上から、斯馬《しま》国は息間《しま》国で、その息間は大の斎晴れの瞬間の意で、福岡県糸島市、旧志摩町辺りである。

伊都国

次は伊都《いと》国である。これは既述の邪馬壱国への略述行程に次のようにある。

又一海を渡り、千余里にして末盧《まつろ》国に至る。……東南陸行五百里、伊都《いと》国に到る。……東南奴《ど》国に至る百里。

伊都国は末盧国と奴国の中間に位置している。次の奴国は一般に福岡県福岡市辺りとされている。したがって、佐賀県唐津市辺り~福岡県福岡市の中間辺りであることになる。

この伊都国は右に、
郡の使《し》往来するに常に駐《とど》まる所なり。

とあり、帯方郡の使者がその往来で常駐する所である。また、同倭人伝の女王国自《よ》り以北云

云の条に、

女王国自《よ》り以北には特に一の大率を置きて、諸国を検察し、諸国之《これ》を畏憚《いたん》す。常に伊都国に治《とど》まり、国中に於《おい》て刺史《しし》の如き有り。

とあり、一名の大率が常駐して、まるで諸国の政治を巡察する刺史のように検察している。ということは伊都国は別格の国であることになる。そうすると、次の奴国は一般に五七年、後漢に入貢臣従したあの金印の奴国とされているので、これを差し置いてのものということになる訳であるから、当然この奴国に先行する勢力の国であったことになる。これは福岡県糸島市、旧前原町、二丈町辺りである。この地は一般にその弥生王墳から、奴国前の北九州の中心地であったとされている。

そうした場合、「日本書紀」仲哀八年春正月壬午条に、

筑紫《つくし》の伊睹県主《いとのあがたぬし》の祖《おや》五十迹手《いとて》

とあり、この伊睹県主《いとのあがたぬし》の伊睹県《いとのあがた》が該当する。これは福岡県糸島市、旧前原町、二丈町辺りをいう。したがって、伊都国はこの辺りであることになる。伊睹はイト（ito）である。その原義は未詳である。が、その奴国前の北九州の中心地から、既述の対徐市戦の大将格であった可能性が高いので、これ関係、例えば、戦勝記念名称などが考えられる。そこで、これをみてみると、幼《いと》（ito）がある。幼は年が小さい意の形容詞、幼《いとけな》し、の語幹で、幼い（年少）意をいう。その発音は未詳であるが、伊睹《いと》（ito）から右ということになる。その原義は一般に、幼気《いとけ》甚《な》しで、幼の気が甚しで、幼い様子が甚だしい、すなわち、年が小さい意である。童男童

女はこの幼《いと》である。したがって、イト（ito）は幼《いと》（ito）で、童男童女の意と解される。これから、伊都国のその名称はこれを踏まえて解釈することになる。

伊都である。その日本音である。これは伊はイヲル（iə̆r）、都はタァッグ（tag）で、イタ（ita）、その現代音は同じくイタである。

字義（原義）である。伊は万事を調和する人物をいうが、これは要するに仲介者ということであるから、ここでは仲立ち、都は都《みやこ》の意をいう。まとめると、伊の都で、仲立ちの都の意であるが、その日本音から以下の洒落による洒落名称である。

　伊《い》都《た》――仲立《なかだ》ちの都《みやこ》（miyako）――仲立《なかだ》ちの三弥子《みやこ》（miyako）――童男《い》童女《た》（ita）

仲立《なかだ》ちの都《みやこ》である。都である。その原義は三弥子《みやこ》で、斎晴れの三神の意であった。

仲立《なかだ》ちの三弥子《みやこ》である。これは仲立ちの斎晴れの三神の意である。斎晴れの三神はその大豊饒（大豊作）、死者復活の仲立ちをする。したがって、仲立ちはこれからのものである。また、斎晴れの三神は子供で、男女である。

　童男《い》童女《た》（ita）である。これは未詳であるが、幼《いた》（ita）～幼《いと》（ito）、のa～oの母音交替のそれを推定した。

　イタ（ita）である。これは右から、童男《い》童女《た》（ita）の意である。

　以上から、伊《い》都《た》国は童男《い》童女《た》国で、その童男童女は徐市等の明《あ》し族（雷《あ》神《し》族）のそれの意で、福岡県糸島市、旧前原町、二丈町辺りである。

奴国

次は奴国《ど》である。これは次のようにあるので、一般に、福岡県福岡市辺りとされている。

東南に陸行五百里、伊都国《いと》に到る。……東南奴国《ど》に至る百里。

伊都国から奴国へは百里である。この百里は四十三粁程であるが、実際は二十五粁程である。したがって、奴国は福岡県前原市、糸島市二丈辺りから二十五粁程の所ということになるので、同県福岡市辺りであることになる。

福岡市辺りは「日本書紀」仲哀八年春正月巳卯朔己亥条に、

己亥《つちのとゐのひ》に、儺県《なのあがた》に到りまして、因《よ》りて橿日宮《かしひのみや》に居《ま》します。

とあり、この儺県《なのあがた》である。これは福岡市博多区辺りをいう。儺はナ（na）である。その原義は未詳である。が、この儺県は後世「倭名類聚鈔」巻第九・筑前国第一二五（九三四年頃成立）に、

那珂《なか》郡

とあり、この那珂郡であるが、その名称はなぜか、ナ（na）ではなく、ナカ（naka）となっている。したがって、両者は同義であって然るべきであるから、これがその解明の手掛りとなるので、その名称解釈はこれを踏まえて解釈することになる。が、これだけでは至難である。

そこで、奴国《ど》である。奴である。その日本音である。これはナァッグ（nag）で、ナ（na）、

その現代音は同じくナである。

奴国といえば、既述の「後漢書」倭人伝（四二六年頃成立）に、

　建武中元二年、倭奴《わど》国奉貢して朝賀す。使いの人自ら大夫と称す。倭国の極南界也り。光武賜うに印綬を以ってす。

とあり、この倭奴《わど》国がある。同国は一般に、右のその印綬、すなわち、「漢委奴《かんいど》国王」の金印が天明四年（一七八四年）に福岡県福岡市東区志賀島《しかのしま》叶が崎から出土していることなどから、倭（日本国）の、奴の国で、奴《ど》国とされている。金印の、漢委奴国王は一般に、その委は倭の人偏（イ）を取ったもので、蔑称で、漢の、倭の、奴の国の王の意とされている。

この奴国王の子孫は一般に以下などから、古代の名族、安曇《あずみ》氏とされている。同氏は「日本書紀」応神三年十一月条に次のようにある。

　十一月《しもつき》に、処処《ところどころ》の海人《あま》、訕哤《さばめ》きて命《みこと》に従はず。則《すなは》ち阿曇連《あづみのむらじ》の祖大浜宿祢《おやおほはまのすくね》を遣《つかは》して、其の訕哤を平《たひら》ぐ。因《よ》りて海人の宰《みこともち》とす。

安曇氏の大浜宿祢は第十五代応神に反逆した諸国の水軍（漁民）を平定して、その首長となった。海人《あま》は一般に漁業と航海に習熟した海辺の漁民をいう。この海人は戦時は水軍となった。連《むらじ》、宿祢《すくね》は古代の称号、姓《かばね》の一をいう。これなどから、安曇氏は一般に海人族で、古くは全国各地の海人（海部《あまべ》）を大王（天皇）の下で統率する大氏族であったとされている。

その安曇氏の祭神は「先代旧事本紀《せんだいくじほんぎ》」巻第一・陰陽本紀（八〇六～九三六年成立）に、

　底津少童命《そこつわたつみのみこと》。中《なか》津少童命。表《うは》津少童命。此の三神は阿曇連《あづみのむらじ》等が斎祠《いはひまつ》る筑紫《つくし》の斯香神《しかのかみ》なり。

（鎌田純一「先代旧事本紀の研究」校本の部《吉川弘文館・昭和三十五年》。以下同）

とあり、筑紫（九州北部）の斯香神《しかのかみ》で、その神社は「延喜式《えんぎしき》」神名帳下（九二七年成立）に、

筑前国糟屋郡志加海《しかうみ》神社三座「並名神神」（覆刻日本古典全集「延喜式」《現代思潮社・一九七八年》。以下同）

とあり、これは現在の福岡県福岡市東区志賀島《しかのしま》勝山の、志賀海《しかうみ》神社（お志賀さま）である。この志賀海神社の社家は安曇氏で、その子孫であるという。

安曇氏の本貫は「倭名類聚鈔」巻第九・筑前国第一二五に、

糟屋郡阿雲

とあり、この阿雲郷（高山寺本は阿曇郷）は福岡県粕屋郡新宮町、福岡市東区和白町辺りで、その志賀海神社の地、志賀島の東隣である。また、既述の「漢委奴国王」の金印はこの志賀島の叶が崎で出土した。

さて、ではその奴国王の王統である。これは「古事記」神代の伊邪那岐命と伊邪那美命の、禊祓と神々の化生の条に、

次に水《みづ》の底に滌ぐ時に、成れる神の名は、底《そこ》つ海《わた》つ霊神《みのかみ》。……中《なか》つ海つ霊神。……上《うへ》つ海つ霊神。……故《かれ》、阿曇連《あづみのむらじ》等は、其の海つ霊神の子、宇都志日金拆命《うつしひかなさくのみこと》の子孫《うみのこ》なり。

とあり、その初代は宇都志日金拆命《うつしひかなさくのみこと》である。名称は現《うつ》し日金裂《ひかなさ》く命《のみこと》の意である。これは現しの日の、金を裂くの、命で、現実の太陽の、金属を裂くの、命、すなわち、現実の太陽は天空で燦燦《さんさん》と輝いている太陽、金属を裂くは剛力で、燦燦太陽の、剛力の、命の意である。命

は燦燦太陽猛将であった。

この命はまた、「新撰姓氏録」右京神別下・地祇・安曇宿祢（八一五年成立）に、

海神綿積豊玉彦神《わたつみとよたまひこのかみ》の子、穂高見命《ほたかみのみこと》の後也り。（佐伯有清「新撰姓氏録の研究」本文篇《吉川弘文館・昭和五十六年》。以下同）

とあり、穂高見命《ほたかみのみこと》という。名称は仄高見命《ほたかみのみこと》の意である。これは仄の高を見の、命で、仄かの高いことを見守りの、命、すなわち、大の斎晴れの瞬間を見守りの、命で、活《い》き目《ま》神官の、命の意である。したがって、名称は奴国王を意味するものであることになる。また、これから奴国の新嘗祭は天照大御神祭祀であることになる。そうすると、その安曇《あづみ》の名称である。これはその原義、発音は未詳である。が、その活き目神官は安曇の出自の象徴となるものであるから、これからのものであることが考えられることになる。そこで、安曇は明出見《あづみ》（adumi）の意と解される。これは明きの略が出の、見で、夜明けが出現するの、見守り、すなわち、ここでは活き目神官の意である。

右から、奴国のナ（na）、儺県のナ（na）、那珂郡のナカ（naka）は同義で、新嘗祭関係である可能性が高い。とすれば、ナカといえば、中《なか》がある。これは冬至の意である。そこで、右のナ（na）、ナカ（naka）は中《な》（na）、中《なか》（naka）で、冬至の意と解される。中《な》は数字の七《な》や右などからのものである。

では、奴のその字義（原義）である。これはどうであろうか。奴は奴隷の意をいう。したがって、奴隷の意であるが、その日本音から以下の洒落による洒落名称である。

奴《な》——屋《や》つ子《こ》——屋《や》つ子《こ》——中《な》

奴《な》である。これは奴《やつこ》（yatuko）という。その原義は一般に、屋《や》つ子《こ》（yatuko）で、家（屋）の人、すなわち、家（屋）に従属する人で、奴隷の意とされている。

二番目の屋《や》つ子《こ》である。これは屋の子で、屋はここでは新嘗屋で、新嘗屋の子供、すなわち、といえば斎晴れの三神であるから、三神の意である。この斎晴れの三神といえば、冬至である。という次第で、右ということになる。

なお、その奴国王である。これはその詳細の程はいずれ機会を得てご案内するが、対馬《つま》国～已百支《ぢはき》国八ヶ国の王（盟主）であった。「古事記」神代の天照大御神と須佐之男命の、須佐之男命の大蛇退治の条の「越《こし》国の八股大蛇《やまたのをろち》（高志之八俣遠呂智）」がそれである。須佐之男命（武雷象の男命）は第一代神武（倭面土国王帥升）、越《こし》国は神武に敗北したその子孫の遷移先で新潟県、八股大蛇《やまたのをろち》は奴国王（宇都志日金拆命）である。

以上から、奴《な》国は中《な》国で、その中は冬至の意で、福岡県福岡市辺りである。

不弥国

次は不弥《ふび》国である。これは次のようにある。

東南に陸行五百里、伊都国に到る。……東南奴国に至る百里。……東行不弥《ふび》国に至る百里。

伊都国～奴国～不弥国間は同距離で、百里である。したがって、奴国～不弥国間は福岡県前

原市辺り～福岡市辺り間と同距離ということになるので、その東行から、同県飯塚市辺りであることになる。が、続いて、

　南投馬国に至る、水行二十日。

とあり、魏使一行は不弥国から出航している。ということは不弥国は臨海の国ということになる訳であるから、飯塚市辺りは内陸で臨海ではないので、同市辺りではないことになる。したがって、同市辺りの北方は海であるから、不弥国はその北隣の福岡県宗像市辺りであることになる。

この宗像市辺りは「古事記」神代の天照大御神と須佐之男命の、天安河の誓約の条に、

　此の三柱の神は、胸形君等《むなかたのきみら》の持ち斎《いつ》く三前《みまへ》の大神なり。

とあり、この胸形君《むなかたのきみ》の、胸形《むなかた》である。これは宗像市辺りをいう。胸形はムナカタ（munakata）である。その原義は未詳である。が、「日本書紀」神代上・第六段の条に、

　此則《これすなは》ち、筑紫胸肩君等《つくしのむなかたのきみら》が祭《いつきまつ》る神、是《これ》なり。

とあり、この筑紫胸肩君《つくしのむなかたのきみ》の胸肩《むなかた》から解明することができる。

まず、その筑紫である。これは広義は九州、狭義は北九州をいう。筑紫はツクシ（tukusi）である。その原義は未詳である。が、「万葉集」巻三・三三六に、

　白縫《しらぬひ》　筑紫《つくし》

とあり、この筑紫の枕詞の、白縫《しらぬひ》があるので、これから解明することができる。その掛り方は一般に未詳とされている。この筑紫はその北九州から、中国《な》（奴国）ということになるので、

図47　「良諸文化陶文」第1画
図41（190頁）より転載

新嘗祭（冬至）関係である可能性がある。そこで、これを踏まえて解釈することになる。

白縫《しらぬひ》は白縫《しらぬ》ひである。これは白を縫ひで、夜明けを縫いの意である。意味は判じ物同然であるが、夜明けを縫いといえば、大の斎晴れの瞬間の神光がそれである。大の斎晴れの瞬間の天空はまだ暗闇の夜空であるから、その暗闇の暗黒物質が障害物となるので、まるで縫目のようにしてそれを擦り抜けていかなければならない。この縫目の古代日本語の絵文字がご覧の前掲の「良渚文化陶文」第一画にある。左の鋸歯形のものがそれである。これはまた縫目でもある。これはその詳細の程はいずれ機会を得てご案内するが、この左は豊饒の夜明けを縫う大の斎晴れの瞬間の神光の意である。したがって、ツクシ（tukusi）は大の斎晴れの瞬間の神光ということになるので、蛇日息《つくし》（tukusi）の意である。これは蛇の日の、息で、冬至の、息吹、すなわち、大の斎晴れの瞬間の神光の意である。したがって、筑紫（蛇日息）はまた、日本《やまと》（弥真撓）の意であることになる。

そこで、胸肩《むなかた》である。この胸、肩は首の下側にある。とすると、その洒落は、
胸肩《むなかた》――首《くび》（kubi）の下《しも》――奇日《くび》（kubi）の下《しも》――大《おほ》の斎晴《いは》れの瞬間《きは》の神光《を》

ということで、大の斎晴れの瞬間の神光ということになる。

奇日《くび》の下《しも》である。これは奇《く》しの略の日の、下で、霊妙な太陽の下、すなわち、ここでは天照大御神の、下で、といえばその日光であるから、大の斎晴れの瞬間の神光の意である。

胸肩の地は筑紫（蛇日息）である。したがって、胸肩は洒落名称で、大の斎晴れの瞬間の神光で、筑紫（蛇日息）の意と解される。

右から、ムナカタ（munakata）は洒落名称の、胸肩《むなかた》（munakata）で、大の斎晴れの瞬間の神光で、筑紫（蛇日息）の意と解される。それにしても白縫とは何とも壮大な芸術的表現ではある。日本民族は何時の頃からか、夜が暗いのはその暗闇の暗黒物質が充満する為とそう考えたのであろう。という次第で、不弥国のその名称、不弥は右を踏まえて解釈することになる。

不弥である。その日本音である。これは不はピィウヲッグ（pɪuəɡ）、弥はミィエァル（miĕr）で、ピミ（pïmi）、その現代音はヒミである。ピミ（pïmi）は右から、嚔水《ひみ》（pïmi）の意である。これは嚔の水で、噴出の水、すなわち、涌水で、ここでは大の斎晴れの瞬間に噴出するその大の斎晴れの瞬間の神光のことで、筑紫（蛇日息）の意である。

字義（原義）である。不は下の語を打ち消す否定詞で、ず、弥は弥栄の意をいう。まとめると、弥、不で、弥栄ならず（弥栄ではない）の意であるが、その日本音から以下の洒落による洒落名称である。

不弥《ひみ》（pïmi）――並《な》み――並《な》み――大《おほ》の斎晴《いは》れの瞬間《きは》の新魂《あらたま》の神光《を》――嚔水《ひみ》（pïmi）

不弥《ひみ》である。これは弥栄ではないということは普通であるということであるから、並《な》みということになる。並みは未詳であるが、後世のそれを推定した。

二番目の並《な》みである。これは連なる意の四段活用の動詞、並《な》む、の連用形の名詞化で、連続したものの意である。したがって、といえば大の斎晴れの瞬間の新魂の神光がそれであるから、その洒落は右である。

以上から、不弥《ひみ》国は嚔水《ひみ》国で、その嚔水は筑紫（蛇日息）の意で、福岡県宗像市辺りである。

第十章　北九州から大阪へ

已百支国

次は已百支国《ぢはき》である。これは既述した。已百支国《ぢはき》は霊蛇男国《ぢはき》で、その霊蛇男は高御産巣日神（高木神）の意で、山口県西半である。

伊邪国

次は伊邪国《いじゃ》である。これは次のようにある。

次に斯馬国《しま》有り、次に已百支国《ぢはき》有り、次に伊邪国有り、

伊邪国は已百支国の次である。したがって、山口県西半の近隣であることになる。そこで、これをみてみると、「古事記」神代の天照大御神と須佐之男命の、天安河の誓約の条の、天津《あまつ》日子根命《ひこねのみこと》の分注に、

周芳国造《すはのくにのみやっこ》

とあり、この周芳国造の、周芳国《すはのくに》がある。これは周防国《すはのくに》で、山口県東半である。国造《くにのみやっこ》は同

図48　中国諸国

書成務《せいむ》に、
故《かれ》、建内宿祢《たけうちのすくね》を大臣《おほおみ》と為《し》て、大国《おほくに》、小国《をくに》の国造《くにのみやつこ》を定め賜ひ、

とあり、一般に、大和朝廷に帰属した地方諸部族長の世襲の称号で、国《くに》の御臣《みやつこ》、すなわち、天皇（大王）の諸国の御《おん》臣下などの意とされている。第十三代成務の治世はその詳細の程はいずれ機会を得てご案内するが、三〇一年頃〜三〇八年である。周芳はスハ（tsufa）である。その原義は未詳である。したがって、先に伊邪国のその名称をみてみることになる。

伊邪である。その日本音である。これは伊はイヲル（iăr）、邪はンギィアッグ（ŋiăg）で、イヤ（iya）、その現代音は同じくイヤである。

字義（原義）である。伊は伊都国のそれで、仲立ち、邪は狗邪韓国のそれで、不正の意をいう。まとめると、伊の邪で、仲立ちの不正の意であるが、その日本音から以下の洒落による洒落名称である。

　伊邪《いや》（iya）――仲立《なかだ》ちの不正《あし》――初日《うか》の御《み》魂神《たまのかみ》の不正《あし》――忌夜《いや》（iya）仲立《なかだ》ちの不正《あし》である。仲立《なかだ》ちである。これはここでは大豊饒（大豊作）、死者復活の仲立ちの、初日の御魂神の意である。

　初日《うか》の御《み》魂神《たまのかみ》の不正《あし》である。これはここでは既述の天の石屋戸物語のその閉じ籠りの日食（日夜《くや》）である。

忌夜《いや》である。これは忌む夜の略で、禁忌する夜、すなわち、ここでは日食の意である。日食は人類存亡の危機であるから、禁忌すべき夜であることになる。

　イヤ（iya）である。これは右から、忌夜《いや》（iya）で、忌《い》む夜《や》の略で、禁忌する夜、すなわち、日食の意である。このイヤ（iya）はまた、五十《い》夜《や》（iya）の意と解することができる。これは五十の夜で、五十はここでは多数で、多数の夜、すなわち、天の石屋戸物語のその常に夜ばかりの常夜《とこよ》のことで、日食の意である。が、意味するところは同じなので、右とした。

　では、スハ（tsufa）である。これは右から、天の石屋戸物語の日食関係であることになる。したがって、これといえばその原因は高御産巣日神（武雷象《たけはやすさ》の男《を》命）であるから、同神の意であることになる。そこで、巣蛇《すは》（tsufa）の意と解される。これは巣の蛇で、ここでは巣は新嘗屋の神木の神座、蛇は初日の御魂、すなわち、新嘗屋の神木の神座の、初日の御魂神で、といえばその不正から、高御産巣日神の意である。

　そうすると、忌夜《いや》は日夜《くや》韓国（狗邪韓国）と同様のもの、すなわち、日食の記念名称か、巣《す》蛇国《は》の洒落名称であることになる。後者である。この場合は巣蛇国はその西隣の霊蛇男国《ぢはき》（已百支国）と同義であるから、広義の大穴門国《あなと》で山口県辺りということで問題はないが、しかしそれをさらに、巣蛇国《すは》――忌夜国《いや》、と、わざわざ禁忌の日食名に洒落るというのは国名としては不自然ではある。当然その必然性が問題となる。勿論、その巣蛇は、忌夜国《いや》――巣蛇国《すは》、の洒落からのもので、その禁忌名称からの改称であることが十分有り得る。

ということで、いずれにしても判然としない。が、前者である。これは面白いことになる。というのは忌夜国と日夜韓国が距離的に近いことから、その日食が同時代であった可能性があるからである。そうであればその年代は日夜韓国の建国は前二一〇年、「魏志」倭人伝の成立は二八四～二八九年頃であるから、前二一〇年以前～後三世紀中頃であることになる。したがって、その忌夜の国名は意外とかなりの古称である可能性があることになる。ということは「古事記」、「日本書紀」などのその諸国名も同様である可能性があることになるので、かなり古来よりの呼称のものがあることになる。

以上から、伊邪国《いや》は忌夜国《いや》で、その忌夜は日食の意で、山口県東半である。

都支国

次は都支国《とし》である。これは次のようにある。

次に斯馬国《しま》有り、次に已百支国《ぢはき》有り、次に伊邪国《いや》有り、次に都支国有り都支国は伊邪国の次である。したがって、山口県東半の近隣であることになる。そこで、これをみてみると、『古事記』神武の東征の条に、

阿岐国《あきのくに》の猛《たけ》り宮《のみや》

とあり、この阿岐国《あきのくに》がある。これはまた、『日本書紀』神武元年前七年十有二月条に、

安芸国《あぎのくに》に至りまして、埃宮《えのみや》に居《ま》します。

とあり、安芸国《あぎのくに》という。両者は共に、広島県西半である。阿岐はアキ（aki）、安芸はアギ（agi）である。その原義は未詳である。したがって、先に都支国のその名称をみてみることになる。

都支である。その日本音である。これは都はタァッグ（tag）、支はキィエッグ（kieg）で、タキ（taki）、その現代音は同じくタキである。

字義（原義）である。都は都《みやこ》、支は枝の意をいう。まとめると、都の支で、都の枝の意であるが、その日本音から以下の洒落による洒落名称である。

都支《たき》（taki）――都《みやこ》（miyako）の枝《え》――三弥子《みやこ》（miyako）の枝《え》――高木《たかぎ》――高木神《たかぎのかみ》――田男《たき》――田男《たき》（taki）

都《みやこ》の枝《え》である。都である。その原義は三弥子《みやこ》で、斎晴れの三神の意であった。

三弥子《みやこ》の枝《え》である。これはそのまま、三弥子の枝で、斎晴れの三神の枝、すなわち、といえば新嘗屋の神座の神木のそれということになるので、ここではその神木の高木の意である。

高木《たかぎ》である。これはその神木の意である。したがって、といえばその神の高木神であるから、その洒落は右である。

高木神《たかぎのかみ》である。これは高御産巣日神であった。同神は天照大御神のその発芽の新魂の神光を新嘗屋の神座の初穂の種籾に日射する。したがって、その種籾は神田の苗代で発芽することになるので、同神はその神田の神でもあることになる。神田の神は既述の銅鐸から、その名称は稲な男《さぎ》で、男雷神である。高御産巣日神は男雷神である。とすると、同神はその神田の男神であるから、田男《たき》ということになる。これは稲な男同様の表現で、田の男で、神田の男雷神の意である。

二番目の田男《たき》である。これは田の男で、ここでは田圃の中で一本足で立っている男のことで、案山子《かかし》の意である。

タキ（taki）である。これは右から、田男《たき》（taki）で、案山子の意である。

では、アキ（aki）とアギ（agi）である。これは右から案山子ということになるので、足男《あき》（aki）、足男《あぎ》（agi）の意である。両者は足の男で、足は田圃の中で一本足で立っているところからのもので、その一本足の男、すなわち、案山子の意である。

右から、都支国と阿岐、安芸国の名称は同義ということになる。したがって、両者は同一国ということになるので、都支国は広島県西半であることになる。

さて、それにしても国名が案山子とは奇妙な次第である。当然何かの判じ物ではないかということが考えられる。実際、これはその詳細の程はいずれ機会を得てご案内するが、判じ物である。前一〇九年頃、前漢（前二〇六～後八年）の中国南部侵略により、浙江、福建省辺りから第二波の明《あ》し（雷神《あし》）族が渡来した。彼等は千人程で、苗代法の稲作を将来した。銅鐸はこれにより豊かになった畿内を中心とする初日の御魂神（雷神）信仰地域がさらなる豊作を求めて使用したもので、その出現は一般に前一世紀頃とされている。という次第で、第二波の明し（雷神）族は前者の第一波の明し（雷神）族の片一方のそれということになるので、その判じ物はこれからのもので、次の通りである。

第二《に》波の明《あ》し（雷神）族――片明《かたあ》し（雷神）族――片足《かたあし》――案山子《たき・あき》（田男《たき》・足男《あき》）

片明《かたあ》し（雷神）族である。これは片の明し（雷神）族で、片一方の明し（雷神）族、すなわち、第二波の明し（雷神）族の意である。雷神の原義は雷神の足《あし》槌のことで、足《あし》の意であった。したがって、その洒落は原義で右である。

片足《かたあし》である。これは片の足で、不完全な足、すなわち、一本足の意である。案山子は一本足で立っている。

以上から、都支《たき》国は田男《たき》国で、その田男は案山子の意で、広島県西半である。

投馬国

次は投馬《づま》国である。これは既述した。投馬《づま》国は出間《づま》国で、その出間は大の斎晴れの瞬間の意で、岡山県、広島県東半辺りである。

弥奴国

次は弥奴国《びど》である。これは次のようにある。

次に斯馬国《しま》有り、次に已百支国《ぢはき》有り、次に伊邪国《いや》有り、次に都支国《たき》有り、次に弥奴国有り、

弥奴国は都支国《たき》の次である。都支国の次は投馬国《づま》である。したがって、弥奴国は岡山県、広島県東半辺りの近隣であることになる。これはその瀬戸内海東北行から兵庫県辺りであることになる。兵庫県といえば、「播磨国風土記《はりまのくにふどき》」（八世紀中頃成立）があり、この播磨国《はりま》である。同国は兵庫県西南部である。播磨はハリマ（farima）である。その原義は未詳である。が、「日本書紀」仁徳十六年秋七月戊寅朔条の歌謡に、

瀰箇始報《みかしほ》　破利摩《はりま》

とあり、この播磨の枕詞の瀰箇始報《みかしほ》があるので、これから解明することができる。瀰箇始報はミカシホ（mikasifo）、破利摩はハリマ（farima）である。しかし、その掛り方は一般に未詳とされている。したがって、先に弥奴国のその名称をみてみることになる。

弥奴である。その日本音である。これは弥はミィエアル（miĕr）、奴はナァッグ（nag）で、ミナ（mina）、その現代音は同じくミナである。

字義（原義）である。弥は弥栄、奴は奴隷の意をいう。まとめると、弥の奴で、弥栄の奴隷の意であるが、その日本音から以下の洒落による洒落名称である。

弥奴《みな》（mina）――弥栄《いやさか》の奴《やっこ》（yatuko）――弥栄《いやさか》の屋《や》つ子《こ》（yatuko）――弥栄《いやさか》の屋《や》つ子《こ》――御中《みな》（mina）

弥栄《いやさか》の奴《やっこ》である。奴《やっこ》である。これは奴隷で、その原義は屋《や》つ子《こ》で、家（屋）の人、すなわち、家（屋）に従属する人の意であった。

二番目の弥栄《いやさか》の屋《や》つ子《こ》である。これはそのまま、弥栄の屋つ子で、弥栄の屋の子、すなわち、屋はここでは新嘗屋で、弥栄の新嘗屋の子供、すなわち、斎晴れの三神の意である。したがって、同三神といえば冬至であるから、その洒落は右である。

御中《みな》である。これは天の御中主神のそれと同義で、冬至の意である。ミナ（mina）である。これは右から、御中《みな》（mina）で、冬至の意である。では、枕詞のミカシホ（mikasifo）と、ハリマ（farima）である。その掛り方である。これは右から、冬至ということになるので、次の通りである。

御厳息仄《みかしほ》（mikasifo）　冬至《はりま》（farima）

枕詞の、御厳息仄《みかしほ》である。これは御厳《みいか》の略の、息の仄で、畏敬の神聖な様の、息吹の仄か、すなわち、大の斎晴れの瞬間の意である。冬至《はりま》である。これはその原義は晴《は》り間《ま》（farima）で、そのまま、晴りの間、すなわち、夜空が晴れるの時間帯で、大の斎晴れの瞬間の意である。冬至は初晴《はつは》るで、大の斎晴れの瞬間であった。晴《は》りは未詳であるが、空が晴れる意の下二段活用の動詞、晴《は》る、から類推される同意の四段活用の動詞、晴《は》る、の連用形である。したがって、その洒落は大の斎晴れの瞬間の、冬至ということになる。また、これから、ハリマ（farima）

の原義は冬至《はりま》（farima）の意である。
以上から、弥奴《みな》国は御中《みな》国で、その御中は冬至の意で、兵庫県西南部である。

第十一章　西関西諸国

好古都国

次は好古都国《ほかた》である。これは既述した。次のようにある。
次に斯馬《しま》国有り、次に已百支《ぢはき》国有り、次に伊邪《いや》国有り、次に都支《たき》国有り、次に弥奴《みな》国有り、
次に好古都国有り、
好古都国は弥奴国の次である。したがって、兵庫県西南部の近隣であることになる。とすると、瀬戸内海の東端は大阪府であるから、好古都国はこの辺りであることになるので、既述ということになる。
好古都《ほかた》国は仄方《ほかた》国で、その仄方は斎晴れの三神の意で、大阪府大阪市辺りである。

不呼国

次は不呼《ふこ》国である。これは次のようにある。
次に斯馬《しま》国有り、……次に好古都《ほかた》国有り、次に不呼国有り、

図49　西関西諸国

不呼国は好古都国の次である。したがって、大阪府大阪市辺りの近隣であることになる。そこで、これをみてみると、「日本書紀」神武元年前三年三月丁卯朔丙子条に、

河内国《かふちのくに》の草香邑《くさかのむら》の青雲《あをくも》の白肩之《しらかたの》津《つ》

とあり、この河内国《かふちのくに》がある。これは大阪府東部である。河内はカフチ（kafuti）である。その原義は一般にその用字から、河の内で、河の巡っている内側、すなわち、北の淀川と南の旧大和川（現長瀬川）の内側などの意とされている。が、この解釈は妥当ではない。というのは古代の河内国辺りは既述の潟湖～湖沼からまだ未完であるから、これに諸河川が流入していたことが考えられるからである。すなわち、とすれば、河の内側ではなく、河っ縁ということになるからである。

そこで、カフチ（kafuti）は河縁《かふち》の意と解される。これは河縁《かはふち》の略で、河の縁、すなわち、諸河川沿いのその、河っ縁の意である。したがって、不呼国のその名称はこれを踏まえて解釈することになる。

不呼である。その日本音である。これは不はピィウヲッグ（pıuəg）、呼はハァッグ（hag）で、ピファ（pïfa）、その現代音はヒハである。

字義（原義）である。不は下の語を打ち消す否定詞で、ず、呼は呼ぶの意をいう。まとめると、呼、不で、呼ばずの意であるが、その日本音から以下の洒落による洒落名称である。

不呼《ひは》（pïfa）――呼《よ》ばず――嘘端《ひは》（pïfa）

呼ばずである。これといえば、既述の卑弥呼の、卑しい弥栄が呼ぶの大の斎晴れの瞬間の神光がある。したがって、呼ばずはここではこの大の斎晴れの瞬間の神光を呼ばない意と解される。とすれば、大の斎晴れの瞬間となれば当然呼ぶ必要がない訳であるから、大の斎晴れの瞬間となったということになるので、大の斎晴れの瞬間の意であることになる。

嘘端《ひは》である。これは嘘の端で、噴出の端、すなわち、噴出はここでは大の斎晴れの瞬間のその神光の涌出のことで、その涌出の端、すなわち、大の斎晴れの瞬間の意である。

ピファ（pïfa）である。これは右から、嘘端《ひは》（pïfa）で、大の斎晴れの瞬間の意である。

そうすると、不呼《ひは》のその名称は河縁の意ではないことになる。とすれば、当然両者は別国であることになる。が、同じ大阪府の前節のその西隣の好古都《ほかた》国がその原義の穂形《ほかた》の、穂形《ほかた》――仄方《ほかた》、の洒落であることから、同様のものであることが考えられることになる。そこで、嘘端はその原義は河縁《かはふち》で、以下の洒落による洒落名称と解される。

河縁《かはふち》――日蛇《かは》震出《ふち》――嚏端《ひは》

河縁《かはふち》である。河である。その原義は日蛇《かは》で、初日の御魂神の意であった。縁である。その原義は未詳である。が、右の洒落から、震出《ふち》の意である可能性が高い。これは震の出で、天地鳴動の出現、すなわち、大の斎晴れの瞬間の意である。大の斎晴れの瞬間は冬至の夜明けの瞬間であるから、その夜明の端ということになるので、転じて、縁を意味することになる。出《ち》は未詳であるが、既述の、出現する意の下二段活用の動詞、出《つ》、から類推される同意の四段活用の動詞、出《つ》、の連用形の名詞化で、出現の意である。また、縁の原義は震《ふ》ちの意である可能性が高い。これは未詳であるが、震動する（振動する）意の四段活用の動詞、震《ふ》る（振る）、から類推される同意の四段活用の動詞、震《ふ》つ、の連用形の名詞化で、震動（振動）、すなわち、ここでは天地鳴動で、大の斎晴れの瞬間の意である。したがって、いずれかということになるが、両者共捨て難いので、ひとまず両者とした。

日蛇震出《かはふち》である。これは日の蛇の、震の出で、初日の御魂神の、天地鳴動の出現、すなわち、大の斎晴れの瞬間の意である。

以上から、不呼国《ひは》は嚏端《ひは》国で、その嚏端は大の斎晴れの瞬間の意で、大阪府東部である。

姐奴国

次は姐奴《しゃど》国である。これは次のようにある。

次に斯馬《しま》国有り、次に已百支《ぢはき》国有り……次に好古都《ほかた》国有り、次に不呼《ひは》国有り、次に姐奴《しゃど》国有り、次に対蘇《たいそ》国有り、次に蘇奴《そど》国有り、次に呼邑《こゆう》国有り、次に華奴蘇奴《かどそど》国有り、

姐奴国は不呼国の次である。したがって、大阪府東部の近隣であることになる。これは魏使一行のその東北行（東行）と邪馬壱国のその本貫が奈良県中心の畿内であることから、奈良県であることになる。奈良県は「古事記」仁徳の雁の卵の祥瑞の条の歌謡などに、

夜麻登能久迩《やまとのくに》

とあり、大和国《やまとのくに》という。大和《やまと》は夜麻登から、ヤマト（yamatö）である。が、姐奴国以下に三文字の名称の国はない。ということは九州諸国同様、奈良県の一地方であることになる。その場合、当然その中心地は奈良盆地辺りであるから、これを一巡することになるので、その行程は西北部〜西南部〜東南部〜東北部ということになる。したがって、姐奴国以下はこれを踏まえて解釈することになる。

まず、その西北部である。これは「古事記」雄略の皇后求婚の条の歌謡などに、

幣具理《へぐり》

とあり、平群《へぐり》である。平群は奈良県生駒郡、生駒市南半辺りである。幣具理《へぐり》（平群）はヘグ

リ（feguri）である。その原義は未詳である。したがって、先に姐奴国のその名称をみてみることになる。

姐奴である。その日本音である。これは姐はツィァッグ（tsiăg）、奴はナァッグ（nag）で、ツィナ（tsina）、その現代音はシナである。

ところで、これまでのその諸国名は狗邪《くや》韓国（日夜韓国）、伊都《いた》国（童男童女国）、伊邪《いや》国（忌夜国）、都支《たき》国（田男国）の他は全て新嘗祭関係である。当然このツィナもそれであることが考えられることになる。そこで、これをみてみると、「日本書紀」天武《てんむ》元年秋七月の初め将軍吹負《ふけひ》云云の条に、

竜田《たつた》

とあり、この竜田《たつた》がある。これは古代大阪~奈良間の交通の要衝で、奈良県生駒郡斑鳩町辺りをいう。この竜田は字義通りであれば、竜の田で、初日の御魂神の田、すなわち、新嘗祭の神田の意である。とすれば、その神田の神は高御産巣日神であるから、この竜田は同神関係であることになる。

そうすると、面白いことになる。「延喜式」祝詞・竜田風神祭条（九二七年成立）に、

我《わ》が御名《みな》は天《あめ》の御柱《みはしら》の命・国《くに》の御柱の命と、御名は悟《さと》しまつりて、……竜田《たつた》の立野《たちの》の小野に、吾《わ》が宮は定めまつりて、（日本古典文学大系新装版「古事記　祝詞」《岩波書店・一九九四年》。以下同）

とあり、竜田にはこの天《あめ》の御柱《みはしら》の命・国の御柱の命という風神がいる。その名称の、天の

御柱である。これは一大《えだ》国（佳撓国）で既述したが、天界の新嘗屋の神座の神木の神門で、その象徴であった。したがって、国の御柱は地界のその神木の神門であることになる。高御産巣日神（高木神）はその神木の神である。したがって、その大の斎晴れの瞬間の日射から、その神木の神門の神である。また、この竜田の風神は高御産巣日神であることになる。同神が風神であることはまた次章の為吾《いご》国でご案内するが、その大の斎晴れの瞬間の神光が息吹で、その息吹が風であるところからのものである。したがって、ツィナはこの風神を踏まえて解釈することになる。

ツィナ（tsina）である。シナ（tsina）で風神といえば、「古事記」神代の伊邪那岐命と伊邪那美命の、神々の生成の条に、

　次に風の神、名は志那都比古神《しなつひこのかみ》、

とあり、この志那都比古神《しなつひこのかみ》がいる。名称はシナつ彦神《ひこのかみ》で、シナの彦の、神の意である。一般に、息長《しな》つ彦神《ひこのかみ》の意とされている。これは息長《しなが》の略の、つ、彦の、神で、息長は人間の長い息と風とを連想したもので、風で、風、の、彦の、神、すなわち、風の彦の、神の意であるという。が、風を風《しな》（息長）というのは右のみで未詳である。とすれば、高御産巣日神のその大の斎晴れの瞬間の神光の日射はまたその息吹の風の生成でもあるから、これが考えられることになる。そこで、シナ（tsina）は風成《しな》（tsina）の意と解される。これは風の成で、成は生成する意の四段活用の動詞、成《な》す、の語幹で、生成で、風生成の意である。これから、シナつ彦神は風成《しな》つ彦神の意と解される。これは風成、つ、彦の、神で、風成、の、彦の、神、すな

わち、風成の彦の、神で、風生成の彦の、神の意である。右から、姐奴のツィナ（tsina）はこの風成《しな》（tsina）で、風生成の意と解される。

字義（原義）である。姐は姉、奴は奴隷の意をいう。まとめると、姐の奴で、姉の奴隷の意であるが、その日本音から以下の洒落による洒落名称である。

姐奴《しな》（tsina）——姉《あね》の奴《やっこ》——天照大御神《あまてらすおほみかみ》の奴《やっこ》——高御産巣日神《たかみむすひのかみ》——風成《しな》（tsina）

姉《あね》の奴《やっこ》である。これはそのまま、姉の奴で、姉はその高御産巣日神関係の洒落からその姉ということになるので、ここでは天照大御神で、天照大御神の奴隷の意である。

天照大御神《あまてらすおほみかみ》の奴《やっこ》である。これはそのまま、天照大御神の奴で、天照大御神の奴隷分、すなわち、ここでは右から、高御産巣日神の意である。

さて、では、ヘグリ（feguri）である。これは当然、風神高御産巣日神関係のものであることになる。そこで、これをみてみると、そのへ（fe）は竈《へ》（fe）、リ（ri）は炉《り》（ri）がある。竈はまたカマドで、その原義は日真門《かまど》で、天、地界の神門の意であった。天界の神門（天の石屋戸）はその神光の息吹の風の吹出口である。したがって、地界の神門もその日真門から同様ということになるので、風の吹出口であることになる。炉《り》は竈《かまど》に同じで、古くは火を燃やす設備をいう。

結果は竈輪土《へぐり》（feguri）の意であった。これは竈の輪土で、竈形の輪状の粘土（神土）、すなわち、粘土（神土）を大蛇の塒《とぐろ》状に巻いて、竈形に造った、その神門の意である。輪土《ぐり》は輪土《わに》に同じで、その原義は回《く》りで、回転の意である。すなわち、回転させて巻いて造ったとこ

ろからの名称である。回《く》りは未詳であるが、「万葉集」巻二十・四三九〇に、
群玉《むらたま》の　久留《くる》
とあり、この久留《くる》などからのものである。クルは枢《くる》の意である。これは門や戸の扉を回転させる為にその上下の端に装置したもので、穴に入れて扉を回転させる、その棒状の突起をいう。その原義は未詳である。が、その回転から、後世の物が軽やかに続いて回る様の意のクルクルのクルから、回転する意の四段活用の動詞、回《く》る、が推定されるので、この終止形で、回転する意と解される。したがって、回《く》りはその連用形の名詞化で、回転の意である。
これから姐奴《しな》（風成）はこの竃輪土《へぐり》からの洒落名称であることになる。すなわち、
平群《へぐり》（feguri）――竃輪土《へぐり》（feguri）――風成《しな》（tsina）――姐奴《しな》（tsina）
というもので、竃輪土が地上の神門で、風の吹出口、すなわち、風の生成場所であるところからのものという訳である。
以上から、姐奴《しな》国は風成《しな》国で、その風成は風生成の意で、奈良県生駒郡、生駒市南半辺りである。

対蘇国

次は対蘇《たいそ》国である。これは姐奴《しな》国の南隣で、その奈良盆地辺りの西南部である。ここは「古事記」孝昭《こうしょう》に、

葛城《かづらき》
とあり、葛城《かづらき》である。これは奈良県北葛城《かつらぎ》郡、大和高田市、御所《ごせ》市辺りをいう。その発音は
同書仁徳の八田若郎女《やたのわかいらつめ》の条の歌謡に、
迦《か》豆《づ》良《ら》紀《き》
とあり、カヅラキ（kadurakï）である。その原義は未詳である。したがって、先に対蘇国のその名称をみてみることになる。
対蘇である。その日本音である。これは対はトゥヲッド（tuad）、蘇はサァッグ（sag）で、トゥサ（tusa）、その現代音はツサである。サ（sa）である。これは当時はツァ（tsa）であるから外国語であることになる。したがって、トゥサは外国語である。そこで、その外国である。これは当時外国といえば、「魏志」倭人伝から中国か三韓（韓国）であるから、両国であることになる。
では、いずれであろうか。これはその詳細の程はいずれ機会を得てご案内するが、「古事記」開化が次のように記しているので、三韓（韓国）である。
又葛城《かづらき》の垂見宿祢《たるみのすくね》の女《むすめ》、鸇比売《わしひめ》を娶《めと》して、生みませる御子《みこ》、建豊波豆羅和気《たけとよはづらわけ》。
第九代開化は邪馬壱国（西日本王朝）に勝利して、日本を平定統一した。したがって、葛城《かづらき》の垂見宿祢《たるみのすくね》は開化と同時代人ということになるので、その葛城から対蘇国王であることになる。その名称の、垂見《たるみ》である。これはタルミ（tarumi）である。名称は垂《た》る見《み》（tarumi）の意と解される。これは垂るを見で、流れ落ちるを見守り、すなわち、流れ落ちるはここでは大の斎晴

れの瞬間のその神光の涌水のことで、その涌水を見守り、すなわち、活《い》き目《ま》神官の意である。同神官は王か王に準ずる人物であった。したがって、その外国から、中国の王は有り得ないので、三韓の王であることになる。

そこで、その王である。これは同書応神《おうじん》の天之日矛《あめのひぼこ》の条に、

　又昔、新羅国主《しらぎこにきし》の子有りき。名は天之日矛《あめのひぼこ》と謂《い》ひき。是《こ》の人参《まゐ》渡り来つ。

とあり、この天之日矛《あめのひぼこ》である。この人物は実際は既述の狗邪《くや》韓国（日夜韓国）の西隣、すなわち、「日本書紀」垂仁二年の是年条の一《ある》に云はくに、

　意富加羅国《おほからのくに》の王《こきし》の子、名は都怒我阿羅斯等《つぬがあらしと》。

とある、この弁韓の西半辺りの意富加羅《おほから》国の王である。当時、愛妻が明《あ》し王族であった為、邪馬壱国（西日本王朝）の属国となり、序列第四位の臣下となった。その名称が日本語であるのはこの為で、新嘗祭祭主、活《い》き目《ま》神官、霊座《みまし》神官に次ぐ第四位の霊真涌《みまわ》き神官からの洒落名称である。すなわち、同神官が神矛を持って、大の斎晴れの瞬間の神光の日射招誘と天照大御神新嘗屋渡来招誘をするところからのものである。したがって、トゥサ（tusa）は古代朝鮮語である。

字義（原義）である。対は一対、蘇は蘇る意をいう。まとめると、対が蘇で、一対が蘇る意であるが、その日本音から以下の洒落による洒落名称である。

　対蘇《つさ》（tusa）――一対《つがひ》が蘇《よみがへ》る――斎晴《いは》れの三神《みかみ》が蘇《よみがへ》る――天《あめ》の石屋《いはや》――蛇代《つさ》（tusa）

一対《つがひ》が蘇《よみがへ》るである。一対《つがひ》である。これは未詳であるが後世のそれを推定した。この一対は

ここではその姉弟妹の斎晴れの三神である。

斎晴《いは》れの三神《みかみ》が蘇《よみがへ》るである。これはといえば、冬至の天の石屋であるから、天《あめ》の石屋《いはや》である。

天《あめ》の石屋《いはや》である。これは初日の御魂神の神域である。

蛇代《つさ》（tusa）である。これは古代朝鮮語で、天の石屋の洒落から推定したものである。蛇の代で、初日の御魂神の神域、すなわち、天の石屋の意である。蛇《つ》は古代日本語のそれが古代朝鮮語化したもの、代《さ》は古代日本語の神域の意の代《しろ》、代《き》に同意で、以下、神域の意である。

トゥサ（tusa）である。これは右から、蛇代《つさ》（tusa）で、初日の御魂神の神域、すなわち、天の石屋の意である。

では、カヅラキ（kaduraki）である。これは右から、天の石屋ということになるので、日蛇《かづ》炉代《らき》（kaduraki）の意である。名称は日の蛇の、炉の、代で、太陽の蛇の、日真門《かまど》の、神域、すなわち、初日の御魂神の、太陽の真実の門の、神域で、天の石屋の意である。

以上から、対蘇《つさ》国は蛇代《つさ》国で、その蛇代は天の石屋の意で、奈良県北葛城郡、大和高田市、御所市辺りである。

蘇奴国

次は蘇奴《そど》国である。これは対蘇《つさ》国の東隣で、その奈良盆地辺りの東南部である。ここは「古事記」綏靖《すいぜい》に、此の天皇《すめらみこと》、師木県主《しきのあがたぬし》の祖《おや》、河俣《かはまた》毘売《びめ》を娶《めと》して生みませる御子《みこ》、師木津日子玉手見命《しきつひこたまでみのみこと》。

とあり、この師木《しき》県主《あがたぬし》の師木県《しきのあがた》である。これは奈良県桜井市、磯城《しき》郡、天理市南部、橿原市東北部辺りをいう。師木はシキ（siki）である。その原義は未詳である。が、その木の用字から、何かの木であることが考えられることになる。その場合、息木《しき》（siki）がある。これは息の木で、息吹の木、すなわち、こでは大の斎晴れの瞬間のその神光の息吹の木で、新嘗屋のその神座の神木の意である。したがって、蘇奴国のその名称はひとまずこれを踏まえて解釈することになる。

蘇奴である。その日本音である。これは蘇はサァッグ（sag）、奴はナァッグ（nag）で、サナ（sana）、その現代音は同じくサナである。

字義（原義）である。蘇は蘇る、奴は奴隷の意をいう。まとめると、蘇の奴で、蘇る奴隷の意であるが、その日本音から以下の洒落による洒落名称である。

蘇奴《さな》（sana）――蘇《よみがへ》る奴《やっこ》――蘇《よみがへ》る屋《や》つ子《こ》――蘇《よみがへ》る屋《や》つ子《こ》――息木《しき》――代中《さな》（sana）

蘇《よみがへ》る奴《やっこ》である。奴《やっこ》である。その原義は屋《や》つ子《こ》で、家（屋）の人の意であった。

二番目の蘇《よみがへ》る屋《や》つ子《こ》である。これは蘇る、屋、つ、子で、蘇る、新嘗屋、の、子供、すなわち、新嘗屋の斎晴れの三神の意である。したがって、といえばその神座の神木である。

息木《しき》である。これは前述の、新嘗屋の神座の神木の意である。

代中《さな》である。これは代の中で、神域の冬至、すなわち、といえば息木であるから、新嘗屋の神座の神木の意である。中《な》は古代朝鮮語のそれは未詳であるが、その洒落から古代朝鮮語化したそれを推定した。

サナ（sana）である。これは右から、代中《さな》（sana）で、新嘗屋の神座の神木の意である。シキ（siki）である。これは息木《しき》（siki）で、新嘗屋の神座の神木の意である。

右から、蘇奴《さな》国は天の日矛の領国であることになる。奈良県は明し族の本貫である。したがって、その中心地の半分をも領有していることになる訳であるから、天の日矛はかなり厚遇されていたことになる。

以上から、蘇奴《さな》国は代中《さな》国で、その代中は新嘗屋のその神座の神木の息木《しき》の意で、奈良県桜井市、磯城郡、天理市南部、橿原市東北部辺りである。

呼邑国

次は呼邑《こゆう》国である。これは蘇奴《さな》国の北隣で、その奈良盆地辺りの東北部である。ここは「日本書紀」神武元年前春二月辛亥条に、

是《こ》の時に、層富県波哆丘岬《そほのあがたのはたのをかさき》に、新城戸畔《にひきとべ》といふ者有り。

とあり、この層富県《そほのあがた》である。これは一般に、「倭名類聚鈔」巻第五・国郡部第十二の「大和国添上郡《そふのかみ》」と「大和国添下郡《そふのしも》」で、奈良県奈良市、大和郡山市、天理市北部辺りとされている。添上郡はその東半、添下郡は西半である。また、同書綏靖《すいぜい》二年春正月条の分注に、

一書に云はく、春日県主大日諸《かすがのあがたぬしおほひもろ》が女糸織媛《むすめいとよりひめ》なりといふ。

とあり、この春日県主《かすがのあがたぬし》の、春日県《かすがのあがた》がある。これは未詳である。が、「倭名類聚鈔」巻第六・大和国第六十九に「添上郡春日郷」とあるので、層富県か、またはその東半の添上郡であることになる。

層富《そほ》である。これはソホ（tsöfo）である。その原義は未詳である。

春日《かすが》である。これはカスガ（katsuga）である。その原義はこれも未詳である。が、「万葉集」巻三・三七二などに、

　春日《はるひ》を　春日《かすが》の山の

とあり、この春日《かすが》の枕詞の、春日《はるひ》を、があるので、これなどから解明することができる。その掛り方は一般に、春の日が霞むところからのもので、霞《かす》むのカス（霞）と春日《かすが》のカス（春）の、カス（霞）——カス（春）、の洒落とされている。しかし、そうなるとカスの洒落の為にわざわざ春日《はるひ》を持ち出したことになってしまうが、これは何とも不自然である。そこで、春《はる》といえば、冬至は初晴《はつは》るで、初春《はつはる》であるから、春日《はるひ》をは晴《は》る日《ひ》をの意と解される。これは晴るの日をで、ここでは夜空が晴れるの日光を、すなわち、大の斎晴れの瞬間の神光をの意である。したがって、カスガ（katsuga）は日《か》す香《が》（katsuga）の意であることになる。これは日すの香で、日射するの芳香、すなわち、ここでは大の斎晴れの瞬間の神光の意である。日《か》すは未詳であるが、既述の日差す（照る）意の四段活用の動詞、日《か》る、から類推される同意の四段活用の動詞、日《か》す、の終止形で、日射する（日差す）意である。

そこで、ソホ（tsöfo）である。これはその同県から、日《か》す香《が》と同義である可能性がある。

したがって、背仄《そほ》（tsöfo）の意と解される。これは背の仄で、背面の仄か、すなわち、ここでは夜明けの仄かなるもので、大の斎晴れの瞬間の神光の意である。背《そ》である。これは夜明けを前面とすると、夜明け前は背面ということになるので、これからのものである。したがって、層富《そほ》と春日《かすが》は同義ということになるので、層富県と春日県は同県か、または前者がその西半、後者が東半であることになる。また、これからその添上郡、添下郡の添《そふ》は、ソホ（tsöfo）〜ソフ（tsöfu）、のu〜oの母音交替によるもので、背仄《そふ》の意であることになる。したがって、呼邑国のその名称はこれを踏まえて解釈することになる。

呼邑である。その日本音である。これは呼はハァッグ（hag）、邑は・イヲップ（ˑiəp）で、ファイウォ（faiwo）、以下ハイヲ（faiwo）、その現代音はハイオである。このfaiwoはそのaiの母音の連続が問題となるが、fa―iwoと間を入れたか、またはfaaiwoというようにa音を連続させたものと考えられる。また、乙類ïの単独音は甲類iであった。ファイウォ（faiwo）は右から、蛇斎光《はいを》（faiwo）の意と解される。これは蛇の、斎の光で、初日の御魂神の、神聖の光、すなわち、ここでは大の斎晴れの瞬間の神光の意である。

字義（原義）である。呼ははあと息を吐く、邑は国の意をいう。まとめると、呼の邑で、はあと息を吐くの国の意であるが、その日本音から以下の洒落による洒落名称である。

呼邑《はいを》（faiwo）――息吹《いぶ》く国《くに》――息吹《いぶ》く日瓊《くに》――蛇斎光《はいを》（faiwo）

呼邑《はいを》である。呼である。はあと息を吐くことは息吹くことである。
息吹《いぶ》く国《くに》である。国《くに》である。その原義は未詳である。が、これはその詳細の程はいずれ機会を得てご案内するが、ご覧の「クフ王のピラミッドの落書き」（一）・右列の第二画（前二五五二年頃）が明記している。②の長方形状のものがそれである。これは平地の絵の表意文字で、国《ちあ》（tia）の意である。その原義は乳雷神《ちあ》（tia）の意である。これは乳の雷神で、乳児の初日の御魂神、すなわち、といえば大の斎晴れの瞬間の新魂であるから、その新魂の意である。この新魂はまた、日瓊《くに》である。これは日の瓊で、太陽の玉、すなわち、太陽の魂で、ここでは大の斎晴れの瞬間の新魂の意である。この新魂（日瓊）は前掲、図19・八三頁の「竜虬荘陶文」第三画（前二十一世紀初期頃）のその垂直的世界観の球状の天界と地界からのものである。すなわち、両者がその新魂のように、丸い玉で、神道（竜道）で繋がっているところからのもので、これをその新魂に見立てたものである。したがって、天界と地界のその国は日瓊《くに》（新魂）

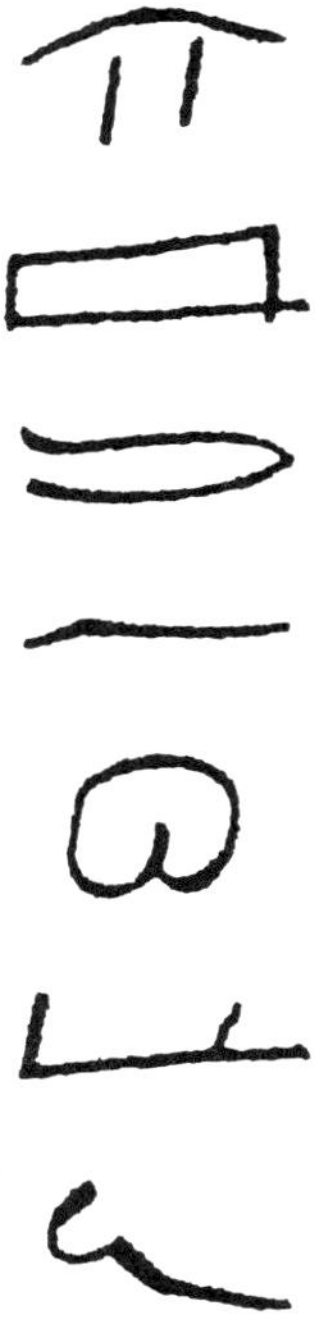

図20　「クフ王のピラミッドの落書き」右列
図37（177頁）同書50頁より転載（数字は本書）

ということになるので、その原義はこれからのものということになる。

右から、呼邑国《はいを》（蛇斎光国）は層富県《そふ》（背仄県）と春日県《かすが》（日す香県）であることになる。

以上から、呼邑国《はいを》は蛇斎光国《はいを》で、その蛇斎光は大の斎晴れの瞬間の神光の意で、奈良市、大和郡山市、天理市北部辺りである。

華奴蘇奴国

次は華奴蘇奴国《かどそど》である。これは邪馬壱国の所在地が関東辺りであることから、その行程は後世の東海道筋か東山道筋ということになるので、奈良県の北隣の京都府東南部であることになる。ここは「古事記」神代の天照大御神と須佐之男命の、天安河《あめのやすのかわ》の誓約の条の分注などに、

山代国造《やましろのくにのみやつこ》

とあり、この山代国造の、山代国《やましろのくに》である。これは京都府東南部をいう。

山代はヤマシロ（yamasirö）である。その原義は未詳である。が、その山代の用字とこの華奴蘇奴国の蘇奴の用字から神域関係であることが容易に知れるので、これから解明することができる。蘇奴である。これは既述の蘇奴《さな》国のそれで、代中《さな》で、息木《しき》、すなわち、新嘗屋の神座の神木の意であった。したがって、その神木といえばその山形の高御座《たかみくら》であるから、山代の用字はこれからのものであることになる。すなわち、ヤマシロ（yamasirö）は山代《やましろ》（yamasirö）の意と解される。これは山の代で、山形の神域、すなわち、ここでは新嘗祭の神座の神木の高

御座の意である。

この山代国（山城国）の華奴蘇奴国と既述の呼邑国の国境近くを現在の木津《きづ》川が流れている。これは右同書崇神の建波迩安王《たけはにやすのみこ》の反逆の条に、

是《ここ》に山代《やましろ》の和訶羅河《わからがは》に到りし時、

とあり、和訶羅河《わからがは》という。和訶羅はワカラ（wakara）である。その原義は未詳である。が、華奴蘇奴国はその蘇はサ（sa）で古代朝鮮語であるから、天の日矛の国ということになるので、倭韓国《わから》（wakara）の意であることが考えられることになる。これは倭の韓国で、日本の韓国、すなわち、日本領の韓国で、狗邪《くや》韓国（日夜韓国）の意である。この倭韓国はその山代からの洒落によるものである。

山代《やましろ》――高木《たかぎ》――高御産巣日神《たかみむすひのかみ》（高木神《たかぎのかみ》）――日夜《くや》――狗邪韓国《くやからくに》（日夜韓国《くやからくに》）

山代《やましろ》である。これといえばその神木の高木《たかぎ》（息木）である。
高木《たかぎ》である。これといえば高木神である。
高御産巣日神《たかみむすひのかみ》（高木神《たかぎのかみ》）である。同神といえば天の石屋戸物語の日夜《くや》（日食）である。
という次第で、華奴蘇奴国のその名称は以上を踏まえて解釈することになる。

華奴蘇奴である。その日本音である。これは華は゜ヴァッグ（ɦuăg）、奴はナァッグ（nag）、蘇はサァッグ（sag）、奴は同じくナァッグ（nag）で、ワナサナ（wanasana）、その現代音は同じくワナサナである。

字義（原義）である。華は丸い花、奴は奴隷、蘇は蘇る、奴は奴隷の意をいう。まとめると、

華の奴の、蘇の奴で、丸い花の奴隷の、蘇る奴隷の意であるが、その日本音から以下の洒落による洒落名称である。

華奴蘇奴《わなさな》（wanasana）――丸花《まろはな》の奴《やっこ》の、蘇《よみがへ》る奴《やっこ》――新魂《あらたま》の屋《や》つ子《こ》の、蘇《よみがへ》る屋《や》つ子《こ》――新魂の屋つ子の、蘇る屋つ子――斎晴《いは》れの三神《みかみ》――倭中代中《わなさな》（wanasana）

丸花《まろはな》の奴《やっこ》の、蘇《よみがへ》る奴《やっこ》である。丸花《まろはな》である。これは丸の花で、丸い花の意である。これといえば、大の斎晴れの瞬間の神光のその新魂は丸い花状である。奴《やっこ》である。その原義は屋つ子であった。

二番目の、新魂《あらたま》の屋《や》つ子《こ》の、蘇《よみがへ》る屋《や》つ子《こ》である。これは新魂の屋の子の、蘇る屋の子で、新魂の新嘗屋の子供の、蘇る新嘗屋の子供、すなわち、斎晴れの三神の意である。

倭中代中《わなさな》である。これは倭の中の、代の中で、日本の冬至の、神域の冬至、つまり、日本は日《ひ》の本《もと》で、日光の始めの冬至の、神域の冬至、すなわち、大の斎晴れの瞬間の、息木（高木）で、ここでは山代《やましろ》の意である。日本（倭）は既述で触れたが、右で、その詳細の程はいずれ機会を得てご案内する。

ワナサナ（wanasana）である。これは右から、倭中代中（wanasana）で、山代《やましろ》の意である。

以上から、華奴蘇奴《わなさな》国は倭中代中《わなさな》国で、その倭中代中は山代《やましろ》の意で、京都府東南部である。

第十二章　東関西から関東へ

鬼国

次は鬼国《き》である。これはその行程から後世の東海道筋か東山道筋ということになるので、いずれにしても滋賀県であることになる。ここは「日本書紀」天智《てんぢ》三年十二月甲戌朔乙酉条に、

是《こ》の月に、淡海国言《あふみのくにまう》さく、

とあり、淡海国《あふみのくに》である。これはまた、近江《あふみ》国である。淡海《あふみ》はアフミ（afumi）である。その原義である。これは一般に、その淡海の用字から、琵琶湖がまるで淡水の海のような湖であるところからのもので、淡水《あはみ》の海《うみ》（afaminöumi）の転の、淡海《あはみ》（afami）の意とされている。が、これは誤解である。

というのは淡海国の枕詞は「万葉集」巻一・二九などに、

石走《いはばし》る　淡海《あふみ》の国《くに》の

とあり、石走《いはばし》るというが、その掛り方と合致しないからである。この石走るは一般に、水の流れが激しく岩に当って、飛沫を上げる様の意とされている。が、これでは淡海とは洒落にならない。実際その為かその掛り方は未詳とされている。これはいうまでもなく、琵琶湖を淡水

図51　東関西、中部諸国

の海のような湖としたところからのものである。が、琵琶湖はまた、その淡水を満満と湛えた湖でもある。そして、その淡水はその南端の瀬田川から、石走る、をして流れ出ている。したがって、琵琶湖はその溢れ出る水を満満と湛えた、溢れる水の湖、すなわち、溢《あ》ふ水《み》の湖であることになる。ということで、その掛り方は、石走《いはばし》る　溢《あ》ふ水《み》、と解される。石走《いはばし》るである。これは石を走るで、岩に当って飛沫を上げて流れる意である。溢《あ》ふ水《み》である。これは溢《あ》ふる水《み》の略で、溢れる水の意である。すなわち、前者のその水は溢れる水であるから、溢ふれる水と溢れる水の洒落という訳である。

　という次第で、アフミ（afumi）は溢《あ》ふ水《み》の意と解される。これは溢ふる水の略で、溢れる水、すなわち、琵琶湖が瀬田川から溢れ出る、溢れる水の湖であるところからのもので、その湖水の意である。この溢ふ水はまた転じて琵琶湖を意味する。したがって、鬼国のその名称はこれを踏まえて解釈することになる。

鬼である。その日本音である。クゥイゥアル（kuar）で、クゥィ（kuwi）、その現代音はクイである。これは右から、溢れる水関係であることになる。とすると、これといえば泉（井《ゐ》）がある。泉（井）は正に溢れる水である。そこで、クゥィ（kuwi）は奇井《くゐ》（kuwi）の意と解される。これは奇し井の略で、霊妙な泉、すなわち、神泉の意である。

字義（原義）である。鬼は亡霊、あの世の（形容詞）の意をいう。が、その日本音から以下の洒落による洒落名称である。

鬼《くゐ》（kuwi）――黄泉国《よみのくに》――黄泉《よみ》（yömi）――奇井《くゐ》（kuwi）

鬼《くゐ》である。これといえばあの世である。

黄泉国《よみのくに》である。これは既述の「古事記」神代の伊邪那岐命と伊邪那美命の、黄泉国の条のそれで、死者の国の意である。黄泉《こうせん》は漢語の借用で、黄の泉で、地下の泉の意である。また、地下の死者の国にこの黄泉があるところから転じて、あの世の意をいう。したがって、黄泉国のその用字は死者の国にこの黄泉があるところからのものであることになる。黄泉《よみ》はヨミ（yömi）である。その原義は未詳である。が、これは既述したが、黄泉国は死者復活の養生をする所であるから、これからのもので、読《よ》み（yömi）の意と解される。これは数を数えることで、ここではその養生の日数を、一日、二日、三日と数えること、すなわち、要するに死者復活の養生をすることであるから、死者復活養生の意である。その詳細の程はいずれ機会を得てご案内する。この黄泉は黄泉国の象徴である。

黄泉《よみ》である。この泉はその読みの原義から死者復活養生の泉ということになるので、神泉であることになる。神泉であれば無限の涌出をする。すなわち、死者はその無限の涌出の霊力を貰って養生をして、復活することになる。

以上から、鬼国《くゐ》は奇井国《くゐ》で、その奇井は神泉の意で、滋賀県である。

為吾国

次は為吾国《いご》である。これはその行程から東海道筋であれば三重県、東山道筋であれば岐阜県である。そこで、いずれかということになるが、明し族（雷神族）は後世の倭寇のような水軍であるから、沿海添いの東海道筋が妥当ということになるので、ひとまず、三重県北部であることになる。ここは「古事記」雄略の金鉏岡《かなすきのおか》・長谷《はつせ》の百枝槻《ももえつき》の条などに、

　伊勢国《いせのくに》

とあり、伊勢国《いせのくに》である。伊勢はイセ（ise）である。その原義は未詳である。が、同書神武の歌謡などに、

　神風《かむかぜ》の　伊勢《いせ》の海の

とあり、この伊勢の枕詞の、神風《かむかぜ》のなどから解明することができる。この掛り方は一般に未詳とされている。そこで、まず、その神風《かむかぜ》である。これといえば、高御産巣日神は風神である

から、同神の風であることになる。したがって、伊勢は同神関係のものであることになる。

そこで、イセ（ise）である。高御産巣日神は天照大御神の夫である。天照大御神は「日本書紀」垂仁二十五年三月丁亥朔丙申条に、

爰《ここ》に倭姫命《やまとひめのみこと》、大神《おほみかみ》を鎮《しづ》め坐《ま》させむ処を求めて、……故《かれ》、大神の教《をしへ》の随《まにま》に、其の祠《やしろ》を伊《い》勢国《せのくに》に立てたまふ。

とあり、大和国（奈良県）からその東隣の伊勢国（三重県）へ遷座している。この遷座は右文によれば、大和国（奈良県）～近江国（滋賀県）～美濃国（岐阜県）～伊勢国（三重県）というものであるが、その最終の伊勢国は天照大御神のお告げによるもので、その理由は、

是《こ》の神風《かむかぜ》の伊勢国は、常世《とこよ》の浪《なみ》の重浪《しきなみ》帰《よ》する国なり。傍国《かたくに》の可怜《うま》し国なり。是の国に居《を》らむと欲《おも》ふ。

とあり、伊勢国が永遠の波の重波《しきなみ》が打ち寄せる国で、大和国の東隣の美しい国であるからであるという。重波は頻りに打ち寄せる波の意をいう。とすると、伊勢国は神風の国で、その重波の国であることになる。ということは伊勢国は高御産巣日神の国であることになる。したがって、天照大御神はその夫の元に遷座したことになる。これから、イセ（ise）は斎夫《いせ》（ise）の意と解される。これは斎の夫で、神聖の夫、すなわち、ここでは高御産巣日神の意である。すなわち、その掛り方は、神風《かむかぜ》の　斎夫《いせ》、で、神風の高御産巣日神の意の洒落である。したがって、為吾国のその名称はこれを踏まえて解釈することになる。

為吾である。その日本音である。これは為は゜ウィウァル（ɦuar）、吾はンガァック（ŋag）で、

ウィガ（wiga）、その現代音はイガである。ウィガ（wiga）である。これは右から、高御産巣日神関係であることになる。したがって、井日《ゐが》（wiga）の意と解される。これは井の日で、涌出の太陽、すなわち、涌出はここでは大の斎晴れの瞬間のそれで、その涌出の太陽、すなわち、高御産巣日神の意である。

字義（原義）である。為は為《ため》にする、吾は一人称の代名詞で、吾《わが》の意をいう。まとめると、吾の為で、吾為にする意であるが、その日本音から以下の洒落による洒落名称である。

為吾《ゐが》（wiga）――遊《あそ》び（atsöbi）――足添《あそ》（atsö）――足添《あそ》（atsö）――井日《ゐが》（wiga）

為吾《ゐが》である。これといえば、遊びがある。これは狩猟、酒宴、遊戯、舞踊などをいう。

遊《あそ》びである。その原義は未詳である。が、遊びは要するに、心や足の趣くままのものであるから、これ関係が考えられることになる。そこで、遊び（atsöbi）の原義は足添《あそ》び（atsöbi）の意と解される。これは足添を活用した四段活用の動詞、足添《あそ》ぶ、の連用形の名詞化で、遊びの意である。

足添《あそ》である。これは足に添ふの語幹で、足に付き従うこと、すなわち、足の趣くままの意である。したがって、足添ぶは足の趣くままをするで、遊びをする意である。

二番目の、足添《あそ》である。これは足の、添ふの語幹で、雷神の、付き従うこと、すなわち、ここでは雷神は天照大御神、付き従うことは後世の連《つ》れ添《そ》いなどから配偶者で、天照大御神の、配偶者、すなわち、高御産巣日神の意である。

以上から、為吾《ゐが》国は井日《ゐが》国で、その井日は高御産巣日神の意で、三重県北部である。

鬼奴国

次は鬼奴《きど》国である。これは為吾《ゐが》国は三重県北部であるから、その行程は東海道筋であることになるので、その東隣の愛知県西半である。ここは「古事記」景行の小碓命の東伐の条などに、

故《かれ》、尾張国《をはりのくに》に到りて、

とあり、尾張国《をはりのくに》である。尾張はヲハリ（wofari）である。その原義は未詳である。が、以下からひとまずではあるが、その用字のままで、尾張《をは》りの意と解することができる。

古代の尾張国は一般に現在の濃尾平野はまだ未完で、洲や島が散在していて、その海岸線は深く、東は熱田神宮、小牧市辺り、西は養老山地辺り、北は岐阜、大垣市辺りに達していたとされている。とすれば、尾張国は南は海で、東、西、北の三方は山地や台地がぐるりと囲んでいて、その麓の尾が海岸に張り出していることになる訳であるから、その名称はこれからのものであることが考えられることになるので、右ということになる。尾張《をは》りは尾が張りで、その山地や台地の裾（尾）が海に張り出している意である。したがって、鬼奴国のその名称はこれを踏まえて解釈することになる。

鬼奴である。その日本音である。これは鬼はクゥイゥアル（kruar）、奴はナァッグ（nag）で、クウィナ（kuwina）、その現代音はクイナである。名称は右から、尾張関係であることになる。が、難解である。そこで、先に字義（原義）をみてみることになる。

字義（原義）である。鬼は亡霊、あの世の（形容詞）、奴は奴隷の意をいう。まとめると、鬼の奴で、亡霊、あの世の（形容詞）の奴隷の意であるが、その日本音から以下の洒落による洒落名称である。

鬼奴《くゐな》（kuwina）――黄泉国《よみのくに》の奴《やつこ》（yatuko）――黄泉国《よみのくに》の屋《や》つ子《こ》（yatuko）――黄泉国《よみのくに》の屋《や》つ子《こ》（yatuko）――奇井中《くゐな》（kuwina）

鬼奴《くゐな》である。鬼《くゐ》である。この洒落は既述の鬼国から黄泉国《よみのくに》である。黄泉国《よみのくに》の奴《やつこ》である。奴《やつこ》である。その原義は屋《や》つ子《こ》で、家（屋）の人の意であった。二番目の、黄泉国《よみのくに》の屋《や》つ子《こ》である。これはそのまま、黄泉国の、屋つ子で、黄泉国の、新嘗屋の子供、すなわち、黄泉国の、斎晴れの三神の意である。奇井中《くゐな》である。これは奇《く》し井《ゐ》の略の、中で、霊妙な泉の、中、すなわち、ここでは黄泉国の黄泉の中で、その死者復活の養生所の磐座《いわくら》の意である。これはその詳細の程はいずれ機会を得てご案内するが、斎晴れの三神はその黄泉の中の磐座で、死者を復活させる。クウィナ（kuwina）である。これは右から、奇井中《くゐな》（kuwina）で、黄泉国の黄泉の、中、すなわち、その黄泉の中の死者復活養生所の磐座の意である。

さて、そうすると奇井中《くゐな》は尾張り関係の意ではないことになる。ということは尾張りの洒落からの洒落名称であることになる。次の通りである。

尾張《をは》り（wofari）――神光張《をは》り（wofari）――奇井中《くゐな》

尾張《をは》りである。尾《を》である。これは神光《を》と同源であった。

神光張《をは》りである。これはそのまま、神光が張りで、神光が光り出ている意である。これといえば「古事記」神武の東征の条に、
其地《そこ》より幸行《い》でませば、尾生《をあ》る人、井《ゐ》より出《い》で来りき。其の井に光《ひかり》有りき。尓《ここ》に「汝《な》は誰《たれ》ぞ。」と問ひたまへば、「僕《あ》は国つ神、名は井氷鹿《ゐひか》と謂《い》ふ。」
とあり、この井の光がある。これはその国つ神（国の神）から神泉の神光である。これから、神泉の中は神光張《をは》りしていることになる。ということは黄泉国のその黄泉は神泉であるから、同様に神光張りしていることになる。

奇井中《くゐな》である。これは前述のそれで、黄泉国の黄泉の中の磐座の意である。ここでは斎晴れの三神のその神光が神光張りしている。

以上から、鬼奴国《くゐな》は奇井中《くゐな》国で、その奇井中は黄泉国の黄泉の中の磐座で、愛知県西半である。

邪馬国

次は耶馬《じゃば》国である。これは鬼奴《くゐな》国は愛知県西半であるから、その東隣の愛知県東半である。ここは「万葉集」巻一・五七の題詞に、

参河国《みかはのくに》

とあり、参河国《みかはのくに》である。参河はミカハ（mikafa）である。その原義は一般に、その国内に

男川、豊川、矢作川《やはぎ》の三つの河があるところからのもので、三河《みかは》（mikafa）の意とされている。これは三の河で、右のその三つの河の意である。したがって、邪馬国のその名称はひとまずこれを踏まえて解釈することになる。

邪馬である。その日本音である。これは邪はンギィァッグ（ŋiăg）、馬はマァッグ（măg）で、ヤマ（yama）、その現代音は同じくヤマである。名称は右から、三河関係であることになる。が、難解である。そこで、鬼奴国《くぬな》の尾張りの洒落名称から同様のものであることが考えられるので、次の洒落による洒落名称と解される。

三河《みかは》（mikafa）——三日蛇《みかは》（mikafa）——斎晴《いは》れの三神《みかみ》——弥真《やま》

三河《みかは》である。河の原義は日蛇《かは》で、初日の御魂神の意であった。

三日蛇《みかは》である。これは三の、日の蛇で、太陽の蛇、すなわち、三の、初日の御魂神で、斎晴れの三神の意である。

斎晴《いは》れの三神《みかみ》である。これといえばその斎晴れは弥栄なる真実である。

弥真《やま》である。これは弥の真で、弥栄の真実の意である。

右から、ミカハ（mikafa）の原義は妥当ということになるので、三河《みかは》（mikafa）の意であることになる。また、その三河《みかは》が三日蛇《みかは》であるところからのものであることも十分考えられる。この場合は三日蛇《みかは》で、斎晴れの三神の意であることになる。

字義（原義）である。邪は不正、馬は動物の馬の意をいう。まとめると、邪の馬で、不正の馬、すなわち、馬は対馬《つま》国同様、ここでは騎馬民で、不正の騎馬民の意であるが、その日本音から以下の洒落による洒落名称である。

　邪馬《やま》——不正《あし》の騎馬民《うまのたみ》——五氏《いつうぢ》（udi）——五初霊《いつうぢ》（udi）——五初霊《いつうぢ》——弥真《やま》
不正《あし》の騎馬民《うまのたみ》である。不正《あし》である。これは悪い意の形容詞、悪《あ》し、で、ここでは不正の意である。騎馬民《うまのたみ》である。これはその詳細の程はいずれ機会を得てご案内するが、ここでは日本民族のそれで、既述の北狄、西戎の五族、すなわち、五竜《ごりゅう》氏、燧人《すいじん》氏、太皞庖犠《たいこうほうぎ》氏、女媧《じょか》氏（女希《じょき》氏）、大月《だいげつ》氏の五氏である。この五氏は漢民族の諸国を侵略した。その不正はこれからのものである。

　五氏《いつうぢ》である。これは五の氏で、右の五氏の意である。氏《うぢ》である。これはここでは古代の血縁部族集団（本家）から分岐したその小集団（分家）のことである。その原義は一般に、生《う》み路《ち》、生《う》み血《ち》の略の、生路《うぢ》、生血《うぢ》の意とされているが、未詳である。が、日本民族の祖神は天照大御神であるから、これからのものであることが考えられることになるので、初霊《うぢ》（udi）の意と解される。これは初《う》ひの略の霊で、最初の神霊、すなわち、最初は日本民族の最初のことで、その神霊、すなわち、天照大御神の意である。

　二番目の、五初霊《いつうぢ》である。これは五の、初《うひ》の略の霊で、五の、最初の神霊、すなわち、最初はここでは冬至で、五の、冬至の神霊、すなわち、新嘗祭五神の意である。この五神は弥栄の真実の神である。

　以上から、邪馬《やま》国は弥真《やま》国で、その弥真は弥栄の真実の意で、愛知県東半である。

躬臣国

次は躬臣国《きゅうじん》である。これは邪馬《やま》国は愛知県東半であるから、その東隣の静岡県であるが、ここは西から順に、「万葉集」巻十四・三三五四、三三五九、三三六〇の左注などに、

遠江国《とほつあふみのくに》　駿河国《するがのくに》　伊豆国《いづのくに》

とあり、三ヶ国ある。遠江国《とほつあふみのくに》は西部、駿河国《するがのくに》は中部、東部、伊豆国《いづのくに》は東端で伊豆半島である。そこで、何処かということになるが、これは手掛りがなく至難なので、先に躬臣国のその名称をみてみることになる。

躬臣である。その日本音である。これは躬はキィォング（kioŋ）、臣はギィエン（ghien）で、キギ（kïgi）、その現代音はキギである。

字義（原義）である。躬は体を弓形に曲げる、臣は家来の意をいう。まとめると、躬の臣で、体を弓形に曲げる、家来であるが、その日本音から以下の洒落による洒落名称である。

躬臣《きぎ》（kïgi）――額突《ぬかづ》く臣《やっこ》（yatuko）――瓊《ぬ》日《か》突《づ》く屋《や》つ子《こ》（yatuko）――瓊《ぬ》日《か》突《づ》く屋《や》つ子《こ》
――高木神《たかぎのかみ》――木男《きぎ》（kïgi）

躬臣《きぎ》である。これといえば要するに、土下座、平伏である。

額突《ぬかづ》く臣《やっこ》である。これは額を突くの、臣で、額を地面につけて礼拝する、家来、すなわち、土下座（平伏）をする、家来の意である。額《ぬか》である。その原義は未詳である。が、新魂の神光

拝受は土下座（平伏）であるから、これからのものであることが考えられるので、右の洒落から、瓊日《ぬか》の意と解される。これは瓊の日で、ここでは新魂の日光、すなわち、新魂の神光の意である。すなわち、瓊日《ぬか》を得るには額《ひたい》をするという意味合いの洒落名称という訳である。

臣《やっこ》である。これはその原義は奴隷《やっこ》と同源の、屋《や》つ子《こ》で、家来、臣下の意をいう。二番目の、瓊日突《ぬかづ》く屋《や》つ子《こ》である。これは瓊の日を突くの、屋つ子で、ここでは新魂の神光を突き刺すの、新嘗屋の子供、すなわち、新魂の神光を日射する、初日の御魂神（斎晴れの三神）で、高御産巣日神の意である。同神は高木神であった。

高木神《たかぎのかみ》である。これは高の木の、神で、大の斎晴れの瞬間（冬至）の神木の、神、すなわち、新嘗屋の神座の神木の、神で、高御産巣日神の意であった。同神は初日の御魂男神である。

木男《きぎ》である。これは木の男で、ここでは高木の男神、すなわち、高木神で、高御産巣日神の意である。

キギ（kïgi）である。これは右から、木男《きぎ》（kïgi）で、ここでは高木の男神、すなわち、高御産巣日神の意である。

では、その該当国である。これは右から、高御産巣日神（高木神）関係であることになる。順に西から、遠江国《とほつあふみのくに》である。これは一般に、遠《とほ》つ淡海国《あはうみのくに》の略の、遠《とほ》つ淡海国《あふみのくに》の意とされている。名称は遠、つ、淡海《あはうみ》の、国で、遠方、の、淡水の海の、国、すなわち、遠方は王城の地奈良県からのそれ、淡水の海は滋賀県の琵琶湖と静岡県の浜名湖のことで、浜名湖の国の意である。古代の浜名湖は淡水湖であった。そこで、この遠《とほ》つ淡海《あはうみ》は該当国であれば高御産巣日神

（高木神）関係の洒落になる訳であるから、これをみてみることになる。次の通りである。

遠《とほ》（töfo）つ淡海《あはうみ》（umi）——撓仄《とほ》（töfo）つ淡初水《あはうみ》（umi）——大《おほ》の斎《い》晴《は》れの瞬《き》間《は》の、淡《あは》初霊《うみ》（umi）——高御産巣日神《たかみむすひのかみ》（高木神《たかぎのかみ》）

遠《とほ》つ淡海《あはうみ》である。遠《とほ》である。これは空間、距離の隔たりが大きい意の形容詞、遠《とほ》し、の語幹で、ここでは遠方の意である。その原義は未詳である。が、遠方といえば、大の斎晴れの瞬間は空の彼方、水、地平線の彼方である。そこで、右の洒落からこれからのもので、撓仄《とほ》（töfo）の意と解される。これは撓の仄で、豊饒の仄か、すなわち、ここでは大の斎晴れの瞬間の意である。淡《あは》である。これは色、味、調子などが薄い意の形容詞、淡《あは》し、の語幹で、ここでは夜明けの意である。夜明けは厚い暗闇の夜が薄くなった状態である。海《うみ》である。ウミ（umi）は海、湖の意をいう。その原義は未詳である。が、海、湖は要するに太古からの巨大な水溜まりであるから、その天地創造時の水溜まりと考えることができるので、その最初の水であることになる。そこで、右の洒落から、初水《うみ》（umi）の意と解される。これは初水《うひみ》の略で、最初の水、すなわち、ここでは天地創造時の水の意である。

撓仄《とほ》つ淡初水《あはうみ》である。水《み》である。その原義は未詳である。が、水はまた水《みづ》である。水（midu）の原義は霊蛇《みづ》（midu）の意であった。これは水が蛇神（竜神）の賜物であるところからのもので、霊の蛇で、神霊の蛇、すなわち、蛇神（竜神）の意である。そこで、水《み》（mi）は右の洒落から、霊《み》（mi）の意と解される。これは神霊で、ここでは雷神（竜神）の意である。

大《おほ》の斎《い》晴《は》れの瞬《き》間《は》の、淡初霊《あはうみ》である。淡初霊《あはうみ》である。これは淡の、初霊《うひみ》の略で、夜明けの、最初の神霊の意である。

右から、遠江国《とほつあふみのくに》は該当国であることになる。

次は駿河国《するがのくに》である。駿河である。これはスルガ（tsuruga）である。その原義は未詳である。が、「枕詞燭明抄」上（一六七〇年刊）の風土記《ふどき》逸文に、

風土記に云《イハク》、国に富士河在《アリ》、其水きはめてたけく疾《ハヤ》し。よって駿河《スルガ》の国と名づくと云々。（日本古典文学大系「風土記」《岩波書店・一九八五年》）

とあり、これなどから一般に、同国に急流が多いところからのもので、鋭河《するが》（tsuruga）の意とされている。これは鋭い意の形容詞、鋭《するど》し、の語幹の河《かは》の略で、勢いが激しい河、すなわち、急流の河の意である。そこで、同様にその該当国の洒落をみてみることになる。次の通りである。

駿河《するが》（tsuruga）——鋭河《するが》（tsuruga）——響《とよ》む——大《おほ》の斎晴《いは》れの瞬間《きは》——高御産巣日神《たかみむすひのかみ》（高木神《たかぎのかみ》）

鋭河《するが》である。これといえばその瀬音は騒騒しい。

響《とよ》むである。これは音が鳴り響く意をいうが、ここでは以下から、騒音をする意である。「古事記」神代の大国主神の、沼河比売《ぬなかわひめ》求婚の条の歌謡に、

さ野つ鳥　雉《きぎし》は響《とよ》む

とあり、雉《きじ》は響《とよ》む。雉は夜明けに大声で騒騒しく鳴く。響《とよ》む（töyömu）の原義は未詳である。が、これといえば天地鳴動の大の斎晴れの瞬間がそれである。そこで、撓弥《とよ》む（töyömu）の

意と解される。これは撓弥《とよ》を活用させた四段活用の動詞で、撓の弥をするで、豊饒の弥栄をする、すなわち、ここでは天地鳴動の大の斎晴れの瞬間をする意である。

大《おほ》の斎晴《いは》れの瞬間《きは》である。これといえばその神、高御産巣日神（高木神）である。

右から、駿河国《するがのくに》は該当国であることになる。

次は伊豆国《いづのくに》である。伊豆である。これはイヅ（idu）である。その原義は未詳である。したがって、単なる洒落としてみてみることになる。次の通りである。

伊豆《いづ》（idu）——斎蛇《いづ》（idu）——高御産巣日神《たかみむすひのかみ》（高木神《たかぎのかみ》）

斎蛇《いづ》である。これは斎の蛇で、神聖の初日の御魂神（雷神）、すなわち、ここでは高御産巣日神（高木神）の意である。

右から、伊豆国は該当国であることになる。

以上、遠江国《とほつあふみのくに》、駿河国《するがのくに》、伊豆国《いづのくに》は該当国であることになる。したがって、躬臣《きぎ》国はこの三ヶ国であることになる。

以上から、躬臣《きぎ》国は木男《きぎ》国で、その木男は高御産巣日神（高木神）の意で、静岡県である。

第十三章　関東諸国と狗奴国

巴利国

次は巴利国《はり》である。これは次のようにある。

次に躬臣国《きぎ》有り、次に巴利国《はり》有り、次に支惟国《しい》有り、次に烏奴国《うど》有り、次に奴国《ど》有り、此《こ》れ女王の境界の尽くる所なり。其の南に狗奴国《くな》有りて、

躬臣国《きぎ》は静岡県である。したがって、次の巴利国はその東隣の神奈川県であることになる。とすると、狗奴国は東北であるから、巴利国〜奴国は関東であることになる。したがって、以下、巴利国以下はこれを踏まえて解釈することになる。

神奈川県は「古事記」景行の小碓命の東伐の条などに、

相武国《さがむのくに》

とあり、相武国《さがむのくに》という。これは相模国《さがむのくに》で、神奈川県の東北部を除くその全域をいう。相武はサガム（tsagamu）である。その原義は未詳である。が、同条の歌謡に、

佐泥佐斯《さねさし》　佐賀牟《さがむ》

とあり、この相武《さがむ》の枕詞の、サネサシ（tsanetsasi）などから解明することができる。とは

図52　関東諸国と狗奴国

いえ、この掛り方は一般に未詳とされている。実際難解である。何か手掛りが必要である。そこで、これをみてみると、「常陸国《ひたちのくに》風土記」の冒頭の条（七一四〜七一八年頃成立）に次のようにある。

国郡《くにこほり》の旧事《ふるごと》を問ふに、古老《ふるおきな》の答へていへらく、古《いにしへ》は、相模《さがむ》の国足柄《あしがら》の岳坂《やまさか》より東《ひむがし》の諸《もろもろ》の県《あがた》は、惣《す》べて我姫《あづま》の国と称《い》ひき。

東国《あづまのくに》（我姫国）は相模国の足柄山《あしがらやま》以東であるという。これがそれである。足柄山は神奈川、静岡県境の山をいう。東国（我姫国）は関東地方をいう。東《あづま》はアヅマ（aduma）である。その原義は未詳である。が、「万葉集」巻二・一九九などに、

鶏《とり》が鳴く　吾妻《あづま》の国の

とあり、この東《あづま》（吾妻）の枕詞の、鶏《とり》が鳴くから解明することができる。鶏が鳴くはここでは夜明けの一番鶏が鳴く意である。鶏は夜明け

によく鳴く。したがって、アヅマは夜明け関係であることになる。このアヅマは右の吾妻《あづま》の表記から、ア・ヅマであることになる。そこで、アヅマ（aduma）は明端《あづま》（aduma）の意と解される。これは明《あ》き端《づま》の略で、夜明けの端、すなわち、大の斎晴れの瞬間の意である。

　右から、サガム国は東国の第一番目の国である。したがって、その明端《あづま》から、大の斎晴れの瞬間をすることになる。これからサネサシとサガムは大の斎晴れの瞬間関係であることになる。そこで、サネサシ（tsanetsasi）は真根差《さねさ》し（tsanetsasi）、サガム（tsagamu）は真日《さが》む（tsagamu）の意で、その掛り方は、真根差《さねさ》し真日《さが》む、と解される。真根差《さねさ》しである。これは真の根の、差しで、真実の始めの、日射をする、すなわち、ここでは大の斎晴れの瞬間の、日射をする意である。真日《さが》むである。これは真の日むで、真実の日射をする、すなわち、ここでは大の斎晴れの瞬間の日射をする意である。日《か》むである。これは未詳であるが、既述の日差す（照る）意の四段活用の動詞、日《か》す、などから類推される同意の四段活用の動詞、日《か》む、の終止形で、ここでは右の意である。したがって、その掛り方は大の斎晴れの瞬間の日射をする意の洒落であることになる。

　という次第で、サガム（tsagamu）は真日《さが》むの意と解される。これは真の日むで、真実の日射をする、すなわち、ここでは大の斎晴れの瞬間の日射をする意である。したがって、巴利国のその名称はこれを踏まえて解釈することになる。

　巴利である。その日本音である。これは巴はパァッグ（păg）、利はリィエッド（lıed）で、パリ（pari）、その現代音はハリである。パリ（pari）は右から、晴《は》り（pari）の意と解される。

これは夜空が晴れるで、夜明けとなるであるが、ここでは大の斎晴れの瞬間となる意である。この名称はいうまでもなく、巴利《はり》国が大の斎晴れの瞬間の明端《あづま》の国（東国）の第一番目の国であるところからの洒落名称である。

字義（原義）である。巴は平らに腹這いになる、利は儲ける意をいう。まとめると、巴で、利で、腹這いになって、儲けるであるが、その日本音から以下の洒落による洒落名称である。

巴利《はり》（pari）――乞《こ》ふ――響《とよ》む――晴《は》り（pari）

巴利《はり》である。これといえば乞食などの物乞いがある。

乞《こ》ふである。これは他人に物を与えてくれるよう求める意をいう。この場合、お慈悲をと大声で大騒ぎすることが多い。

響《とよ》むである。これはここでは騒音する意である。これといえば大の斎晴れの瞬間がそれである。

晴《は》りである。これはここでは大の斎晴れの瞬間となる意である。

以上から、巴利《はり》国は晴《は》り国で、その晴りは大の斎晴れの瞬間となる意で、神奈川県の東北部を除くその全域である。

支惟国

次は支惟《しい》国である。これは神奈川県の北隣ということになるので、東京都である。ここは「古

事記」神代の天照大御神と須佐之男命の、天安河の誓約の条の建比良鳥命《たけひらとりのみこと》の分注に、

　无邪志国造《むざしのくにのみやつこ》

とあり、この无邪志国造の、无邪志国《むざしのくに》である。これは武蔵国《むさしのくに》で、埼玉県、東京都、神奈川県東北部辺りをいう。无邪志はムザシ（mudzasi）である。その原義は未詳である。したがって、先に支惟国のその名称をみてみることになる。

支惟である。その日本音である。これは支はキィエッグ（kieg）、惟はディゥヲル（diuə̆r）で、キディ（kidi）、その現代音はキヂである。

字義（原義）である。支は別れ、惟はよく考えてみるの意をいう。まとめると、支を惟で、別れをよく考えてみる意であるが、その日本音から以下の洒落による洒落名称である。

　支惟《きぢ》（kidi）——血筋《ちすじ》——男血《きぢ》（kidi）

支惟《きぢ》である。これといえば系譜（系図）がある。これは枝別れしているので、よく考える必要がある。この系譜（系図）は血統である。

血筋《ちすじ》である。これは未詳であるが、後世の、血統の意のそれを推定した。日本民族の血統は皇統がそうであるように一般に男系とされている。

男血《きぢ》である。これは男の血で、男子の血統、すなわち、男系の意である。

キディ（kidi）である。これは右から、男血《きぢ》（kidi）で、男系の意である。

さて、とすると奇妙なことになる。というのは日本民族の血統が男系であるならば、わざわざ男血などとする必要はないからである。しかもそれは国名である。ということは当時の日本

は男系ではなかったということになる。つまり、支惟《きぢ》国が男系の国であった為、魏使がそう記したということになる。そうであれば、支惟国は非縄文族の国であることになる。とすれば、それは東西王朝対立から、天皇族の匈奴か、明し族であることになる。いずれであろうか。その詳細の程はいずれ機会を得てご案内するが、匈奴はその皇統から明らかなように男系である。日本民族の騎馬民は男系である。が、明し族は農耕牧畜民で海洋民であるので、女系（女子の血統）である。したがって、支惟国は天皇族の匈奴の国であることになる。これはその交戦から邪馬壱国建国頃以前のことである。したがって、匈奴の本貫はこの支惟国であることになる。

そこで、ムザシ（mudzasi）である。これは匈奴関係であることになる。とすれば、匈奴はヒウ鳴《な》で鏑矢の意であるから、これ関係がまず考えられることになる。ということで、実矢風《むざし》（mudzasi）の意と解される。これは実の、矢の風で、実はここでは鏑矢の蕪《かぶら》（鏑）で、鏑矢の蕪（鏑）が風を切るその風、すなわち、ヒウ鳴《な》で、匈奴《ひうな》（鏑矢）の意である。が、これは少々奇妙である。というのは匈奴はヒウ鳴（鏑矢）であるから、それをわざわざ実矢風《むざし》とするのは不自然であるからである。勿論、当時その匈奴音のヒウナ（hïuna）はha行音の為発音できなかったというところからのものであることも十分有り得るが、それにしても何とも間接的な表現である。当然その理由が問われることになる。

そこで、その理由であるが、これはその国名が元元、ムザシであった為と考えられる。すなわち、であった為、実矢風《むざし》を当てはめたという訳である。その場合、そのムザシ（mudzasi）は関東が明端《あづま》であることから、これ関係があるので、産真息《むざし》（mudzasi）、産差《むざ》し（mudzasi）

などが考えられることになる。前者は産の、真の息で、生成の、真実の息吹、すなわち、ここでは大の斎晴れの瞬間の意である。実《む》である。これは未詳である。が、一般に身《み》（mï）と実《み》（mï）が同源とされていることから、身《み》＝実《み》、身《み》＝身《む》、から、実《み》（mï）＝実《む》（mu）、が帰結されるので、そのï〜uの母音交替からのものである。後者である。これは産の、差しで、生成の、日射、すなわち、ここでは大の斎晴れの瞬間の意である。

右から、支惟《きぢ》（男血）はこの実矢風の洒落名称であることになる。次の通りである。

　実矢風《むざし》――大音《おほな》（大鳴《おほな》）――多名《おほな》――血筋《ちすじ》――男血《きぢ》

実矢風《むざし》である。これは大きな音である。

大音《おほな》（大鳴《おほな》）である。大《おほ》である。これは広大、多量の意の接頭語をいう。音《な》（鳴）である。これは四方へ伝わっていく。これといえば名称がある。名称は音（鳴り）のように四方へ伝わっていく。名称は名《な》という。その原義は未詳である。一般には名称が物の形の称であるところからのもので、形《なり》（態）の意とされている。そこで、右の洒落から、音《な》（鳴）の意と解される。

多名《おほな》である。多《おほ》である。これは多量の意の接頭語である。したがって、多名は多の名で、多量の名称の意である。これといえば系譜（系図）がそれである。これは血統である。

血筋《ちすじ》である。これは血統の意をいう。匈奴のそれは男系である。

なお、産真息《むざし》、産差《むざ》しの洒落名称であることも当然考えられる。その場合は次の通りである。

　産真息《むざし》・産差《むざ》し――大《おほ》の斎晴《いは》れの瞬間《きは》――竜神出《りうて》――竜神出氏《りうてうぢ》――匈奴《くな》――男系《きぢ》（男血《きぢ》）

産真息《むざし》・産差《むざ》しである。これは大の斎晴れの瞬間の意であった。

大《おほ》の斎晴《いは》れの瞬間《きは》である。これは初日の御魂神の竜神の出現であった。竜神出《りうて》である。これといえば匈奴の皇族の竜神出《りうて》氏である。

右から、支惟国は武蔵国であることになる。

以上から、支惟《きぢ》国は男血《きぢ》国で、その男血は男系の意で、埼玉県、東京都、神奈川県東北部辺りである。

烏奴国

次は烏奴《うど》国である。これは埼玉県、東京都の北隣、東隣ということになるので、北から順に、群馬県、茨城県、千葉県である。そこで、何処かということになるが、この三県は烏奴国と次の奴国、そして邪馬壱国が該当する。したがって、その三ヶ国該当から、先に烏奴国のその名称をみてみることになる。

烏奴である。その日本音である。これは烏はアッグ（·ag）、奴はナァッグ（nag）で、アナ（ana）、その現代音は同じくアナである。

字義（原義）である。烏は太陽、奴は奴隷の意をいう。まとめると、烏の奴で、太陽の奴隷の意であるが、その日本音から以下の洒落による洒落名称である。

　烏奴《あな》——日《ひ》の奴《やっこ》——天照大御神《あまてらすおほみかみ》の奴《やっこ》——高御産巣日神《たかみむすひのかみ》——雷神中《あな》

日《ひ》の奴《やっこ》である。これはそのまま、日の奴で、太陽の奴隷の意である。この太陽はまた、天照大御神である。

天照大御神《あまてらすおほみかみ》の奴《やっこ》である。これといえば既述の姐奴国《しな》（風成国）のその字義（原義）の洒落の、姐奴《しな》――姉《あね》の奴《やっこ》――天照大御神《あまてらすおほみかみ》の奴《やっこ》――高御産巣日神《たかみむすひのかみ》――風成《しな》、があるので、これなどから、高御産巣日神の意であることになる。

高御産巣日神《たかみむすひのかみ》である。同神は斎晴れの三神で、その天照大御神と神産巣日神の中である。雷神中《あな》である。これは雷神の中で、ここでは斎晴れの三神の中、すなわち、高御産巣日神の意である。

アナ（ana）である。これは右から、雷神中《あな》（ana）で、高御産巣日神の意である。烏奴《あな》は高御産巣日神の意である。そこで、これに該当する県をみてみると、茨城県がある。ここは「常陸国風土記《ひたちのくにふどき》」の冒頭の条（七一四〜七一八年頃成立）に、

常陸国《ひたちのくに》の司《つかさ》、解《げ》す。

とあり、常陸国《ひたちのくに》である。これは茨城県の西南部を除くその全域辺りをいう。常陸《ひたち》は「万葉集」巻二十・四三六六などに、

比多知《ひたち》

とあり、ヒタチ（fitati）である。その原義は同条に、

然号《しかなづ》くる所以《ゆゑ》は、往来《ゆきき》の道路《みち》、江海《かはうみ》の津済《わたり》を隔《へだ》てず、郡郷《くにこほり》の境界《さかひ》、山河《やまかは》の峯谷《をたに》に相続《あひつづ》ければ、直通《ひたみち》の義《こころ》を取りて、名称《な》と為《な》せり。

とあり、直通の義の、直道《ひたち》の意であるという。これは直の道で、直通の道の意である。すな

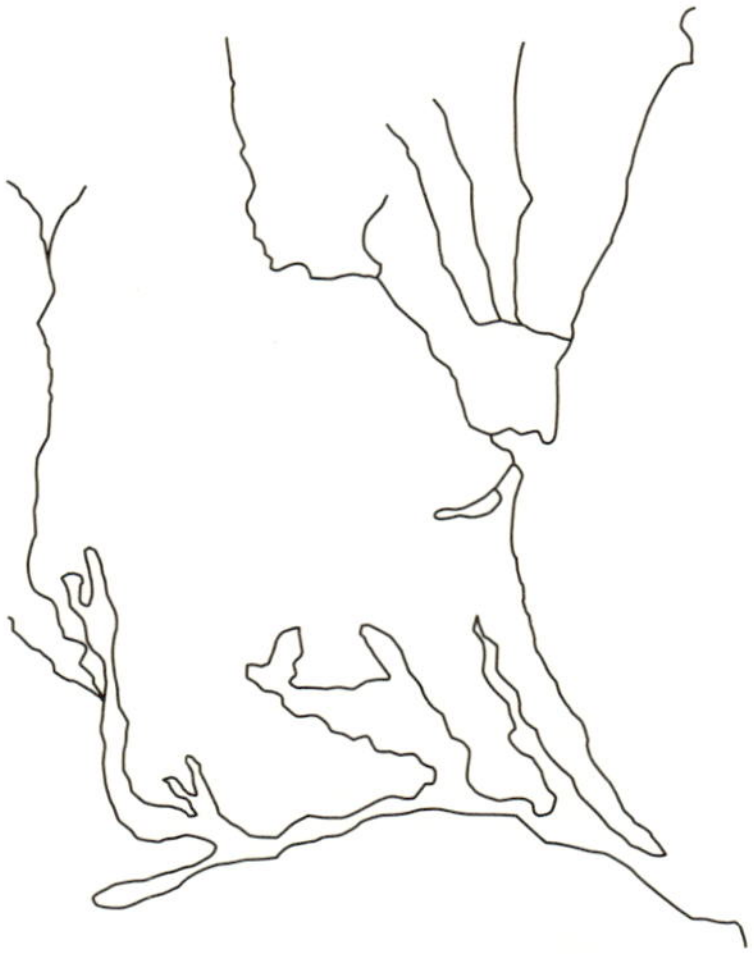

図53　古代の常陸国想像図

わち、その往来の道路が大河や海の渡し場によって分断されず、その諸郡郷の境界が山、河の峯、谷に連続していて、その用字の常陸のように、常に陸通りの、陸続きであるところからのものであるという。が、ご覧のように、その南部の現在の霞ヶ浦、北浦は古くは入江であるから、実際は分断されていて直通ではない。したがって、誤解であることになる。

そこで、ヒタチ（fitati）は日撓霊《ひたち》（fitati）の意と解される。これは日の撓の、霊で、日光の豊饒の、神霊、すなわち、大の斎晴れの瞬間の、神霊で、高御産巣日神の意である。この名称は既述の三重県北部の、為《ゐ》吾《が》国（井日国）と同じである。

右から、烏奴国は常陸国であることになる。

以上から、烏奴《あな》国は雷神《あな》中国で、その雷

神中は高御産巣日神の意で、茨城県の西南部を除くその全域辺りである。

奴国

次は奴国《ど》である。これは次のようにある。

次に烏奴《あな》国有り、次に奴《ど》国有り、此れ女王の境界の尽くる所なり。其の南に狗奴《くな》国有りて、

奴国は女王諸国の最後の国である。その前の烏奴《あな》国（雷神中国）は茨城県の西南部を除くその全域辺り、狗奴《くな》国（匈奴国）は福島県以北の東北地方である。したがって、奴国は栃木県、群馬県辺りであることになる。栃木県は「万葉集」巻十四・三四二五の左注などに、

下野国《しもつけののくに》

とあり、下野国《しもつけののくに》である。これは栃木県をいう。群馬県は同巻・三四二三の左注などに、

上野国《かみつけののくに》

とあり、上野国《かみつけののくに》である。これは群馬県をいう。

この両国は「先代旧事本紀」巻第十・国造本紀の下毛野国造の条に、

難波高津朝《なにはのたかつのみかどの》御世《みよ》、元の毛野国《けののくに》を分かちて上《かみ》、下《しも》と為す。

とあり、第十六代仁徳朝の時、毛野国《けののくに》を上・下に分割した。同朝はその詳細の程はいずれ機会を得てご案内するが、三五〇～三八〇年頃である。上、下は都からの遠近で、前者が近、後者が遠である。したがって、元は毛野国である。これは群馬、栃木県である。

毛野《けの》である。これはケノ（këno）である。その原義は未詳である。が、その用字が単なる万葉仮名ではなく正訓であれば、既述の第一代神武の名称、若御毛沼命《わかみけぬのみこと》とその別称、豊御毛沼命《とよみけぬのみこと》の毛沼の用例があるので、これと同様のものとして解明することができる。この毛沼《けぬ》は毛の沼で、恥毛の神泉、すなわち、天照大御神の女陰の意であった。そこで、ケノ（këno）は毛野《けの》（këno）の意と解される。これは毛の野で、ここでは以下から、女陰の意である。野は古代のそれは一般に、原《はら》が広々とした草原、平野などであるのに対して、山麓、高原、台地などの平坦地とされている。この原は一般に、腹《はら》と同源とされている。したがって、野~原、と連続した場合、これが人間であれば、野~腹、ということになるので、その野が毛野《けの》であれば、毛野~腹、ということで、腹の端は恥毛であるから、毛野は性器を意味することになる。ということで、毛野《けの》は毛の野で、恥毛の野、すなわち、ここでは性器で、女陰の意である。

が、神武の場合は、

御毛沼《みけぬ》——天照大御神《あまてらすおほみかみ》の女陰《ほと》（fotö）——天照大御神《あまてらすおほみかみ》の仄撓《ほと》（fotö）——大《おほ》の斎晴《いは》れの瞬間《きは》

の洒落による、大の斎晴れの瞬間の意の洒落名称であるから、同様のものが考えられることになる。そこで、次の洒落による洒落名称と解される。

毛野《けの》——天照大御神《あまてらすおほみかみ》の女陰《ほと》（fotö）——天照大御神《あまてらすおほみかみ》の仄撓《ほと》（fotö）——大《おほ》の斎晴《いは》れの瞬《き》間《は》——中《な》（冬至《はつはる》）

天照大御神《あまてらすおほみかみ》の仄撓《ほと》である。これは天照大御神の、仄の撓で、天照大御神の、仄かの豊饒、すなわち、大の斎晴れの瞬間の意である。すなわち、毛野《けの》は右の逆の、中《な》（冬至《はつはる》）～毛野《けの》、の洒落による洒落名称で、毛の野で、恥毛の野、すなわち、中（冬至）といえば天照大御神の新魂の神光出産であるから、ここでは天照大御神の女陰で、中《な》（冬至）の意である。したがって、奴国のその名称はこれを踏まえて解釈することになる。

奴である。その日本音である。これは既述の福岡県福岡市辺りの奴《ど》国から、ナ（na）で、その現代音も同じである。ナ（na）は右から、中《な》（na）の意と解される。これは冬至の意である。

字義（原義）である。奴は奴隷の意をいう。これはその日本音から以下の洒落による洒落名称である。

奴《な》――屋《や》つ子《こ》――屋《や》つ子《こ》――中《な》（冬至《はつはる》）

二番目の、屋《や》つ子《こ》である。これは屋の子で、新嘗屋の子供、すなわち、斎晴れの三神の意である。斎晴れの三神といえば冬至である。

右から、奴国は毛野国であることになる。

以上から、奴《な》国は中《な》国で、その中は冬至の意で、群馬県、栃木県である。

狗奴国

次は狗奴《くな》国である。これは既述した。次のようにある。

次に奴《な》国有り、此れ女王の境界の尽くる所なり。其の南に狗奴《くな》国有りて、其の南はその東北行（北行）から北である。したがって、狗奴国は奴国の北、すなわち、栃木県の北ということになるので、福島県である。

狗奴国の版図である。これはその詳細の程はいずれ機会を得てご案内するが、福島、新潟、宮城、山形県辺りである。その都（本宮）である。これは福島県の東半が茨城県と、西半が栃木県と隣接していることから、福島県西半ということになるので、会津若松市辺りである。福島県は当時、後世の白河《しらかわ》の関《せき》（福島県白河市旗宿付近）、勿来《なこそ》の関《せき》（福島県いわき市勿来付近）の関所から推察されるように要害の地であった。

狗奴《くな》国は匈奴《くな》国で、その匈奴は日本民族の天皇族の匈奴（鏑矢）族の意で、福島、新潟、宮城、山形県辺りである。

第十四章　いざ発掘

邪馬壱国

さて、邪馬壱国《じゃばいち》である。これは関東地方であるから、残るは後一県ということになるので、その千葉県である。ここは「日本書紀」景行五十三年冬十月条などに、

上総国《かみつふさのくに》

とあり、上総国《かみつふさのくに》である。これは千葉県中部をいう。また、「万葉集」巻十四・三三四九の左注などに、

下総国《しもつふさのくに》

とあり、下総国《しもつふさのくに》である。これは千葉県北部、埼玉県東端部、東京都東端部、茨城県西南端部辺りをいう。また、「続日本紀《しょくにほんぎ》」巻第八・養老二年五月乙未条（七九七年成立）に、

上総国の平群《へぐり》、安房《あは》、朝夷《あさい》、長狭《ながさ》の四郡を割《さ》きて、安房国《あはのくに》を置く。

とあり、この安房国《あはのくに》である。これは千葉県南部をいう。が、この国は右から元来は上総国であるから、結局、千葉県は上総国と下総国であることになる。この両国は「古語拾遺」の造祭祀具の斎部《いみべ》の条（八〇七年成立）に、

　天富命《あめのとみのみこと》、更に沃《よ》き壌《ところ》を求《ま》ぎて、阿波《あは》の斎部《いみべ》を分ち、東《あづま》の土《くに》に率往《ゐゆ》きて、麻《あさ》・穀《かぢ》を播殖《う》う。好《よ》き麻生《お》ふる所なり。故《かれ》　総国《ふさのくに》と謂《い》ふ。穀の木生ふる所なり。故、結城郡《ゆふきのこほり》と謂ふ。

とあり、その割注に、

　古語に、麻を総《ふさ》と謂ふ。今上総《かみつふさ》・下総《しもつふさ》の二国と為す。是なり。

とあり、元は総国《ふさのくに》であるという。したがって、邪馬壱国は総国《ふさのくに》で、千葉県、埼玉県東端部、東京都東端部、茨城県西南端部辺りであることになる。

　総国《ふさのくに》である。総はフサ（futsa）である。その原義は右から、麻《ふさ》の意である。が、これは初見で、他書には見えない。したがって、一般に疑問視されている。そこで、また「日本国花万葉記」巻の第十・下総国《しもふさ》（一六九七年刊）に次のようにあるので、これをみてみることになる。

　下総《しもふさ》、上総《かづさ》は、総《ふさ》とは木の枝を謂《イフ》。昔、此《この》国大なる楠《クス》を生ず。長《タケ》数百丈に及べり。時に帝《みかど》これをあやしみ、これを卜占《ウラナハ》し給ふに、大《だい》史《し》奏《ソウ》して云《いはく》、「天下の大凶事なり」。因《これに》レ茲《よりて》、彼木《かの》を斬捨《キリスツ》。南方にたをれぬ。上の枝を上総《かづさ》と云《いひ》、下の枝を下総《しもふさ》と云《いふ》。風土記。（菊本賀保「日本国花万葉記」《国立国会図書館蔵》。参考、日本古典文学大系「風土記」四五一頁）

　総国のフサ（総）は木の枝の意であるという。そしてその木は楠《くすのき》（樟）の巨木であるという。総《ふさ》はまた房《ふさ》で、藤や山吹などの花が一茎に群がり生えて垂れ下がっているように、多くのものが群がり集まっている様を表わす語の意をいう。したがって、その木の枝は一茎であるから、総《ふさ》（房）であることになる。茎は既述の「東大寺諷誦文平安初期点」（八三〇年頃成立）から、フサ（総、房）である。右は「風土記」（八世紀前期頃成立）とはあるが、その帝《みかど》から、さほど古いものではなさそうである。当然その信憑性が問題となる。が、しかしその由来そのものは古来よりのもので、帝は後世の付会と解することができる。そこで、フサ（futsa）は茎《ふさ》（futsa）の意と解される。これは右から、その巨木の総（房）状の枝の意である。したがって、邪馬壱国のその名称はこれを踏まえて解釈することになる。

邪馬壱である。その日本音である。これは邪はンギィアッグ（ŋiăg）、馬はマァッグ（măg）、壱は·イェット（·iet）で、ヤマイェ（yamaye）、その現代音はヤマエである。ヤマイェ（yamaye）は右から、弥真枝《やまえ》（yamaye）の意と解される。これは弥の真の、枝で、弥栄の見事の、枝、すなわち、その巨木の総（房）状の枝の意である。

字義（原義）である。邪は不正、馬は動物の馬、壱は数の一の意をいう。まとめると、邪の馬の、一で、不正の馬の、一の意であるが、その日本音から以下の洒落による洒落名称である。

邪馬壱《やまえ》（yamaye）——不正《あし》の馬《うま》の、一《いち》——五竜氏《ごりうぢ》——五竜《ごりう》——大豊饒《おほとよ》——弥真枝《やまえ》（yamaye）

不正《あし》の馬《うま》の、一《いち》である。これはそのままで、不正の騎馬氏の、一番目、すなわち、ここでは既述の日本民族の騎馬民四王朝のその第一番目のことで、五竜氏の意である。

五竜氏《ごりうぢ》である。これは五の竜の、氏で、新嘗祭祭神五神の、氏の意である。五《ご》である。古代の数詞はその詳細の程はいずれ機会を得てご案内するが、二通りで、一はこの五の、一《いち》（斎霊《いち》）、二《に》（瓊《に》）、三《さむ》（真産《さむ》）、四《し》（息《し》）、五《ご》（子《ご》）、六《ろく》（炉日《ろく》）、七《しち》（息霊《しち》）、八《はち》（蛇霊《はち》）、九《く》（日《く》）、十《じふ》（息震《じふ》）、一は一《ひ》（日《ひ》）、二《ふ》（震《ふ》）、三《み》（霊《み》）、四《よ》（弥《よ》）、五《いつ》（斎蛇《いつ》）、六《む》（産《む》）、七《な》（中《な》）、八《や》（弥《や》）、九《ここの》（撓成《ここの》）、十《とを》（撓神光《とを》）で、いずれも新嘗祭関係である。

五竜《ごりう》である。これは五の竜で、新嘗祭祭神五神の意である。これといえば大豊饒（大豊作）である。

大豊饒《おほとよ》である。これは弥真枝《やまえ》のその見事な枝振りを表現する。

右から、邪馬壱国は総国であることになる。

以上から、邪馬壱国《やまえ》は弥真枝国《やまえ》で、その弥真枝は巨木の総（房）状の枝の意で、千葉県、埼玉県東端部、東京都東端部、茨城県西南端部辺りである。

卑弥呼の宮殿は何処か

「魏志」倭人伝の其の国本亦云云の条は卑弥呼（日霊端）の宮殿（居城）を次のように記している。

居処の宮室、楼観《ろうかん》には城柵厳《きび》しく設け、常に人有りて兵を持して守衛す。

卑弥呼（日霊端）の宮殿（居城）はその御殿、高殿（物見櫓）には何重もの木柵を巡らせて、常時武装兵が警固しているという。

では、この卑弥呼（日霊端）の宮殿（居城）は何処であろうか。これが実に有難いことに、次の「古事記」神代の伊邪那岐命と伊邪那美命の、黄泉国の条が判じ物で明記している。

尔《ここ》に伊邪那岐命、黒御縵《くろみかづら》を取りて投げ棄《う》つれば、乃《すなは》ち蒲子《えびかづらのみ》生りき。是《こ》を摭《ひろ》ひ食《は》む間《あひだ》に、逃げ行くを、猶《なほ》追ひしかば、亦其の右の御角髪《みみづら》に刺せる斎《ゆ》つ爪櫛《つまぐし》を引き闕《か》きて投げ棄《う》つれば、乃ち筍《たかむな》生りき。

この物語は死んだ妻の伊邪那美命の後を追って黄泉国へ行った伊邪那岐命が、その蛆虫が集った醜い妻の姿を見て、恐れをなして逃げだし、これを伊邪那美命が恥を掻かせたと怒って、その後を鬼女に追い掛けさせるというものである。が、実際はその詳細の程はいずれ機会を得てご案内するが、借用創作神話で、二三三年頃の稲敷《いなしき》の戦い（茨城県稲敷郡、竜ヶ崎市、取手市辺り）で、第九代開化に大敗した卑弥呼が実弟の戦死に激怒して猛反撃したという、その史実の判じ物である。

その判じ物は次の通りである。

黒御縵《くろみかづら》　蒲子《えびかづらのみ》　右《みぎ》の御角髪《みみづら》　斎《ゆ》つ爪櫛《つまぐし》　筍《たかむな》

順に、黒御縵《くろみかづら》である。これは魔除けの頭髪飾りの、黒御鬘《くろみかづら》で、冠状の黒い蔓草をいう。次の通りである。

黒御鬘《くろみかづら》——黒御日面《くろみかづら》——東方《あづま》——東国《あづま》

黒御日面《くろみかづら》である。これは黒の、御日の面で、暗黒の、御《おん》太陽の正面、すなわち、夜明け前の、御太陽の正面で、といえば日の出は東からであるから、ここでは東方の意である。したがって、その洒落は以下右である。これから、黒御鬘は東国《あづま》の意である。

蒲子《えびかづらのみ》である。これは葡萄葛《えびかづら》の実《み》で、山葡萄の実をいう。次の通りである。

葡萄葛《えびかづら》の実《み》——房状《ふさ》——総国《ふさのくに》

葡萄葛《えびかづら》の実《み》である。これは房状である。

これから、葡萄葛の実は総国の意である。

右《みぎ》の御角髪《みみづら》である。これはそのまま、右の、御《おん》角髪の意である。角髪は古代の成人男子の髪形の一であった。この洒落は当然のことながら右の、黒御鬘《くろみかづら》と葡萄葛の実のそれ、すなわち、東国《あづま》と総国《ふさのくに》を踏まえて解読することになる。とすると、それは東国の総国と読むことができる。したがって、この右の御角髪はその総国のさらなる一国を意味するものである可能性が考えられることになるので、これを踏まえて解釈することになる。

右の御角髪といえばその前文に、

故《かれ》、左の御角髪に刺せる斎《ゆ》つ爪櫛《つまぐし》の男柱《をばしら》一箇《ひとつ》取り闕《か》きて、一《ひと》つ火燭《ひとも》して入り見たまひし時、
蛆虫《うじ》集《たか》れ嘶《ころろ》きて、

とあり、左の御角髪がある。したがって、その国は左、右二国の内の一国ということになるので、上総国、下総国というような、その右の国であることになる。その場合、その左、右である。これは例えば、東面すれば左は北、右は南というように、その対面方位によって異なる。そこで、古代のそれをみてみると、「日本書紀」成務《せいむ》五年秋九月条に次のようにある。

因《よ》りて東西《ひむがしにし》を日縦《ひのたたし》とし、南北《みなみきた》を日横《ひのよこし》とす。山の陽《みなみ》を影面《かげとも》と曰《い》ふ。山の陰《きた》を背面《そとも》と曰ふ。

東西は日縦《ひのたたし》であるという。日縦はそのまま、日の縦で、日の縦《たて》、すなわち、経度（経）の意である。また、南北は日横《ひのよこし》であるという。これもそのまま、日の横で、日の横《よこ》、すなわち、緯度（緯）の意である。第十三代成務朝は既述で触れたが、三〇〇～三〇八年頃であった。し

たがって、成務朝以後はその古来よりの太陽崇拝から、東面したことになる。ということは南は右、北は左ということになる訳であるから、古代のそれは東面で、右は南、左は北であることになる。

　これから、その左、右の二国は南、北の二国であることになる。これといえば、上総国と下総国がある。両国は南、北の国である。また、「古事記」神代の天照大御神と須佐之男命の、天安河の誓約の条の建比良鳥命《たけひらとりのみこと》の分注に、

　上菟上国造《かみつうなかみのくにのみやつこ》、下菟上国造《しもつうなかみのくにのみやつこ》

とあり、この両国造の上菟上国《かみつうなかみのくに》、下菟上国《しもつうなかみのくに》がある。両国は弥真枝国当時のそれは未詳であるが、一般に、前者は千葉県市原市西南部（養老川左岸）辺り、後者は同県東北部（銚子市、旭市、佐原市、香取郡東部）辺りとされている。これも南、北の国である。したがって、右の御角髪はこれを踏まえて解釈することになる。次の通りである。

　右《みぎ》の御角髪《みみづら》（mimidura）――南《みなみ》の御霊出《みみづ》ら（mimidura）――南《みなみ》の初成日《うなか》み（unakami）

　　――南《みなみ》の菟上《うなかみ》（unakami）――上菟上国《かみつうなかみのくに》

右《みぎ》の御角髪《みみづら》である。右である。これは右から南である。

南《みなみ》の御霊出《みみづ》らである。これは南の、御霊が出の、うらの略で、南の、御《おん》神霊が出現するの、うららか、すなわち、南の、大の斎晴れの瞬間の意である。

　南《みなみ》の初成日《うなか》みである。これは南の、初《うひ》の略の成《な》す語幹の、日みで、南の、最初の生成の、日射、すなわち、南の、大の斎晴れの瞬間の意である。

南《みなみ》の菟上《うなかみ》である。菟上《うなかみ》である。これは菟上国のその名称である。その原義は未詳である。が、右の洒落から、その初成日《うなか》みである可能性が高い。総国は卑弥呼（日霊端）の国で、その卑弥呼は明し王族の大明《おほあ》し族である。この大明しはまた、大の夜明けで、大の斎晴れの瞬間を意味する。

斎《ゆ》つ爪櫛《つまぐし》である。これは以上、黒御縵《くろみかづら》以下をまとめると次のようになるので、これを踏まえて解釈することになる。

東国《あづま》　の　総国《ふさのくに》　の　上菟上国《かみつうなかみのくに》

卑弥呼の都は右から上菟上国であることになる。したがって、斎つ爪櫛はその都の地を判じ物するものであることになる。が、そうすると、まだ一つ筓《たかむな》の判じ物が残っているので、これが問題となる。すなわち、上菟上国はその市原市西南部（養老川左岸）辺りから、さほど広域という程ではないので、その判じ物は一つで十分なはずであるから、最後の筓がその判じ物である可能性が高いことになるからである。したがって、斎つ爪櫛は別物ということになるので、これを踏まえて解釈することになる。次の通りである。

斎《ゆ》つ爪櫛《つまぐし》——斎《ゆ》つ端玉串《つまぐし》——弥真枝《やまえ》——弥真枝国《やまえのくに》

斎《ゆ》つ爪櫛《つまぐし》である。これは斎、つ、爪の櫛で、神聖、の、爪形の櫛、すなわち、その「右の御角髪に刺させる斎つ爪櫛」から、神聖の、爪形櫛の簪の意である。爪《つま》である。その原義は一般に、その指の先端から、端《つま》の意とされている。櫛《ぐし》である。その原義は櫛の歯が串状であるところからのもので、串《くし》、または髪に使用するところからのもので、髪《くし》の意が一般的であるが、右

図54　「スネフル王の王名枠」付属文字
図37（177頁）同書50頁より転載

の洒落から前者の、串《くし》の意であることになる。

　なお、簪はご覧の「スネフル王の王名枠」のその左側の付属文字にみえる。左端から二番目がそれで、後世のそれと同じ物である。その年代は前二五五二年頃で、王は既述のクフ王の父である。

　斎《ゆ》つ端《つま》玉串《ぐし》である。これは斎、つ、端の、玉串で、神聖、の、端の、榊の枝、すなわち、神聖の端はここでは大の斎晴れの瞬間で、大の斎晴れの瞬間の、榊の枝、すなわち、新嘗屋の神座の神木の、その榊の枝の意である。玉串《ぐし》である。これは玉串《たまぐし》で、榊の枝などに麻などを付けて神前に供える献供物の一をいう。その原義は未詳である。が、右の洒落から、新魂日息《たまぐし》の意と解される。これは新魂の、日の息で、新魂の、太陽の息吹、すなわち、大の斎晴れの瞬間の、新魂の神光の意である。なお、これから串《くし》の原義は未詳であるが、串は突き刺す物、新魂日息《たまぐし》は初穂の種子などを突き刺す（差す）物であるから、突き刺す物ということで、この日息《くし》の意であることになる。新嘗屋の神座の神木の榊の枝は弥栄の真実の枝であるから、弥真枝《やまえ》である。

　笋《たかむな》である。これは斎つ爪櫛までをまとめると次のようになるので、卑弥呼（日霊端）の都の地であることになる。

東国《あづま》の　総国《ふさのくに》の　上菟上国《かみつうなかみのくに》の　弥真枝国《やまえのくに》

これから、その都の地はこの上菟上国で、すなわち、千葉県市原市西南部（養老川西岸）辺りで、その何処かであることになる。したがって、笋はこれを踏まえて解釈することになる。次の通りである。

笋《たかむな》――高棟《たかむな》――鰹木《かつをぎ》――日蛇神光木《かつをぎ》――震日炉《ふくら》――福良《ふくら》

笋《たかむな》である。これは竹の子をいう。その原義は未詳である。

高棟《たかむな》である。これは高の、棟で、大の斎晴れの瞬間の、屋根の最上部、すなわち、ここでは甍《いらか》の意である。甍は屋根の最上部に水平に設けた棟、すなわち、大棟をいう。この甍（大棟）には「古事記」雄略の皇后求婚の条に、

堅魚《かつを》を上げて舎屋《や》を作れる家有りき。

とあり、堅魚《かつを》がある。これは鰹木《かつおぎ》で、宮殿、神社の甍（大棟）の上にこれと直角に並べた、鰹節に似た中膨れの円筒形の装飾の木をいう。その名称は一般にその形状が鰹節に似ているところからのものとされている。

鰹木《かつをぎ》である。これは鰹の木で、鰹節状の木の意である。その用途である。これは一般に古くはその大棟を押える為のもので、後世のそれはその名残りの装飾とされている。が、右の洒落から大の斎晴れの瞬間関係であることになる。そこで、これをみてみる。

鰹木はご覧の既述の「家屋文鏡」のその第四画（三世紀後半～四世紀後半頃）にみえる。屋

第４画

図55　「家屋文鏡」第4画
図29（116頁）より転載（文字は本書）

根の上の二匹の魚らしきものがそれである。絵は不鮮明ではあるが、屋根の上で魚らしきものといえば鰹木の鰹があるので、その二匹の魚らしきものは鰹で、鰹木を表意したものと解される。したがって、その詳細の程はいずれ機会を得てご案内するが、その絵言葉は「二匹《ふ》の鰹《かつを》」ということになるので、その洒落は次の通りである。

二匹《ふ》の鰹《かつを》（katuwo）――震《ふ》の日蛇《かつ》神光《を》（katuwo）――日霊端《ひみは》――日霊《ひみ》端女王《はのめのきみ》

震《ふ》の日蛇《かつ》神光《を》である。これは震の、日の蛇の神光で、天地鳴動の、太陽の蛇の神光、すなわち、天地鳴動の、初日の御魂神の神光で、大の斎晴れの瞬間の神光の意である。したがって、鰹木の用途はその本来はその建物が新嘗屋であることを表示したものであることになる。また、その鰹は日蛇《かつ》神光《を》の洒落名称であることになる。さらに、その甍《いらか》（iraka）である。その原義は未詳である。が、右から、入《い》ら日《か》（iraka）の意と解される。これは入らの日で、入らは既述の第十代崇神のその名称、御真木入《みまきい》り日子《ひこ》の入《い》りと同義で、冬至、日は日光で、冬至の日光、すなわち、初晴るの日光で、大の斎晴れの瞬間の神光の意である。入《い》らは入《はい》る意の四段活用の動詞、入《い》る、の未然形である。

日蛇神光木《かつをぎ》である。これは日の蛇の神光の、木で、太陽の蛇の神光の、木、すなわち、初日の御魂神の神光の、木で、ここでは大の斎晴れの瞬間の神光の、木、すなわち、新嘗屋の神座の神木の意である。この神木はその神座から神門（霊門《みかど》）である。

震日炉《ふくら》である。これは震の日の、炉で、天地鳴動の太陽の、日真門《かまど》、すなわち、大の斎晴れの瞬間の初日の御魂神の、太陽の真実の門で、ここでは新嘗屋の神座の神木の神門の、霊門《みかど》（御門）の意である。この霊門（御門）はまた、宮殿、朝廷の意である。

福良《ふくら》である。これは以上まとめると次のようになる。

東国《あづま》　の　総国《ふさのくに》　の　上菟上国《かみつうなかみのくに》　の　弥真枝国《やまえのくに》　の　福良《ふくら》

福良《ふくら》は上菟上国（市原市西南部）の何処かである。したがって、その福良は「倭名類聚鈔」巻第六・上総国第八十五の海上郡《うなかみ》（九三四年頃成立）に、「福良郷《ふくら》」があるので、これからのもので、その福良郷の意である。海上郡は一般に上菟上国とされている。したがって、福良は右の、震日炉《ふくら》の意と解される。これはその霊門《みかど》（御門）から、弥真枝国のその卑弥呼の宮殿（新嘗屋）、または朝廷を意味するものである。

以上から、卑弥呼の宮殿は「倭名類聚」の上総国海上《うなかみ》郡福良《ふくら》郷で、千葉県市原市西南部（養老川左岸）辺りの、その福良郷の地と解される。

神門三古墳

では、その判じ物の妥当性はどうであろうか。これがまた、実に有難いことにその関連遺跡がある。それは市原市惣社《そうじゃ》の神門《ごうど》古墳群の神門三古墳である。この三古墳は三世紀中頃の弥真枝国時代の前方後円墳である。前方後円墳は一般に二〇〇年前後頃、大和政権（大和朝廷）の王族の墓として奈良県で発祥し、その大和政権（大和朝廷）との主従関係において全国的展開したとされている。この三世紀中頃当時、奈良県辺り外でのそれは皆無である。しかも、奈良県近辺ならともかく、大和政権とは無縁であろうはずの遠方の千葉県下《くんだり》である。全く摩訶不思議な次第である。が、ご覧のように（図右上隅）、三古墳はその卑弥呼の宮殿の福良郷（市原市西南部）の北隣に位置している。ここは標高三十米程の市原台地の縁辺で、その福良郷が一望の所である。したがって、この三古墳は明し王族の墓であることになる。以下、「市原市文化財センター年報」昭和六十二年度（市原市文化財センター・平成元年）、「朝日新聞・昭和六十二年三月二十八日日刊」一頁（朝日新聞東京本社）参考。

三古墳はその縁辺の斜面にある。ご覧のように西南西方面を向いて、ほぼ南北に縦列している。北から順に、三号墳、四号墳、五号墳である。年代はその逆で、五、四、三号墳の順であ

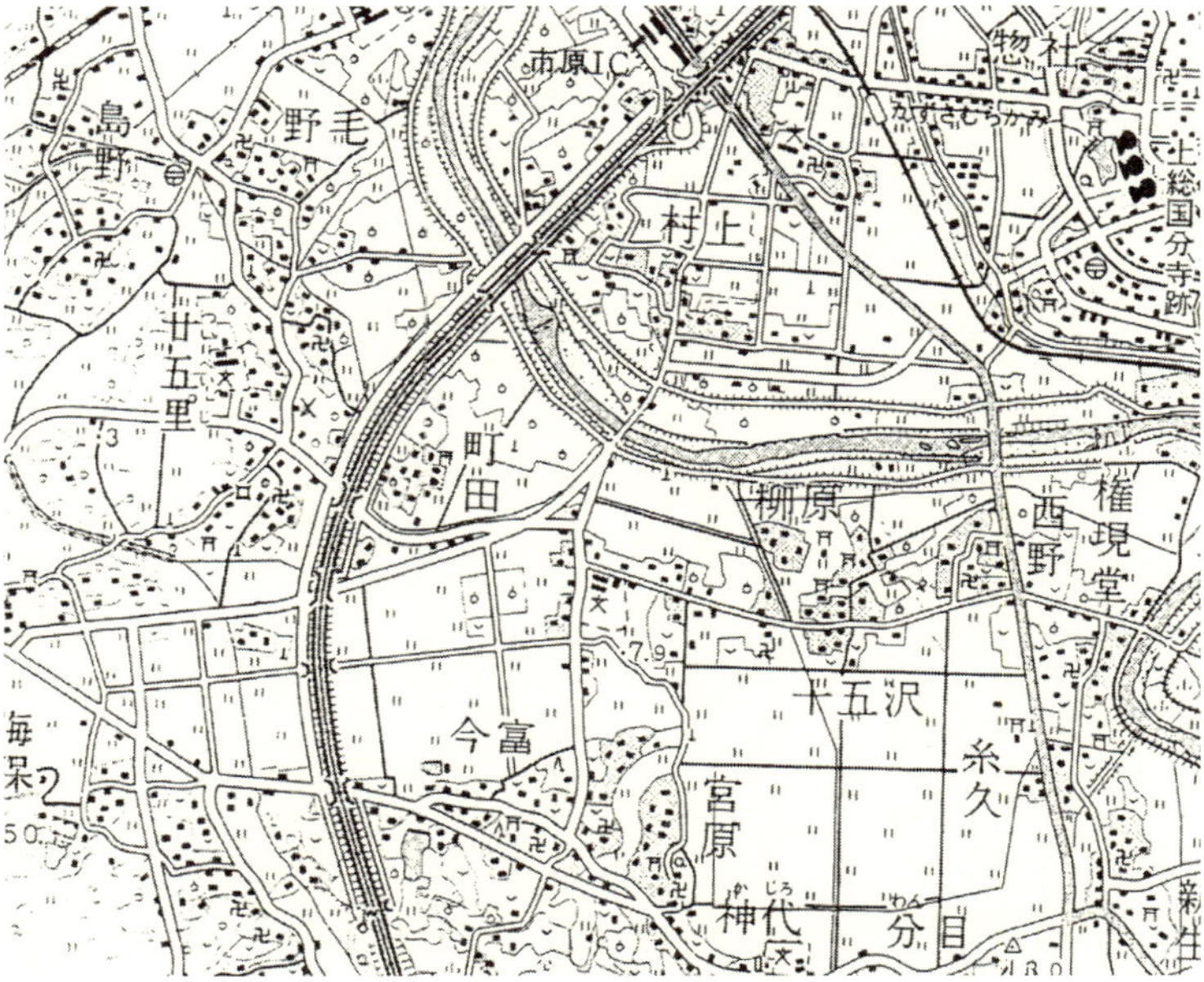

図56　神門三古墳
「1:50,000姉崎」（国土地理院・平成10年）より作成

る。現存しているのは五号墳のみで、他は宅地化している。形状は前部が方形、後部が円形の帆立貝、無花果《いちじく》状で、既述の新嘗屋の高御座と同形である。前方後円墳は高御座起源である。すなわち、初穂の種籾が蘇るように、死者の現世復活を願ったというものである。その四号墳は無花果状の墳形や機内系の纏《まき》向《むく》二式の出土土器から、現在最古の前方後円墳である奈良県桜井市太田の二〇〇年前後頃の纏向石塚古墳と密接な関係にあるという。規模は五号墳が全長三八・五米、高さ（周溝底からの見かけの高さ）五・九米、四号墳が四十八〜四十九米で、六・

表４　神門三古墳の規模と出土遺物
「市原市文化財センター年報」昭和62年度（市原市文化財センター・平成元年）26頁より転載

	神門５号墳	神門４号墳	神門３号墳
全　　長	38.5	48～49	47.5＋
径 （下底間）	（上段）（27～28） 32～33	30～34	34
盛土高さ	3.2	3.35	3.10
みかけの高さ （周溝底から）	5.9	6.9	5.14
突出部（前方部） （長さ・幅）	（上段）５×５ ６～７×12	14×９～14	16＋×8.5～12
主　　軸	N82～84°W	N66°W	N63°W
墓坑規模 （長さ・幅・深）	3.0×＋1.2×1.3	4.05×1.2×1.2（N26°E）	4.13×1.2 ～1.3×0.72 3.82×0.94～1.0×0.72
出土遺物	剣１・鉄鏃２・ガラス玉６・土器13＋	剣1・槍1・ヤリガンナ1・鉄鏃41・勾玉3・管玉73＋ガラス玉420＋・土器150＋	剣1・槍1・管玉11・ヤリガンナ１・ガラス玉103

神門５号墳

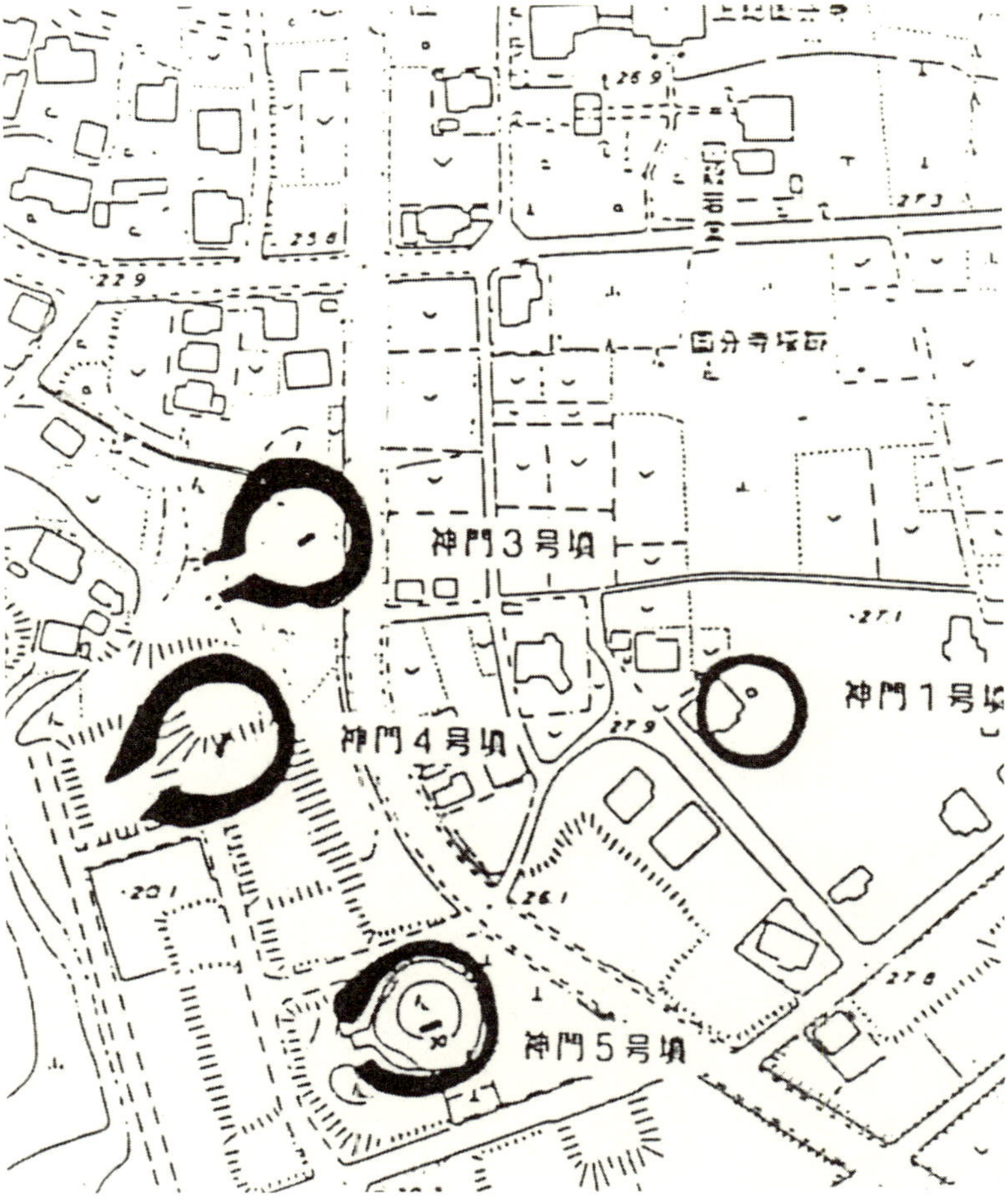

図57　神門3、4、5号墳
「市原市文化財センター年報」昭和62年度（市原市文化財センター・平成元年）
29頁より転載

九米、三十号墳が四十七・五米で、五・一四米、以下その詳細の程は表4の通りである。出土遺物は同表の通りである。

出土遺物である。一見して弥真枝国の王族のそれとしては品数、数量共に貧弱である。これは「魏志」倭人伝の其の年十二月条に、

汝が献ずる所の男生口《せいこう》四人、女生口六人、班布《はんぷ》二匹二丈を奉じ以って到る。

とあり、二三八年（景初二年）の魏入朝に際しても、男女の奴隷が十人と班模様《まだら》の布地が二十三・五米程という、天下の笑い者となる貧乏振りであった。その理由は既述の二三〇年の呉の日本（亶州）侵略未遂があるので、その対呉侵略対策の貧国宣伝が考えられるのだが、これはその詳細の程はいずれ機会を得てご案内するが、基本的には既述の福良の判じ物などからの、二三三年頃の稲敷《いなしき》の戦い（茨城県稲敷市、竜ヶ崎市、取手市辺り）での大敗和睦の莫大な貢納があるので、これによるものである。

その斜面である。その理由である。これは死者の現世復活を願ったところからのもので、次の洒落によるものである。

坂《さか》——逆《さか》——死《し》の逆《さか》——蘇《よみがへ》り

坂《さか》である。これは斜面は坂状であるから、その絵言葉である。その原義である。これは諸説あるが、右の洒落から、逆《さか》の意であることになる。坂は一方が高く、一方が低く傾斜している所をいう。したがって、相互に逆状であるから、逆《さか》ということになる。逆は逆様、反対の意をいう。

逆《さか》である。これはその洒落はここでは右である。

死《し》の逆《さか》である。これといえば蘇りである。

その西南西方面である。これは奈良県と和歌山県である。前者である。ここは明し族の本貫である。後者である。ここは徐市（徐福）の終焉の地で、同県新宮市徐福町にその墓がある。これは新宮市の指定跡である。

以上から、神門三古墳は明し王族の墓と結論される。したがって、その判じ物は妥当であることになる。

福良郷の該当地

では、その福良《ふくら》郷の該当地（比定地）は何処であろうか。これは以下同、日本地名歴史大系第十二巻「千葉県の地名」（平凡社・一九九六年）の、上総国の海上郡の福良郷の条に次のようにある。

現市原市惣社《そうじゃ》の南田《みなみだ》瓦窯跡から出土の土師器坏墨書名に「福呂」とみえ、フクロとよばれていた可能性があるが、比定地もこの遺跡の近い地区であろうか。現市原市今富《いまどみ》、または深城《ふかしろ》という説がある。

その該当地（比定地）は市原市の惣社《そうじゃ》近辺であろうか、という。が、今富《いまどみ》、深城《ふかしろ》説もあるという。南田瓦窯跡の年代は同書によれば、七九五年（延暦十四年）～九世紀後半頃である。惣

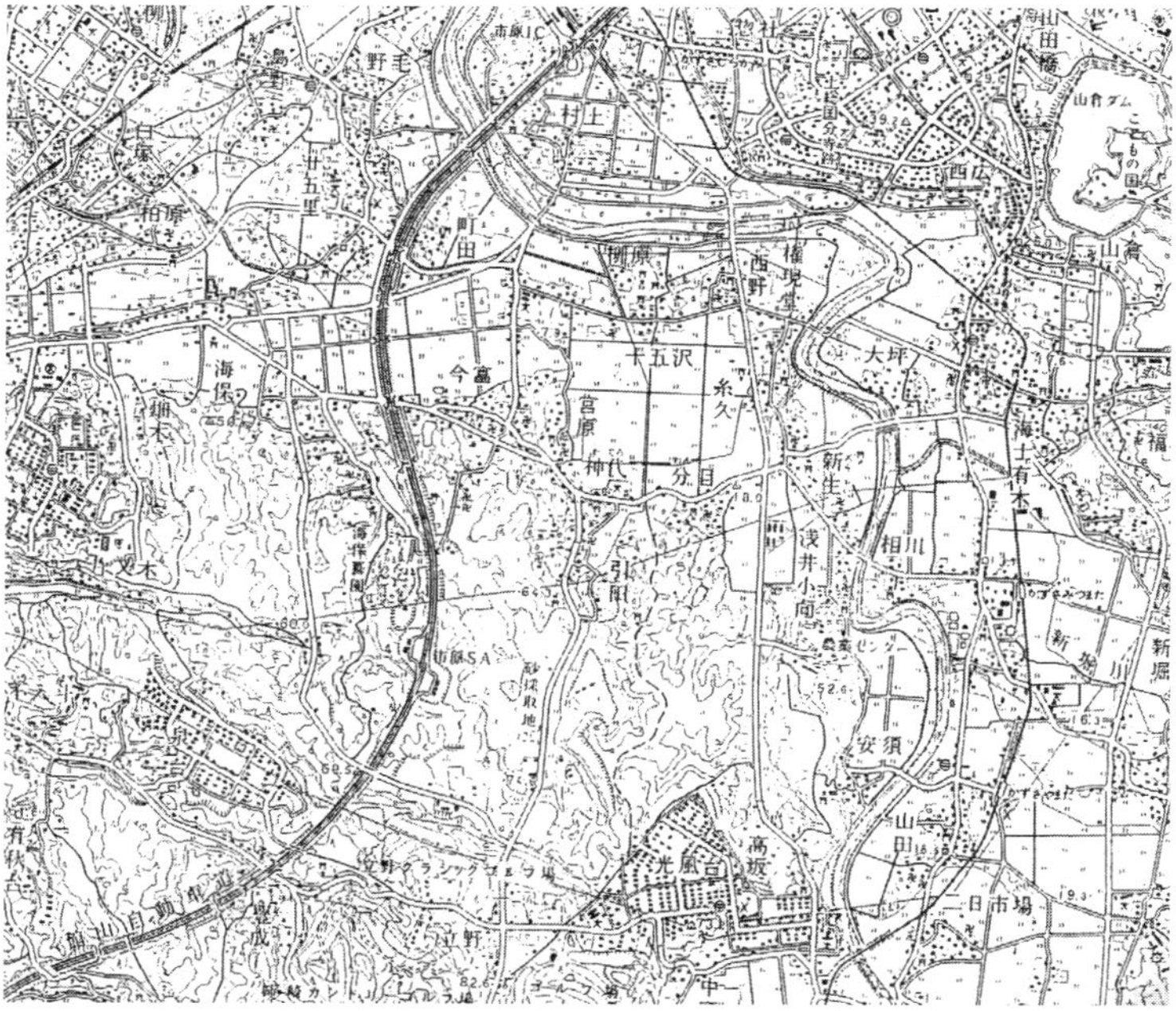

図58　市原市西南部
図56（300頁）同図より作成

社辺りである。ここは養老川下流域、東京湾一望の標高三十米程の市原《いちはら》台地で、三世紀中頃の弥真枝国時代の神門《ごうど》古墳群がある。が、郡（評）の創設は「日本書紀」孝徳《こうとく》二年春正月甲子朔条に、

其の二《つぎ》に曰《のたま》はく、初めて京師《みさと》を修《をさ》め、畿内国《うちつくに》の司《みこともち》・郡司《こほりのみやつこ》・関塞《せきそこ》・斥候《うかみ》・防人《さきもり》・駅馬《はいま》・伝《つたはり》馬《うま》を置き、鈴契《すずしるし》を造り、山河を定めよ。

とあり、六四五年（大化元年）の大化の改新の新体制によるもので、六四六年（大化二年）である。また、今富と深城は上菟上国（海上郡）内

であるが、惣社は国外である。したがって、その福呂の年代は海上郡のそれであるから、惣社近辺は神門古墳群があるが、該当地ではないことになる。

深城辺りである。ここは東京湾一望の標高六、七十米程の丘陵地で、大規模振興住宅地があり、弥真枝国を予感させるような遺跡類は見当たらない。したがって、ここも該当地ではないことになる。

今富辺りである。ここは養老川左岸の平坦地と標高六、七十米程の丘陵地で、四世紀前半頃の前方後円墳、今富塚山《いまどみつかやま》古墳などの遺跡や、水田、畑、一般住宅、商店などがある。四世紀前半頃の前方後円墳といえば、邪馬壱国時代は三世紀中頃であるから、そのわずか一世紀程後のものであることになる。この前方後円墳は大和朝廷（大和政権）との主従関係において全国的展開した。したがって、この地は該当地（比定地）である可能性が高いことになる。

そこで、今富である。これは右同書の、市原市の今富村の条に次のようにある。

宮原村の北西にあり、北部を養老川が流れる。……中世は今富保とみえる。

中世（鎌倉、室町時代）は今富保《ほ》である。保は平安中期（十世紀中期頃〜十一世紀中期頃）以降の国衙《こくが》領内の行政単位で、荘、郷と並ぶものをいう。したがって、その郷領域から古来よりの名称である可能性が高いことになる。とすれば、その今富である。これは当然のことながら単なる当て字であることも十分考えられるが、そうではなく字義通りであれば奇妙な名称である。当然その古称から判じ物名称であることが考えられることになる。そこで、これをみてみる。

今富は今は富で、ここでは今は豊かの意と解される。富は豊かになる意の四段活用の動詞、富《と》む、の連用形の名詞化で、豊かの意である。富《とみ》のその原義と発音は未詳である。が、その豊かといえば撓《と》（tö）であるから、豊かになる意の四段活用の動詞、撓《と》む（tömu）、の連用形の撓《と》み（tömi）の意と解される。とすると、今は豊かであるということは昔は豊かではなかった、すなわち、貧乏であったということになる。したがって、今富はこれからのその洒落名称であることになる。次の通りである。

今富《いまどみ》――古貧《ふるまづ》し――震《ふ》る間《ま》出《づ》息《し》――日《ひ》霊《み》端《は》――日《ひ》霊《み》端《は》女王《のめのきみ》

今富《いまどみ》である。これはここでは昔は貧しかったという意である。昔である。これは古いことであるから、古《ふる》である。古は古いことの意をいう。

古貧《ふるまづ》しである。これは古は貧しで、昔は貧乏である意である。古《ふる》である。その原義は震《ふ》るして現《あ》ら（新）から、震るで、天地鳴動する意であった。貧《まづ》しである。これは貧《まづ》を活用した形容詞で、貧乏である意をいう。その原義は未詳である。が、貧乏というものは要するに物不足（収入不足）ということであるから、これからのものであることが考えられることになる。例えば、毎月収入があったのに、これが隔月になると確実に収入減となるので貧乏となる。すなわち、定収入に間が空くと貧乏となる。そこで、貧《まづ》（madu）は間出《まづ》（madu）の意と解される。これは間が出で、間が出る意である。何とも理知的な言語である。

震《ふ》る間《ま》出《づ》息《し》である。これは震るの間が出の、息で、天地鳴動するの時間帯が出現するの、息吹、すなわち、大の斎晴れの瞬間の神光の意である。

日霊端《ひみは》である。これは日の霊の、端で、太陽の神霊の、端、すなわち、ここでは天照大御神の、端で、といえば日光は太陽の端（末端）であるから、大の斎晴れの瞬間の神光の意である。この日霊端《ひみは》（pimifa）は卑弥呼のその名称である。卑弥呼は既述から、その日本音はその呼（ha）は実際はファ（fa）で、ピミファ（pimifa）、その現代音はヒミハであった。また、その語義は大の斎晴れの瞬間の神光の意であった。

右から、今富は洒落名称で、卑弥呼（日霊端）の意である。したがって、今富は卑弥呼（日霊端）の宮殿（都）の遺称地ということになるので、福良郷（福呂郷）の該当地（比定地）は今富辺りであることになる。

宮殿は宮原辺り

さて、今富辺りがその遺称地であるならば、その東隣は宮原《みやばら》である。これはどうであろうか。宮《みや》は宮殿を意味する。また原はその宮殿跡の野っ原を意味する。とすれば、宮の原で、宮殿跡の野っ原、すなわち、日霊端《ひみは》の宮殿跡の野っ原で、その遺跡地であることになる。そこで、この宮原をみてみる。

宮原は日本地名歴史大系第十二巻「千葉県の地名」の、市原市の宮原村《みやばらむら》の条に次のようにある。

真言宗豊山派の明照《みょうしょう》院は、天文四年（一五三五年）足利義舜（幼名亀王丸というが未詳）

が当地に移住し宮原御所と称したが、没後の同十四年その追福のため創建したのが同寺という。

宮原の名称（村名、地名）は一五三五年（天文四年）当時に存在している。が、その前は未詳である。したがって、今富のようにはいかないが、その遺称地の意と今富の東隣から、ひとまず遺称地と考えることができる。宮原御所跡は右の宮原の明照院境内である。

そうした場合、その関連遺跡がある。それは記述の神門四号墳である。その三古墳の棺（墓穴）の向きである。これは三号墳と五号墳はその前方部とほぼ同じの西南西方面であるが、四号墳のみがなぜか別方向の南南西方面で、宮原を向いている。既述掲載の表四（三〇一頁）によれば、その方位は二〇六度である。当然何か訳がありそうである。そこで、これをみてみると、その築造、葬儀において、盛り土する直前、棺を墓穴に納めた時、完全に墓穴を埋め戻した後の三回に渡って葬儀が営まれている。これは厚葬といえよう。とすれば、その厚葬からただの王族ではない可能性が高いので、日霊端の兄弟であることが考えられることになる。そうであれば、両者は生前仲良しであったことが考えられるので、その南南西の方角は日霊端の意向によるもので、その宮殿に向かせたものであることになる。また、その兄弟の遺志であることになる。

日霊端とその兄弟はその詳細の程はいずれ機会を得てご案内するが、「古事記」孝霊《こうれい》に次のようにある。

又意富夜麻登玖迩阿礼比売命《おほやまとくにあれひめのみこと》を娶《めと》して、生みませる御子《みこ》、夜麻登登母母曽毘売命《やまとともももそびめのみこと》。次に

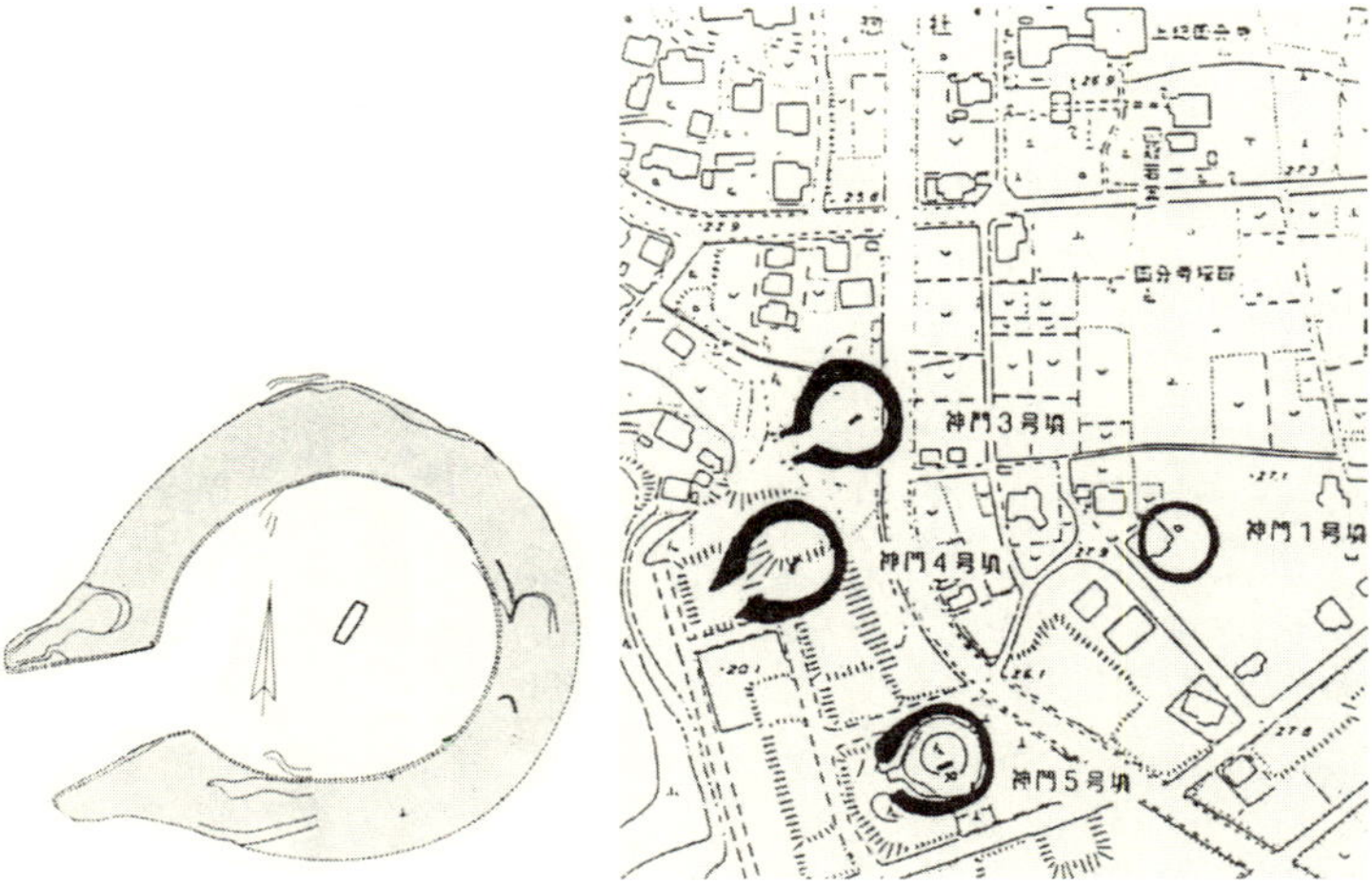

図59　神門４号と同３古墳
図57（302頁）同書同頁より転載（左図方位変更）

日子刺肩別命《ひこさしかたわけのみこと》。次に比古伊佐勢理毘古命《ひこいさせりびこのみこと》、亦の名は大吉備津日子命《おほきびつひこのみこと》。次に倭飛羽矢《やまととびはや》若屋比売《わかやひめ》。

日霊端（卑弥呼）は一般にこの第七代孝霊と意富夜麻登玖迩阿礼比売命《おほやまとくにあれひめのみこと》の嫡女、夜麻登登母母曽毘売命《やまとともももそびめのみこと》とされている。名称はヤマトトモモソビメノミコト（yamatötömömötsöbimenömikötö）で、その日本国女王の新嘗祭祭主から、日本国擣《やまとと》股《もも》衣《そ》姫《びめの》命《みこと》（yamatötömömötsöbimenö-mikötö）の意と解される。これは日本国の、擣の、股の衣の、姫の、命で、日本国の、豊饒（豊作）の、膝丈の裳の、姫の、命、すなわち、日本国の、新嘗祭の裳の、姫の、命で、日本国の、新嘗祭祭主の、姫の、命の意である。これはその詳細の程はいずれ機会を得てご案内するが、「古事記」神代の天照大御神と須佐之男命の、天の石屋戸

の条に、
天宇受売命《あめのうずめのみこと》、……神懸《かむかが》り為《し》て、胸乳《むなち》を掛《か》き出《い》で裳緒《もひも》を女陰《ほと》に忍し垂れき。
裳緒《もひも》とあり、新嘗祭神官はミニスカート風膝掛（市《ふつ》）のような裳《も》を着用していた。

弟である。これは比古伊佐勢理毘古命《ひこいさせりびこのみこと》である。名称はヒコイサセリビコノミコト（fikoitsaseribikonömikötö）で、彦勇競《ひこいさせ》り彦命《びこのみこと》の意と解される。これは彦の、勇を競りの、彦の、命で、彦の、勇猛を競争の、彦の、命、すなわち、ここではその王族から、男の猛将の、彦の、命の意である。競《せ》りは競争する意の四段活用の動詞、競《せ》る、の連用形の名詞化で右の意であるが、古代のそれは一般に未詳とされている。が、「万葉集」巻十四・三四三七に次のようにあるので、これからのものである。

陸奥《みちのく》の　安達太良檀弓《あだたらまゆみ》　弾《はじ》き置きて　競《せ》らし女来《めき》なば　弦着《つらは》かめかも

歌意は以下の通りである。福島県安達《あだち》郡産の檀《まゆみ》の丸木製の弓で的を射るように、大評判美人の心を射ようとその争奪戦に参加したが、無理そうなので弓弦を外して撤退した。が、もしその競争させ女の美人がやって来て、あらどうしたの、まだ行けるわよ、というような事になったらどうだろう。弓弦を装着して再挑戦だろうかなあ、来てくれたらいいのになあ。

彦勇競《ひこいさせ》りは彦というからには姫勇競《ひめいさせ》りがいたことになる。これはその兄弟から、日霊端である。日霊端は既述の福良の判じ物などから、女猛将であった。その二三三年頃の稲敷《いなしき》の戦いの大敗で、弟の彦勇競り彦命が戦死した。日霊端は激怒、逆上し、戦死遺族の妻子等数千人と敗残兵等数千人を率き連れ、まるで黄泉国の鬼女の如く猛然と反撃した。このど迫力の反撃で、両軍は和睦となった。

以上から、宮原は日霊端の宮殿の遺称地と結論される。したがって、日霊端の宮殿は宮原辺りであることになる。また、したがって、福良郷の該当地は今富辺りではなく、宮原、今富辺りと結論される。なお、今富がその宮殿遺称地の一であることには変わりない。

そのどの辺りか

では、そのどの辺りであろうか。

この宮原の地は東半は平坦地、西半は丘陵地である。その平坦地一帯は水田で、当時の推定海岸線から七粁程の所にある。標高五〜十米程で、ご覧のようにその東側と北側を養老川がぐるりと囲うように流れていて、天然の外堀となっている。この養老川は河原がなく、正に水堀同然である。広さは東西二・五粁、南北一・六粁程である。したがって、この地は臨海の要害で、都としての広さもあることになる。

ところで、その詳細の程はいずれ機会を得てご案内するが、日霊端の都はこの宮原辺りの前は神奈川県茅ヶ崎市菱沼《ひしぬま》辺りであった。この地は第九代開化の武蔵国（東京都、埼玉県辺り）の南端を窺う所にあり、北上すればその都を突くことができるという要衝であった。これは次の「古事記」景行の小碓命《おうすのみこと》の東伐の条の判じ物などに明らかである。

故《かれ》、尓《ここ》に相武国《さがむのくに》に到りましし時、其の国造《くにのみやつこ》詐《いつは》りて白《まを》ししく、「比の野の中に大沼有り。

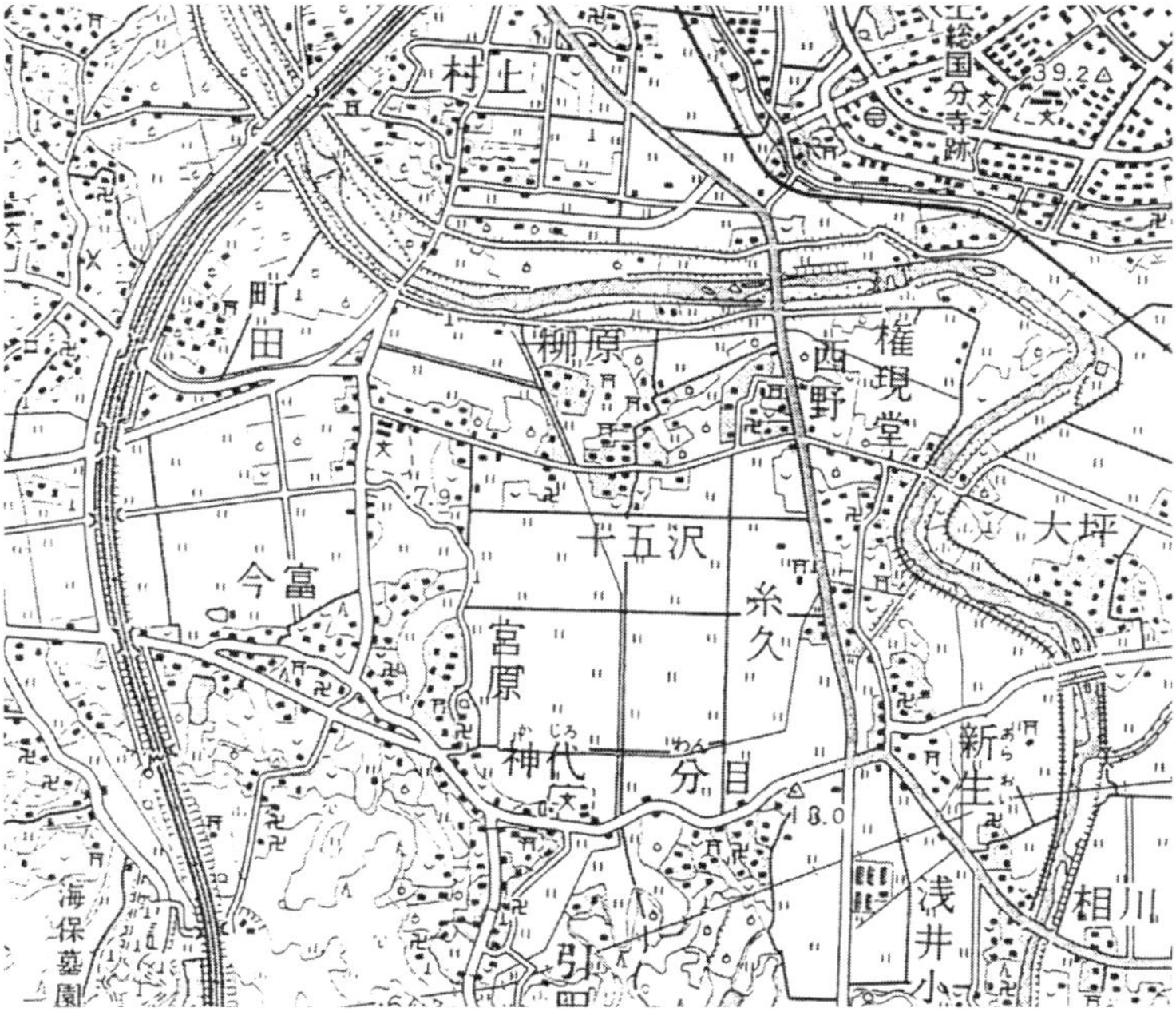

図60　市原市宮原付近
図56（300頁）同図より複製

是《こ》の沼の中に住める神、甚道速振《いとちはやぶ》る神なり。」とまをしき。是《ここ》に其の神を看行《みそな》はしに、其の野に入り坐《ま》しき。尓に其の国造、火を其の野に著《つ》けき。

小碓命、すなわち、倭建《やまとたけるの》命《みこと》（日本武尊）は相模国造に騙されて、その大沼の神を見に行くと、国造は野に火を著けて命を焼き殺そうとした。倭建命は一般に神武同様、複数の人物から成るとされている。したがって、右は何かの史実を判じ物したものであることが考えられることになる。そうすると、その判じ物は相模国の大沼の、甚道速振《いとちはやぶ》る神《かみ》である。大沼の神といえば、既述の御日霊《おかみ》（靇神）で、雷神である。したがって、甚道速振る神は雷神であることになる。名称は雷神から、甚道速《いとちはや》ぶる神の意と解される。これは甚の道を速ぶるの、神で、甚大の急進するの、神、すなわち、猛進するの、神で、ここでは猛進は雷象で、雷象をするの、神、すなわち、雷神の意である。道速《ちはや》ぶるは雷象をする意の上二段活用の動詞、道速《ちはや》ぶ、の連体形である。これは転じて、猛猛しく行う、荒荒しく振舞うなどの意となる。したがって、甚道速振る神は次の洒落によるもので、雷神《あし》族（明し族）の意と解される。

甚道速振る《いとちはやぶる》神《かみ》――甚道速《いとちはや》ぶる神《かみ》――雷神《あし》――雷神族《あしから》（明《あ》し族《から》）

相模国の大沼である。これは神奈川県（東北部を除く）辺りのそれであるが、未詳である。そこで、沼関係の地名をみてみると、「左大弁清閑寺資房奉書」喜暦元年十一月七日（一三二六年）に、

相模国大庭《おほばの》御《み》厨《くりや》内《のうち》菱沼《ひしぬま》郷（日本歴史地名大系第十四巻「神奈川県の地名」《平凡社・一九八四年》四五一頁・菱沼村）

とあり、この菱沼《ひしぬま》郷がある。これは神奈川県茅ヶ崎市菱沼、ひばりが丘、浜須賀、浜竹辺りをいう。ここは一般に古くはその西側は相模湾の入江であったとされているので、その平坦な地形からもその入江に繋がる沼地であったと推定される。したがって、相模国の大沼は神奈川県茅ヶ崎市菱沼、茅ヶ崎、円蔵、西久保、萩園辺りと推定される。

この菱沼（大沼）の都はその判じ物からその沼地であった。これは対騎馬戦略によるもので、騎馬軍を水堀で防ぐというものである。当時の野戦は騎馬が圧倒的に有利で、歩兵は不利

であった。したがって、宮原の都はこの対騎馬戦戦略を継承したものであることになる。すなわち、養老川はその天然の水堀、七粁程の海岸の地は軍港で、騎馬軍の侵略を防止すると共に、いざとなった場合は軍船に撤退するというものである。その撤退は養老川軍船撤退が安全であるから、これが妥当であることになる。したがって、当時の養老川の流路が現在よりも南方であったことが考えられるので、すなわち、その場合は丘陵地よりも平坦地の方がより速やかに撤退することができる訳であるから、日霊端の宮殿は平坦地が妥当であることになる。実際、その遺称地の宮原の原は草原、平野の意であるから、これからも妥当であることになる。

以上から、日霊端の宮殿は宮原東半辺りと結論される。

市原台地にも宮殿

日霊端は最初神奈川県茅ヶ崎市に都し、次に千葉県市原市に遷都した。これはその詳細の程はいずれ機会を得てご案内するが、武蔵国（埼玉県、東京都、神奈川県東北部辺り）の第九代開化の日霊木蛇《ひみきは》を東西から挟撃する為であった。これで開化は劣勢となり、関東を撤退して、福島入りし、会津若松市辺りを都として日霊端と対峙した。二〇九年頃のことである。この勝利で日霊端は全関東を掌握、君臨し、二三三年頃の大敗までの二十四年程、対開化戦優勢で市原市に都した。

右から、日霊端はその優勢振りを関東諸国に誇示する必要があった。その場合、市原市東北部の市原台地は関東平野が一望であるから、格好の場所であることになる。したがって、その大敗以前に日霊端がその市原台地に宮殿（新嘗屋）を造営した可能性が高いことになる。そこで、ここで宮原はひとまず置いて、その詳細の程はいずれ機会を得てということで、その該当地をみてみることになる。

この市原台地は「倭名類聚鈔」巻第六・上総国第八十五（九三四年頃成立）の市原郡である。同郡条によればその該当地の郷《さと》は北から順に次の三郷である。

菓麻郷《くくま》　湿津郷《うるひつ》　市原郷《いちはら》

郡（評）の創設は六四六年（大化二年）であった。したがって、この郷名は古来よりのものである可能性が高いので、弥真枝国関係のものであることが考えられることになる訳であるから、これを踏まえて解釈することになる。

順に、菓麻郷《くくま》である。この菓麻は一般に市原郡（市原市東北部）の前身が菊麻国《くくま》とされていることから、その国名、地名であることになる。菓麻《くくま》はククマ（kukuma）で、茎間《くくま》（kukuma）の意と解される。これは茎の間で、茎《くき》の部屋、すなわち、ここでは初穂の部屋で、新嘗屋の意である。したがって、菊麻郷はその該当地であることになる。

湿津郷《うるひつ》である。湿津《うるひつ》はウルヒツ（urufitu）で、潤《うる》ひ津《つ》（urufitu）の意と解される。これは潤ひの津で、湿りの港、すなわち、ここでは以下から、微水の、水な門《みと》で、大の斎晴れの瞬間の神門、すなわち、新嘗屋のその霊門《みと》の意である。微水である。これはここではその大の斎晴れの瞬間の微量の涌出のその神光の意である。水な門《みと》である。これはミナト（minato）で、一

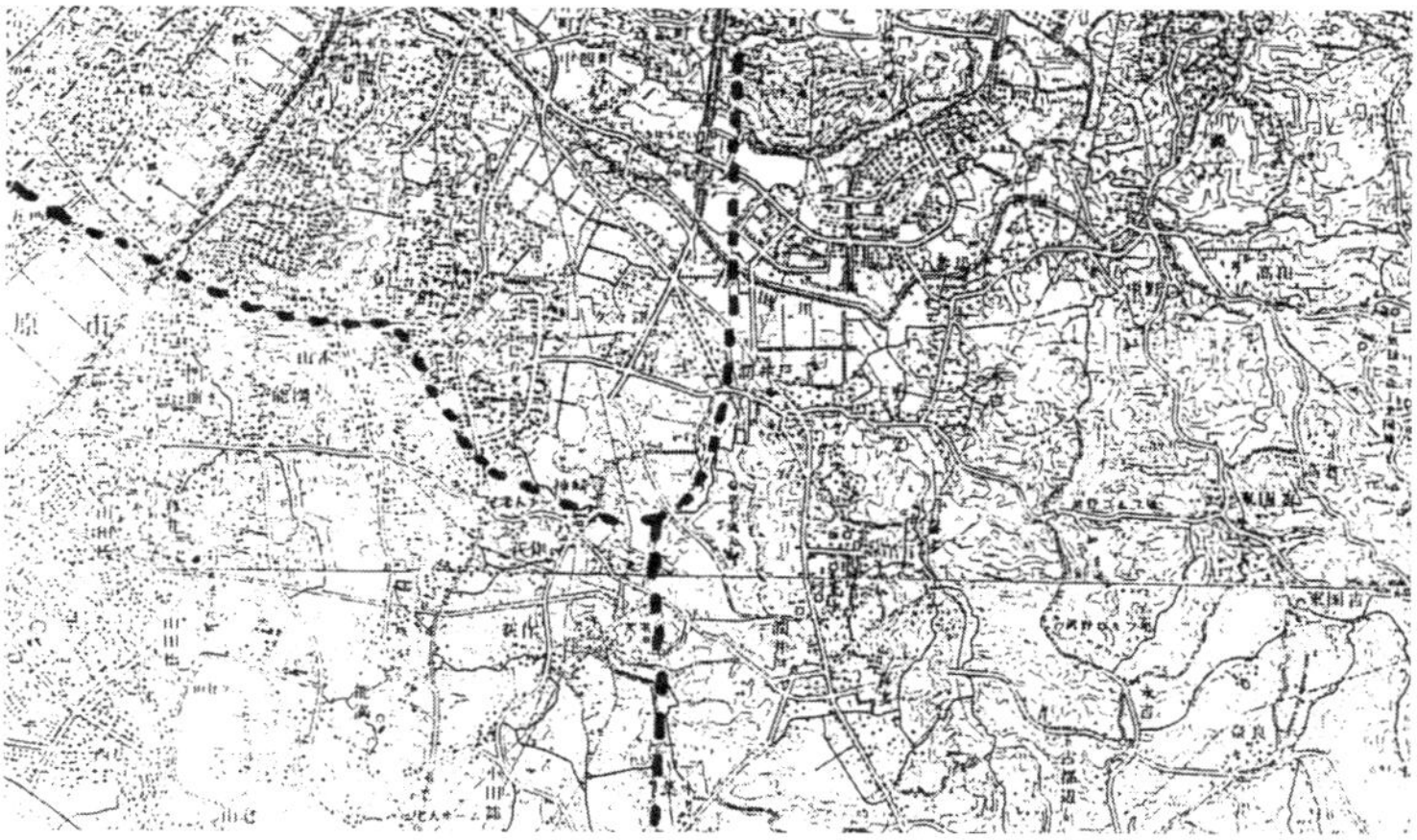

図61　三郷の領域
「1:50,000千葉」・「1:50,000姉崎」（国土地理院・平成10年）より作成

般に港《みなと》（minato）の原義とされている。水、な、門で、水の門の意である。ここでは水はその涌水の神光で、神光の門、すなわち、新嘗祭の神門の意である。したがって、湿津郷はその該当地であることになる。

　市原《いちはら》郷である。市原《いちはら》はイチハラ（itifara）で、斎《い》霊《ち》晴《は》炉《ら》（itifara）の意と解される。これは斎の霊の、晴れる意の四段活用の動詞晴《は》るの語幹の炉で、神聖の神霊の、晴天の日真門《かまど》、すなわち、初日の御魂神の、夜明けの太陽の真実の門で、ここでは新嘗屋の霊門の意である。市《いち》（iti）である。その原義は未詳である。が、神祭りに人が集まるところから、市が立ったところからのものであることが考えられるので、右の斎《い》霊《ち》（iti）の意と解される。したがって、市原郷はその該当地であることになる。

　三郷は皆該当地である。では、その何処であろうか。三郷はご覧の通りである。順に、菓麻《くくま》郷である。これは以下、日本地名歴史大系第十二巻「千葉県の地名」の市原郡などによれば、市原台地の北部で、北は古市場《ふるいちば》、南は辰巳台東《たつみだいひがし》、東は草刈《くさかり》、西は若宮《わかみや》辺りである。湿津郷《うるひつ》である。これは市原台地北部を除く東半で、北は瀬又《せまた》、南は勝間《かつま》、東は高倉《たかくら》、西は潤井戸《うるいど》辺りである。市原《いちはら》郷である。これは市原台地北部を除く西半で、北は市原《いちはら》、南は山倉《やまくら》、東は能満《のうまん》、西は惣社《そうじゃ》辺りである。

その宮殿該当地である。これは以下の四点をみてみることになる。まず、その宮殿である。これは新嘗屋である。したがって、その正門は冬至の日の出の方位に正面していることになる。その場合、市原台地の近隣は丘陵地であるので、その日の出の方位はその丘陵の頂点が格好の目印となる。したがって、冬至のその日の出線はその頂点と宮殿正門を結ぶそれであることになる。市原市の冬至の日の出の方位は一一八・六度である（国立天文台編・平成二十五年「理科年表」暦四四《丸善出版・平成二十四年》）。これから、宮殿はこの冬至の日の出線上にあることになる。次はその遺祢地である。これも同じく冬至のその日の出線上にあることになる。次はその宮殿の敷地である。これはその詳細の程はいずれ機会を得てご案内するが、既述の「家屋文鏡」の第十代崇神の宮殿（新嘗屋）などから、縦百米、横五十米程で、五千平方米（千五百坪）程の平地である。したがって、その該当地は最低限これが確保されていなければならないことになる。最後はその更地度である。市原台地はその台地の性格上土砂の堆積は見込めない。したがって、宅地化されているような所は遺跡発見済みの可能性が高いことになるので、その該当地はより更地度が高い所であることになる。

結果は残念ながら該当地なしである。が、敢えてということであれば、市原市市原～菊間辺りがある。ここは次の「更級日記《さらしなにっき》」（十一世紀中頃成立）冒頭に次のようにある。

　十三になる年、のぼらむとて、九月三日かどでして、いまたちといふ所にうつる。（「土佐日記　蜻蛉日記　紫式部日記　更級日記」新日本古典文学大系24《岩波書店・二〇〇四年》。以下同）

この「更級日記」の作者は菅原孝標《たかすえ》の娘である。数え年十三歳の寛仁《かんにん》四年（一〇二〇年）、父の上総国の国司《こくし》（律令制下の諸国の長官）の任が終り、帰京の為同年九月三日、国府（律令制下の諸国の政庁）の館をかどでして、いまたちという所に移った。かどでは門出《かどで》で、旅立ちの意をいうが、この場合は実際の旅立ちに先立ち、吉日を選んで、仮に家を出て、近くへ転居することをいう。したがって、いまたちは国府の近隣であることになる。国府は一般に市原市郡本《こおりもと》、郡本一丁目～五丁目辺りとされている。では、その何処であろうか。この国府からのその帰京の帰路はその後文に、

　同じ日の十五日、雨かきくらしふるに、境《さかひ》をいでて、しもつさの国のいかたといふ所にとまりぬ。

とあり、国府から下総国との国境越えのそれである。この国境は一般に市原市北端の村田川とされている。したがって、その帰路は郡本～市原～菊間～村田川ということになる。これから、いまたちはその「境をいでて」から国境に近い所ということになるので、市原～菊間辺りであることになる。

そこで、いまたちである。その語義は未詳である。が、館名か地名のいずれかである。前者である。名称はイマタチ（imatati）で、今館《いまたち》（imatati）の意と解される。これは今の館で、今旅立ちの館《やかた》、すなわち、前の仮旅立ちに対する本旅立ちの館の意である。後者である。名称は既述の今富《いまどみ》と同様の洒落名称で、今館《いまたち》の意と解される。これは今は館で、昔は撓霊《たち》の館《たち》、すなわち、豊饒の神霊の初日の御魂神の御殿で、新嘗屋の意である。館《たち》である。その原義は未詳である。が、館はまた御殿で、御殿は社殿であるから、撓霊《たち》（tati）の意と解される。これは撓の霊で、豊饒（豊作）の神霊、すなわち、初日の御魂神の意である。

右から、いまたちは洒落名称の今館《いまたち》で、新嘗屋の意と解される。したがって、その十一世紀中頃の年代から、日霊端の宮殿の遺称地ということになる。

という次第で、その該当地は敢えてということであれば、市原市市原～菊間があることになる。

発掘地点

宮原である。その該当地である。ここは平地の水田地であった。したがって、その敷地、更地度は不問となるので、その宮殿と遺称地をみてみることになる。

前者である。これは神門四号墳の棺（墓穴）のその方位から、その方位線上にあることになる。この方位線は二〇六度（南南西方面）である。また、宮原東半辺りのその冬至の日の出線

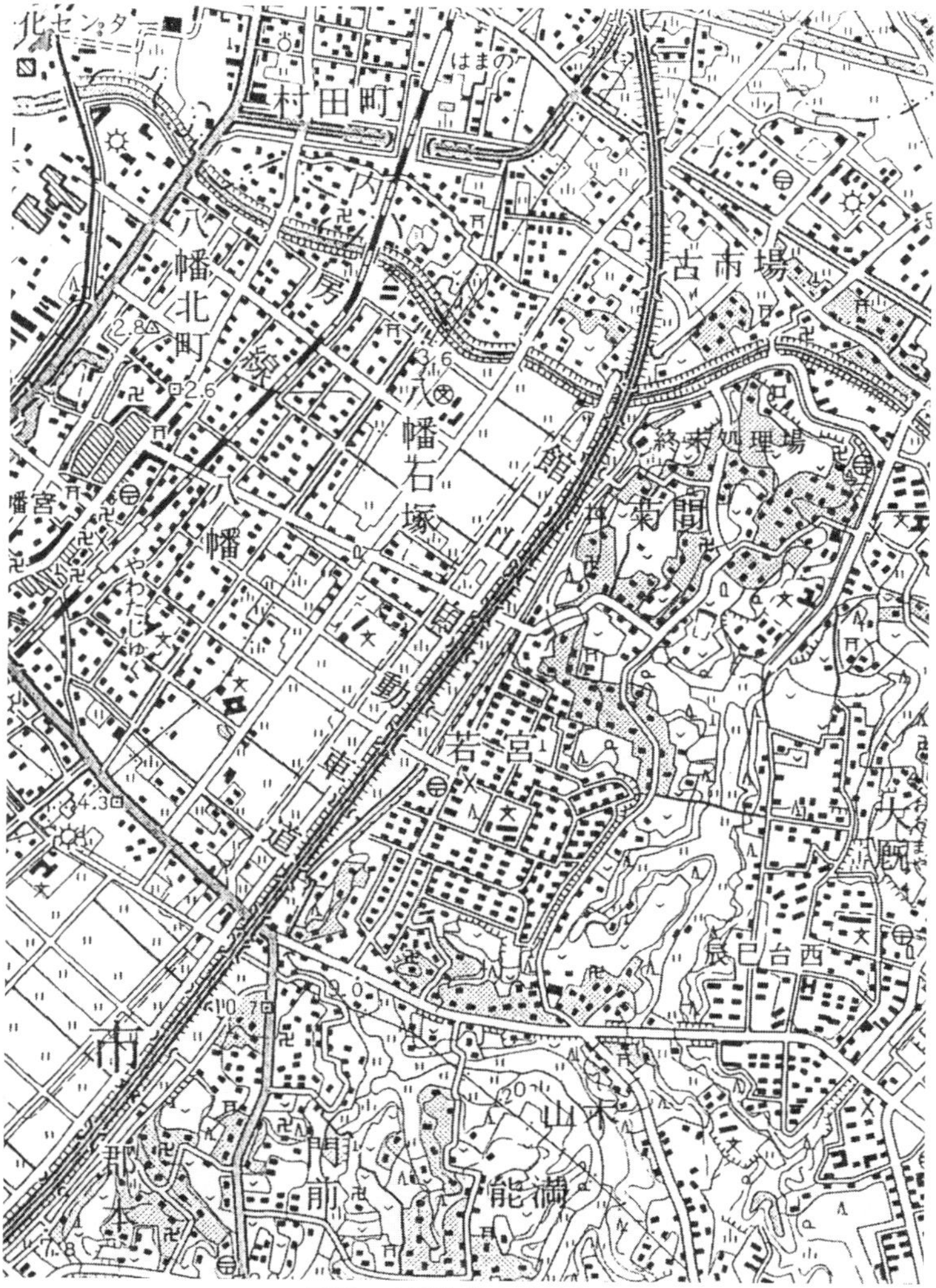

図62　市原台地宮殿該当地
「1:50,000千葉」（国土地理院・平成10年）より複製

上にあることになる。この冬至の日の出線は市原市の東隣、千葉県長柄《ながら》町刑部《おさかべ》の西北部、旧地番長柄町刑部字三沢の標高百三十八・五米のその丘陵頂点からのそれで、方位は一一八・六度（東南微東方面）である。

右から、その該当地は両線の交点であることになる。これはご覧の図の通りである。すなわち、その真西に明照院があり、その東端辺りから真東へ百六十三米程、また、その真南に神代《かじろ》のＪＡ共済海上《うなかみ》支店があり、その南端辺りから真北へ三百四十五米程の所である。

後者である。この交点の旧地番は市原市宮原字橋戸《はしど》である。遺称地はこの橋戸である。橋戸はハシド（fasido）で、橋門《はしど》（fasido）の意と解される。名称は橋の門で、橋は以下から大の斎晴れの瞬間の神光で、大の斎晴れの瞬間の神光の門、すなわち、ここでは新嘗屋の神座の神木の霊門の意である。橋である。その原義は未詳である。が、水流などの両岸に架設して、通路などとしたものをいう。その両岸は端である。したがって、橋は端から端に掛け渡したものであることになる。そこで、橋（fasi）は端為《はし》（fasi）の意と解される。これは端を為で、端を為ること、すなわち、その両岸の端から端に掛け渡すことで、転じて、その掛け渡したものの意である。大の斎晴れの瞬間の神光は天界の天の石屋戸から地界の新嘗屋の霊門へ掛け渡したものである。したがって、洒落名称で橋ということになる。

以上から、日霊端の宮殿の該当地はご覧の神門四号墳のその方位線と冬至の日の出線の交点、すなわち、旧地番市原市宮原字橋戸の、明照院東端辺りから真東へ百六十三米程、神代のＪＡ共済海上支店南端辺りから真北へ三百四十五米程の所辺りと結論される。したがって、その発

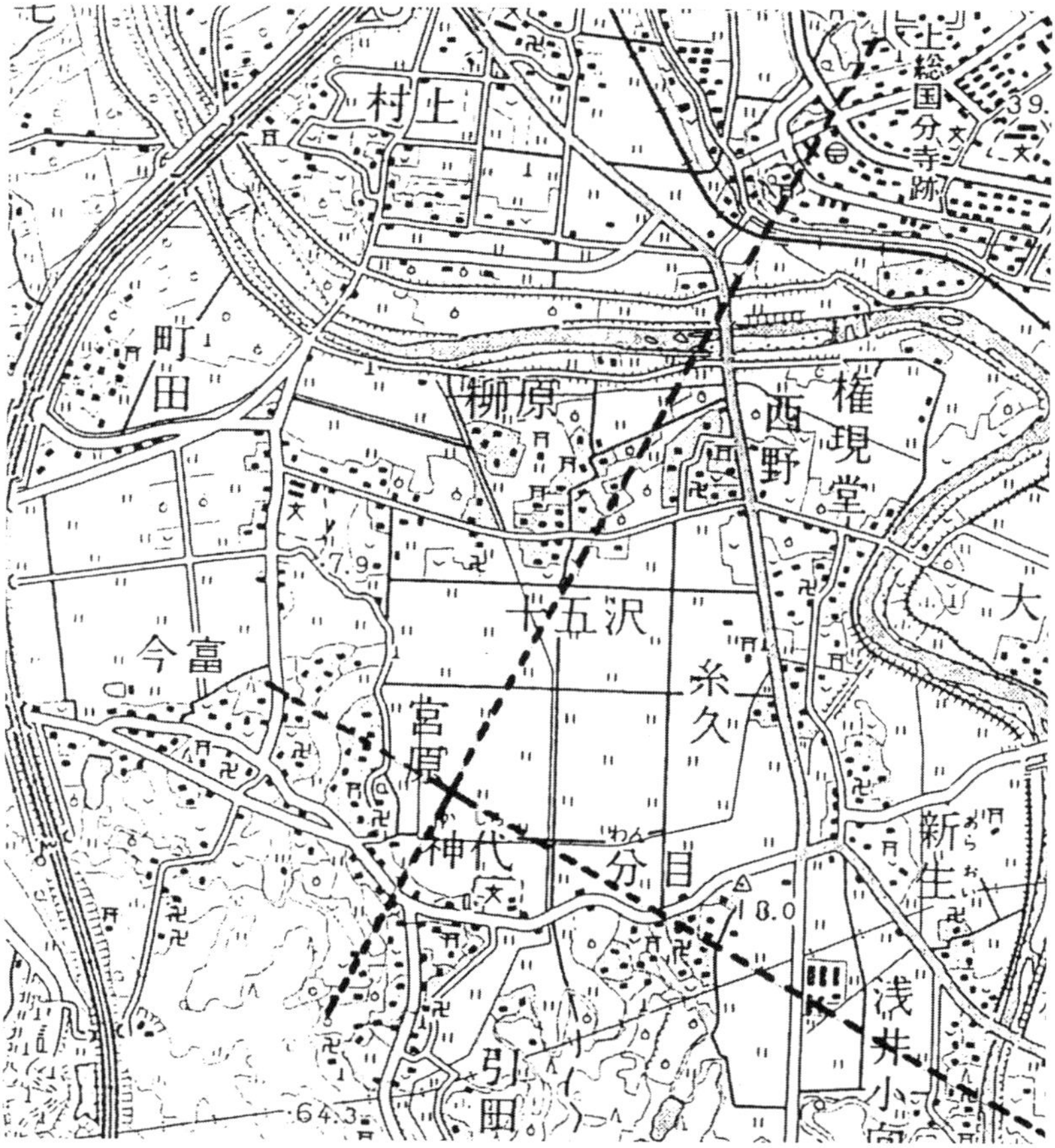

図63　発掘地点
図56（300頁）同図より作成

４号墳近傍より宮原遠望

発掘地点（発掘地点北側より撮影）

発掘地点（発掘地点南側のJA共済海上支店裏手より撮影）

発掘地点（発掘地点西側の明照院東端より撮影）

発掘地点（JA共済海上支店西隣より撮影）

発掘地点より冬至の日の出線方面遠望

掘地点はこの交点辺りである。
発掘はその両線を実測し、その交点を決定して行う。
いざ発掘！

おわりに

さて、判じ物は要するに謎解きであるが、なぜか論外である。が、果たしてそうであろうか。例えば、彼の「ピタゴラスの定理」である。これは、

直角三角形の三辺、a、b、c（斜辺）は、$a^2+b^2=c^2$である。

という、小学生でも理解できる、前六世紀来の定理である。

ご覧の表はその三辺の下一桁とその二乗の下一桁である。いかなるa、b、cもその下一桁は0〜9である。これ以外は存在しない。したがって、その二乗の下一桁は表の通りとなる。どうであろうか。0、1、4、5、6、9はあるが、2、3、7、8がない。ということはどういうことになるのであろうか。すなわち、その二乗の下一桁が2、3、7、8の数は存在しないということになる訳であるから、例えば、$2^2+3^2=13$の、その数13は存在しないということになる。

ａ、ｂ、ｃとa^2、b^2、c^2の下１桁

ａ、ｂ、ｃの下１桁	0	1	2	3	4	5	6	7	8	9
a^2、b^2、c^2の下１桁	0	1	4	9	6	5	6	9	4	1

とすれば、何と「ピタゴラスの定理」はその四割もの数が存在しないということになる。これで定理とは恐れ入った次第である。

　そもそも、「ピタゴラスの定理」はその定理そのものが成立しない。

　ご覧の図はその直角三角形である。そのａ、ｂ、ｃとその交点は数学理論上では面積を持たないとされている。が、その直角三角形は二次元図形である。全ての二次元図形は面積を持つ。面積を持たない二次元図形など存在しない。したがって、数学理論上どうであろうが、そのａ、ｂ、ｃとその交点はその面積内から必然として面積を持つことになる。とすれば、そのａ、ｂ、ｃとその交点はその直角三角形の内枠であることに

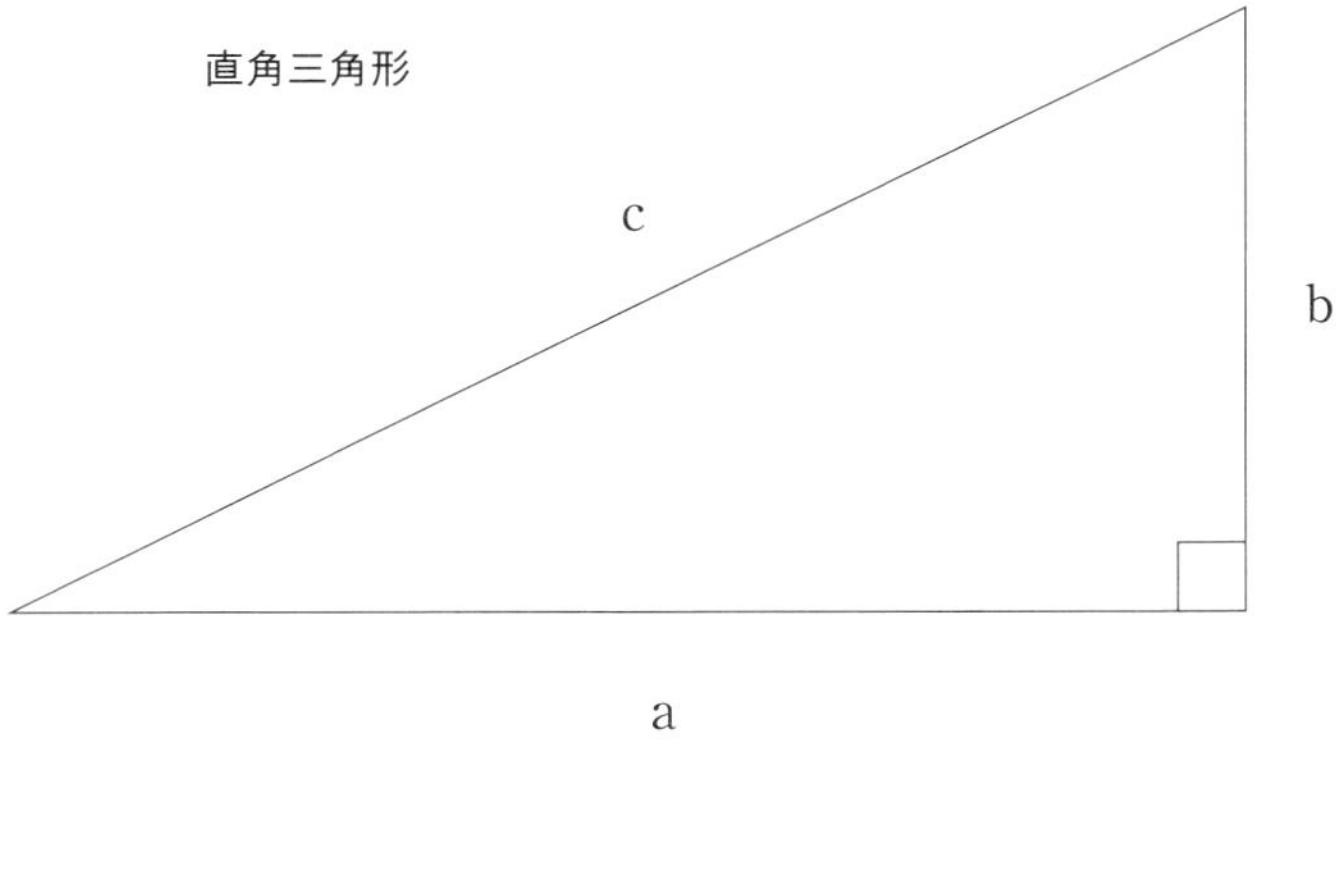

内枠直角三角形

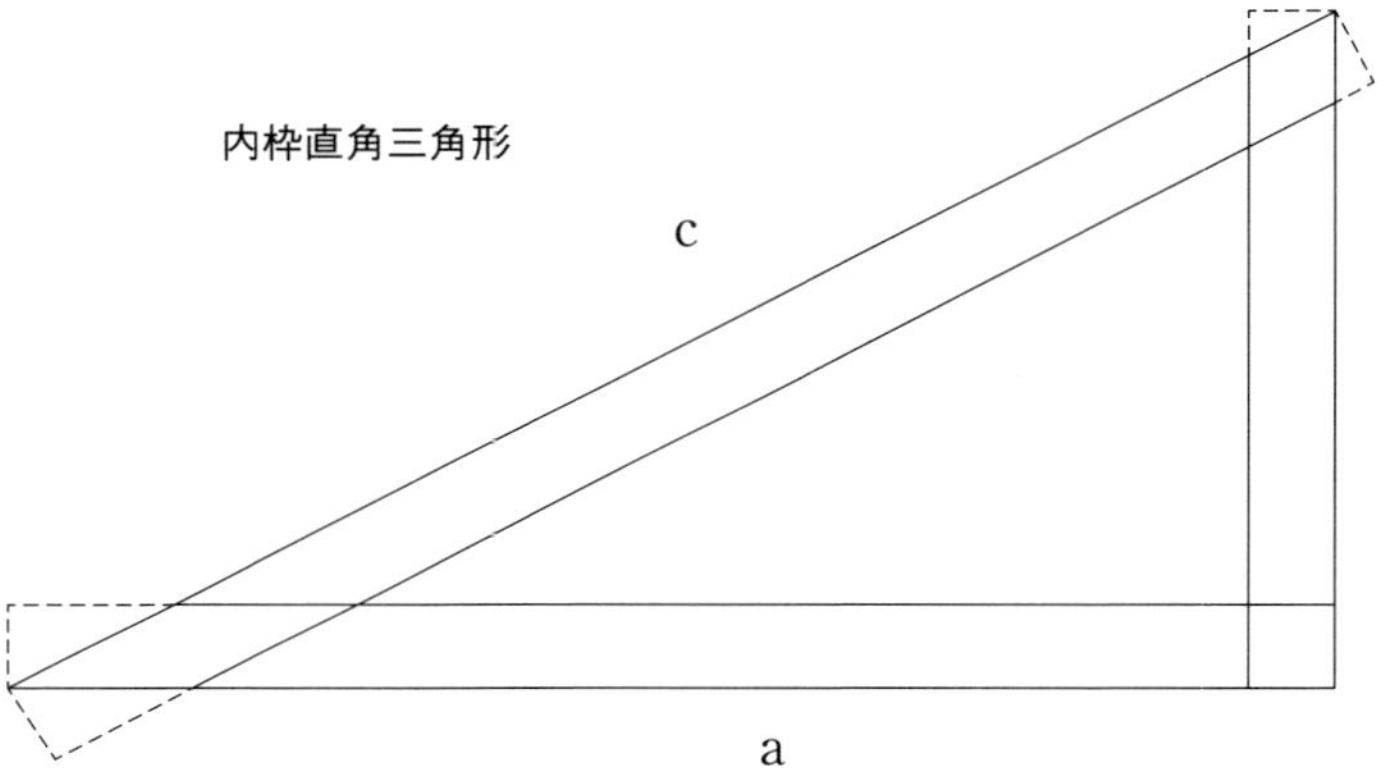

内枠ａ、ｂ、ｃ
（上辺は内側、下辺は外側）

なる。

そこで、その内枠直角三角形をみてみる。そのa、b、cはご覧の通りである。どうであろうか。aは左端が欠落、bは右端が、cは両端が欠落している。したがって、三者は長方形とはならない。ということはその二乗は正四角形とはならないということになる訳であるから、その平方は不可能ということになる。

このように「ピタゴラスの定理」は定理とされているが、その実際はそのa、b、c三辺にその外枠を張り付けたもので、例えば、a：b：cの比率が3：4：5で、$3^2+4^2=5^2$ということになるという場合のみの単なる条件数式にすぎない。ということは非定理が定理であるということであるから、「ピタゴラスの定理」は判じ物であることになる。

が、とはいえ、これからかの十七世紀来の超難問、世界中の天才、秀才数学者が束になっても証明できないという、この、

nが3以上の整数の時、$x^n+y^n=z^n$を満足する正の整数x、y、zはない。

という、「フェルマ予想」を証明することができる。物事分からないものである。何とも瓢簞から駒である。これはいずれ機会を得てご案内する。

斯くして判じ物はこのように真実を究明することができる。論外ということはなかろう。たかが判じ物、されど判じ物、判じ物恐るべし！

真実の究明は何でも有りである。

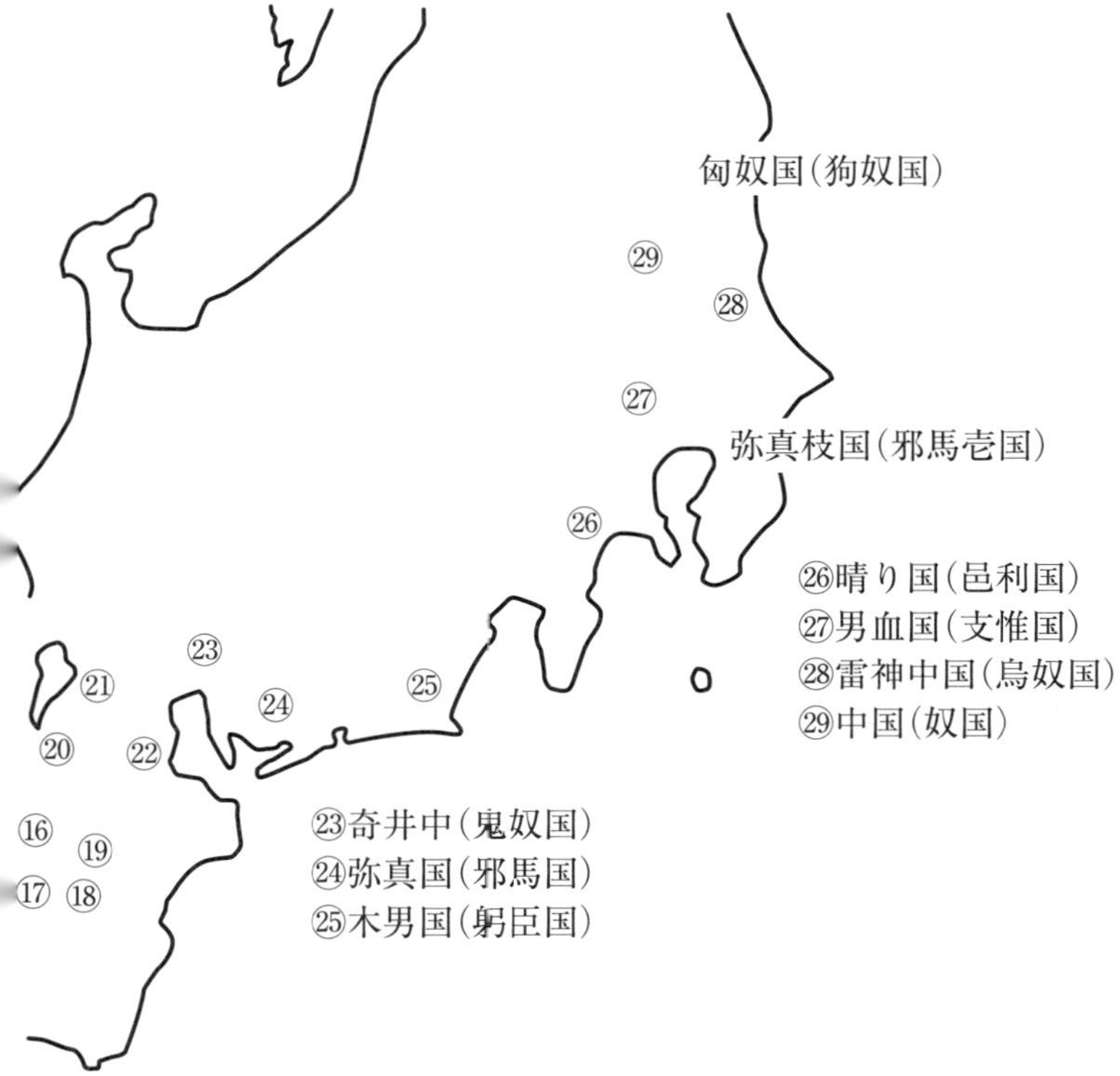

⑲蛇斎神光国(呼邑国)
⑳倭中代中国(華奴蘇奴国)
㉑奇井国(鬼国)
㉒井日国(為吾国)

【付録】

弥真枝国諸国と匈奴国

（数字は行程順）

①日夜韓国（狗邪韓国）
②蛇真国（対馬国）
③佳撓国（一大国）

④真蛇震炉国（末盧国）
⑤息間国（斯馬国）
⑥童男童女国（伊都国）
⑦中国（奴国）
⑧嚔水国（不弥国）

⑨霊蛇男国（己百支国）
⑩忌夜国（伊邪国）
⑪田男国（都支国）
⑫出間国（投馬国）
⑬御中国（弥奴国）

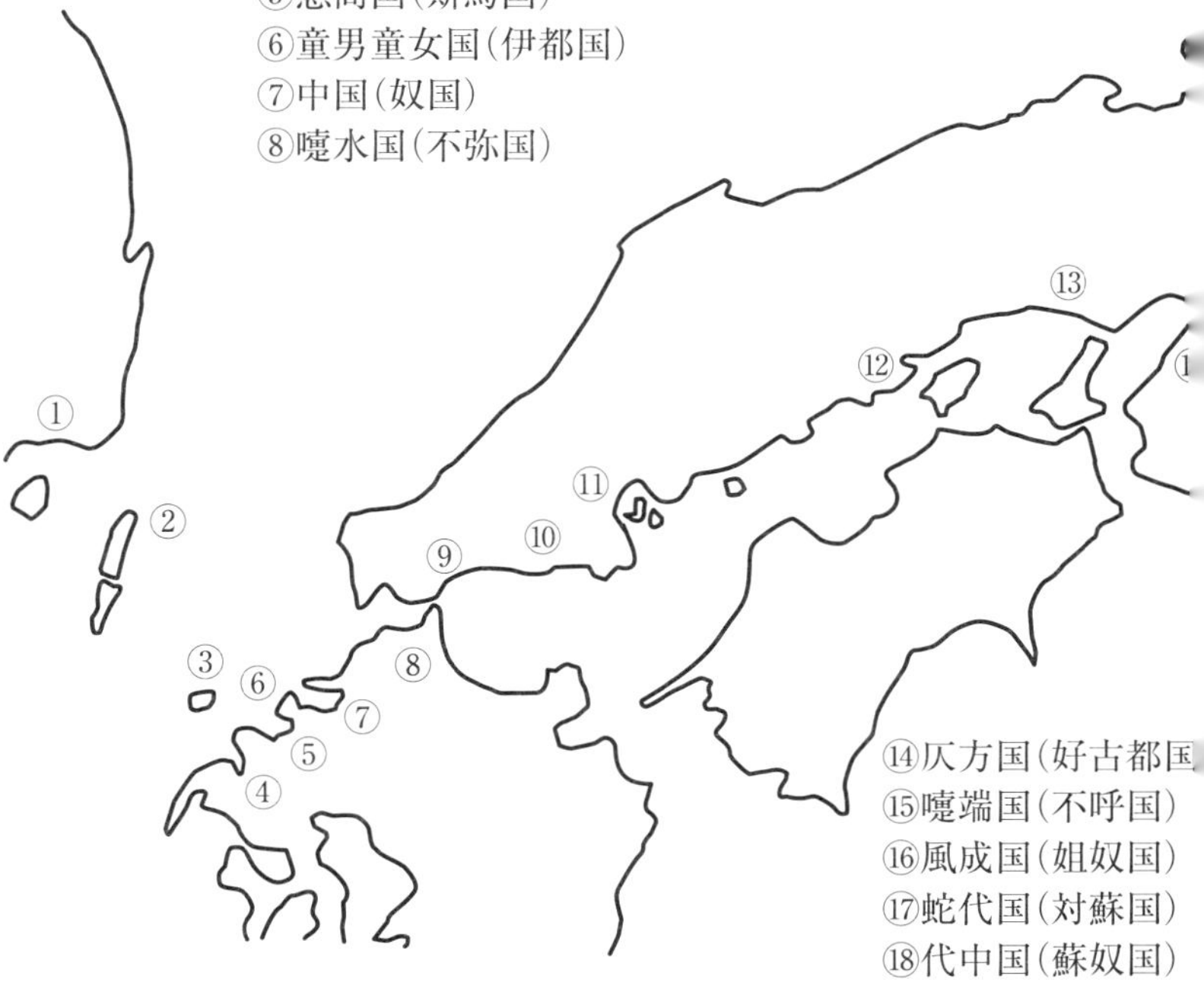

⑭仄方国（好古都国
⑮嚔端国（不呼国）
⑯風成国（姐奴国）
⑰蛇代国（対蘇国）
⑱代中国（蘇奴国）

<著者紹介>

伊藤　邦之（いとう　くにゆき）

昭和17年東京生まれ。日本古代史研究家。未詳日本古代史研究の第一人者。

人類初の体系的宗教、幻の古代の新嘗祭を発掘、駆使して、邪馬台国、日本古代通史、真実の古代皇統などや、銅鐸、銅鏡、土器絵画などの古代絵文字解読など、全く未詳かつ斬新な日本古代史を展開。さらに、中国の丁公陶文、インドの謎のインダス文字、エジプトのアハ王のラベルなどの未解読の古代絵文字を世界初で解読して、日本民族がこの世界三大文明の創始者であることを究明。研究歴48年。

邪馬台国は上総《かずさ》にあった！

2015年2月7日　初版第1刷発行

著　者　伊藤 邦之
発行者　韮澤 潤一郎
発行所　株式会社 たま出版
〒160-0004 東京都新宿区四谷4－28－20
☎ 03-5369-3051（代表）
http://tamabook.com
振替　00130-5-94804

組　版　一企画
印刷所　株式会社エーヴィスシステムズ

ISBN978-4-8127-0375-5　C0021